基于多学科的学生工作发展研究

侯玉忠　著

中国水利水电出版社
www.waterpub.com.cn
·北京·

内 容 提 要

本书以多学科为研究背景，以学生工作为切入点，首先介绍了学生工作的基本内容、新时代下学生工作的机遇和挑战、国内外国外学生工作组织机构的建设与发展；然后详细地介绍了我国高校学生工作的各个方面的发展与管理，并对学生工作的科学化发展和模式构建作了进一步探讨；最后，本书以典型的学生工作案例为指导，指明了今后学生工作发展中常见的几个方向。

本书内容丰富翔实，可供高等院校相关专业师生阅读。

图书在版编目（CIP）数据

基于多学科的学生工作发展研究 / 侯玉忠著. -- 北京 ：中国水利水电出版社，2019.4 （2025.4重印）
ISBN 978-7-5170-7572-1

Ⅰ．①基… Ⅱ．①侯… Ⅲ．①高等学校－学生工作－研究－中国 Ⅳ．①G645.5

中国版本图书馆CIP数据核字(2019)第056761号

责任编辑：陈 洁　　　　封面设计：邓利辉

书 名	基于多学科的学生工作发展研究 JIYU DUOXUEKE DE XUESHENG GONGZUO FAZHAN YANJIU
作 者	侯玉忠 著
出版发行	中国水利水电出版社 （北京市海淀区玉渊潭南路 1 号 D 座　100038） 网址：www. waterpub. com. cn E-mail：mchannel@ 263. net（万水） 　　　　 sales@ waterpub. com. cn 电话：（010）68367658（营销中心）、82562819（万水）
经 售	全国各地新华书店和相关出版物销售网点
排 版	北京万水电子信息有限公司
印 刷	三河市元兴印务有限公司
规 格	170mm×240mm　16 开本　18.75 印张　330 千字
版 次	2019 年 4 月第 1 版　2025 年 4 月第 4 次印刷
印 数	0001—3000 册
定 价	80.00 元

前　言

　　党的十八大强调指出，努力办好人民满意的教育，把立德树人作为教育的根本任务，培养德智体美全面发展的社会主义建设者和接班人。全面实施素质教育，深化教育领域综合改革，着力提高教育质量，培养学生社会责任感、创新精神和实践能力。作为人才培养重要组成部分的学生工作肩负着大学生思想政治教育和学生事务管理的重任，做好学生工作是贯彻党的教育方针，落实立德树人根本任务的必然要求，是高校深化教育领域综合改革，着力提高教育质量的迫切需要，也是广大学生健康成长、卓越成才的内在诉求。

　　高校学生工作伴随着高等教育的发展而发展。新中国成立之初，为满足政治工作的需要，高校学生工作在政治教育驱力下应运而生。1953年，清华大学率先推行学生政治辅导员制度，标志着高校学生工作的制度正式开始运行。此后，经历了创建期（1954—1965年）、损毁期（1966—1976年）、重建与拓展期（1976—1989年）、改革期（1990—2002年）、纵深发展期（2002年至今）五个发展阶段。尽管在不同的历史时期、文化背景、社会条件、现实境遇下，学生工作在高等教育中所处的地位、发挥的功能、承担的角色不尽相同，但是学生工作在人才培养中的地位和作用不容忽视、不可或缺。从高校学生工作生成和发展历史来看，其领域和功能不断拓展。高校学生工作从比较强调政治功能拓展到政治和业务并重，保障学生德智体全面发展；从比较重视社会性功能拓展到兼顾社会需要和学生自我发展需要；从要求学生绝对服从国家需要拓展到要求学生把国家需要和自我发展结合起来；从学生单一的政治素质发展拓展到思想、政治、道德、心理等多个侧面，强化学生人格培养的功能；从消极限制性功能拓展到积极发展性功能；在微观上拓展到学生个体心理层面，把心理咨询引入学生工作领域，并逐渐成为学生工作的重要领域，在宏观上把社会教育、家庭教育和社会实践教育引入学校教育环节，强化社会教育的功能等，从而形成了涵盖教育、管理、引导、服务等全方面、全过程、全方位的学生工作体系。学生工作体系已经涉及学生在校期间除专业课教学以外的所有生活领域，涵盖宏观层面的学生发展政策的制定和环境的营造、中观层面的学生团队建设和事务管理、微观层面的个体发展和心理辅导，同时也涉及学生身心健康素质、科学文化素质和思想道德素质的培养。

　　本书参考并引用了大量相关文献，在此我们对相关作者深表感谢。由于作者学识与经验有限，加之时间匆促，书中谬误之处难以避免，恳请同行专家和读者不吝指正。

泰山医学院（山东第一医科大学）

2018 年 12 月

目　录

第一章　概述

高校学生工作，顾名思义，就是做学生的工作，为学生提供教育、管理和服务。现在，研究花草树木的工作是科学研究，研究者被称为植物学家；研究昆虫鱼虾的是科学研究，研究者被称为动物学家；而终日与学生打交道，研究学生、教育学生、培养学生的工作则被当作"万金油"，称之为"杂家"，就是"干杂事的家伙"。由于高校学生工作缺乏学科和基础理论的支撑，其工作专业性受到质疑，在高等教育体系中处于"不显眼"甚至"可有可无"的尴尬境地，更是进不了科学研究的大雅之堂。而事实上，高校学生工作，既是一门科学，更是一门艺术！

第一节　高校学生工作的内涵

要深入地研究学生工作，就需要从概念上进行根本而深刻的思考与探索。"高校学生工作"这一术语，在我国开始于20世纪90年代初期，对应于国外高校的"学生事务"。国外高校用"学生事务"这个概念来概括高校中与学生有关的工作，是与"学术事务"相对应的一个概念。我们注意到，在当代中国，高校学生工作常常作为一个习惯术语，还没有统一的定义和概念，在不同的时期、不同的高校、不同的视角下有着不同的内涵。

"高校学生工作"通常表示高校一个工作领域的总称，是对学生进行思想政治教育、提供服务与管理的全部概念、事项、活动的集合，习惯上对应于高校的学生工作处（部）、校团委等一系列部门所包含的全部工作和各院系辅导员所从事的工作实践。对于"高校学生工作"概念的表述，一些学者也提出了自己的观点。有学者将高校学生工作抽象的定义为：高等学校通过非学术性事务和课外活动对学生施加教育影响，以规范、指导和服务学生，丰富学生校园生活，促进学生成长成才的组织活动。有学者认为，高校学生事务管理是指高校的专门组织和人员依据国家的法律、政策和人才培养目标，在一定的学生事务管理价值观指导下，运用相关的专业知识和技能，配置合理的资源，提供促进学生发展所必需的学生事务的组织活动过程等等。表述众说纷纭，不一而足。

我们认为，对于我国高等学校而言，学生工作是学校教育、特别是人才培养的重要有机组成部分，因此形成了特定的概念，称之为"高校学生工作"。高校学生工作是指以促进大学生成长成才为目标的非专业课堂教育活动和管理服务工作。其内涵包括：

在目标上，它以促进大学生的成长成才为目的，包括提高学生的政治素质、思想品德、社会责任感、心理素质、创新精神和实践能力等，既坚持全面发展，又关注个性化发展。

在工作内容上，它包括大学生党建工作、日常思想政治教育、学业辅导、生涯规划和就业指导、心理健康教育和咨询服务、奖励、资助、社会实践、校园文化活动、学籍管理等。主要分三个方面：一是大学生思想政治教育工作，这是高校学生工作的核心，也是本源，要充分发挥学生思想政治教育在学生工作中的主导作用。其主要工作包括思想政治道德教育与行为养成、形势政策教育、党团教育与活动、日常思想政治教育工作、安全稳定工作等。要在正确的思想政治理论指导下，遵循培养德、智、体全面发展的教育方针，加强大学生理想信念教育、爱国主义教育、社会主义核心价值观教育、公民道德意识教育、综合素质教育等。通过理论学习、主题教育、党团建设、社会实践活动、校园文化等多种途径，以及加强宣传舆论阵地、优化整体育人环境等，引导学生树立科学的世界观和价值观、正确的人生观以及高品位的审美观，培养学生形成现代社会所需要的健康的心理素质、勤奋的学习风气和严谨的治学风格。二是学生发展指导，这已经成为高校学生工作的主体工作。其主要工作包括大学生生涯规划与成长指导、学业发展与学业指导、就业指导与创业服务、心理咨询与辅导、素质拓展与社会实践指导、校园文化与活动指导等。这是着眼于大学生这一特定群体成长、成才过程中面临的心理、生理、生活、学习、就业等方面的各种发展性问题，运用教育、咨询、心理辅导等多种途径对其进行指导，促进大学生激发自我潜能，使其个性和人格得到健全发展，成为具有较高竞争力的优秀人才。三是学生事务管理，这是高校学生工作的基础工作。其主要工作包括日常行为规范、班级建设与管理、奖贷勤助补等日常事务管理、宿舍文化建设与管理等。学生事务管理内容丰富，涵盖面广，牵涉到学生学习、生活、活动各个方面。任何一个方面的缺失都将降低学生事务管理的效率，制约学生事务管理的顺利进行，最终使得学生事务管理无法达到其应有的效果。

从形式上看，它以非专业课堂教育的形式，有讲座、报告、演出、参观、考察、比赛、谈话、个体辅导和团体辅导等，有时也有课堂教育的形式，如党课、团课，但它不是以传授专业知识为主要目的。

从组织实施的主体上看，它以学生工作部门为主，包括学工部、研工部、团委、就业中心、心理咨询中心、资助中心等，也包括其他一些组织机构，如教务处、研究生院、后勤处等，因为这些部门涉及学生的学籍管理、奖惩、宿舍管理和服务等。

从历史传统上看，高校学生工作属于广义的大学生思想政治教育范畴，也是指学校德育工作。通常把第一课堂以外的学生教育活动都纳入学生工作，称为第二课堂。第一课堂以课堂教学的形式为学生提供专业性学术能力，而学生工作则以非课堂教学的形式，通过大学生党建工作、日常思想政治教育、社会实践、校园文化活动等，加强非学术性能力。随着高校学生工作的不断发展变化，传统的德育工作概念已不能涵盖或等同于学生工作的概念。从这个意义上讲，学生工作和大学生思想政治教育有交叉重复，又有不一样的地方，它是一个新发展的交叉学科领域。

第二节　高校学生工作理念的形成与发展

一、高校学生工作的生成溯源

新中国成立之初，为满足政治工作的需要，高校学生工作在政治教育驱力下应运而生。根据《中国人民政治协商会议共同纲领》的有关规定，对旧大学进行改造，"肃清封建的、买办的、法西斯主义的思想，发展为人民服务的思想"，建立新的高等教育制度，成为当时教育主管部门的重要任务。在这种背景下，对学校教职员工和学生进行政治教育和思想改造就成了当时高等学校的重要任务。政治工作部门和政治辅导员在高等教育改造的过程中作为重要的部门和人员组建起来。根据1950年召开的第一次全国高等教育会议精神，1951年教育部通过的《关于全国工学院调整方案》提出，加强对思想政治教育工作的领导，各院校试行政治辅导员制度，设立专人担任各级政治辅导员，主持政治学习及思想改造工作。1952年10月，教育部专门发出《关于在高等学校有重点地试行政治工作制度的指示》，提出要有准备地设立高等学校的政治工作机构，名称为"政治辅导处"。1953年，清华大学率先推行学生政治辅导员制度，标志着高校学生工作的制度正式开始运行。我国高校学生工作与思想政治教育或德育工作紧密联系。高校学生工作体系的形成是与新中国成立之初建设一个什么样的高等教育和怎样建设高等教育的总体思路联系在一起的，在高等学校设立学生工作机构和人员，不仅是教育和管理的需要，而且体现着教育主权的回归和社会主义办学的性质。

二、高校学生工作的发展阶段

高校学生工作的生成和发展既有一般高等院校发展的共性，也有高校学生工作的特殊性。新中国成立以来，我国高校学生工作发展经历了三个阶段：第一，政治教育为主导的阶段（1949—1977年）；第二，教育与管理共存的阶段（1978—1993年）；第三，教育、管理与服务并重的发展阶段（1994年至今）。许多学生工作研究和实践者对我国高校学生工作的发展历程做了深入细致的研究，一般认为，学生工作经历了五个发展时期：①创建期（1949—1965年），强调"以政治为本"，政治倾向鲜明，工作内容单一而明确；②损毁期（1966—1976年），"文化大革命"使全国陷入泛政治化时期，高等教育几乎瘫痪，学生工作体系严重损毁；③重建与拓展期（1976—1989年），重建规章制度，恢复思想政治教育主导地位，学生工作内涵拓展、职能增强；④改革期（1990—2002年），反思教育失误，改变被动局面，迎接高等教育改革，以及大众化背景下学生思想行为与需求变化的挑战；⑤纵深发展期（2002年至今），持续应对大众化影响与变化，强化"以学生为本"理念，逐步形成"服务学生、发展学生"的新型学生工作模式。

第三节　高校学生工作的新特点

高等教育大众化条件下的学生工作与精英教育条件下的学生工作相比较具有显著的变化，尤其是随着我国高等教育大众化进程的不断加快，高校学生工作体系面临着全新的发展空间，正逐步进入转型时期，并呈现出许多新特点。具体表现在学生规模、人才培养目标、教育机会均等问题显示度、大学毕业生就业方式、德育模式、学生事务管理要求六个方面的不同，呈现出六个特点。

一、高校学生规模化扩张

高等教育大众化条件下的学生规模比精英教育条件下的学生规模大得多。学生的毛入学率是划分精英教育和大众化教育的依据。1970年，美国社会学家马丁·特罗在《从大众向普及高等教育的转变》一文中提出：当一个国家适龄青年中接受高等教育的比率在15%以下时，为英才高等教育阶段；该比率为15%～50%时，为大众化高等教育阶段；该比率达50%以上，为普及化高等教育阶段。1973年6月，在联合国经济合作与发展组织召开的国际会议上，他又发表了论文《从精英向大众高等教育转变中的若干问题》，对精英、大众和普及三个阶段高等教育的特征进行了深入分析，系统阐述了高等教育发展阶段论。马丁·特罗教授的高等教育发展阶段理论在国际高等教育界产生了深刻影响，得到了国际教育权威机构的高度评价。三十多年来，这一理论尽管存在一些争论，但仍成为许多国家制定高等教育发展政策的一个重要理论依据。

高等教育大众化的一个重要特征是规模扩张，但大众化引发的变化又不仅仅在于规模扩张。在大众化阶段，高等教育在办学模式、管理体制、课程设置、入学招生、投资方式等方面都发生了质的变化。

二、人才培养目标多层次化

精英教育阶段高等教育的人才目标主要是满足培养少数英才的国家需求，目标相对单一；而大众化时期，高等教育作为终身学习体系的一个阶段，其人才培养目标主要是为了满足更广泛的社会需求和公民的个人需求，呈现多层化趋势。

高校学生在年龄结构、文化背景以及成才目标上呈现出较大的差异性，人才培养目标内在地呈现出阶段性和具体化的特点。入学群体多样化，使高等教育不是一种特权，而成为具备某种正式资格者的权利，并且越来越成为"必需"。如同马丁·特罗所说："高等教育越来越成为全体国民生活水平的一部分。让儿子和女儿上大学，已经成为人们生活中不可缺少的东西。"

三、教育机会均等问题普遍化

在精英教育时期，高校实行教育经费统包制度，大学生上学的基本费用不由个体承担，而由国家统一解决，大学生只是在日常开销方面因家庭经济状况的好坏存在差别，教育机会均等问题不突出、不普遍。而在大众化教育时期，高校实行教育补偿制度，大学生要自行承担部分学费，考上大学上不起学的现象出现，在不发达地区和经济困难家庭尤其突出，因此，教育机会均等问题成为国家和高校关注的一个普遍问题。

当前我国的教育发展，是在地区之间、城乡之间和阶层之间的巨大差异上展开的。城乡之间、地区之间的发展不平衡导致的教育机会不均等，是中国最重要的教育国情之一。随着社会的贫富差距加大，不同阶层子女的教育权利发生了明显的变化，哪些人和如何才能够享受好的教育重新成为值得认识的重要问题。在我国高等教育加速发展之际，通过深入的理论研究、正确的制度和政策设计，为高速发展的高等教育奠定一个稳定的价值和制度基础，防止它的失衡和异化，是十分重要和必要的。

第四节　高校学生工作的运行和保障体系

一、高校学生工作的运行

（一）高校学生工作的运行体系

当前我国高校学生工作运行机制中存在着纵向与横向两种运转体系。纵向运行体系主要是指在同一工作体系中，上级与下级的关系，从工作上来看则是层层递进、逐步细化；横向运行体系主要是指同一级别、同一层面的相互关系、相互配合与协调。

1. 纵向运行体系

目前，我国高校学生工作中至少存在着以下几个纵向运行链。从学校行政角度来讲，存在着"学校党委—学生工作职能部门［学院（系）党委］—院（系）学生工作办公室—辅导员（班主任）—班级"这一运行体系；从学校团组织来讲，存在着"学校党委—团委［学院（系）党委］—学院（系）团委—团支部"这一运行体系；从学校学生群众组织来讲，存在着"学校党委—学校职能部门—学生会（研究生会、社团联合会）—学院学生会（学生社团）"这一运行体系；从学校学生工作运行的场所来看，存在着"学校党委—学生宿舍管理服务部门—学生宿舍"这一运行体系。

2. 横向运行体系

横向运行体系主要是学生工作部门之间的协作及其他层面的相互沟通交流。这里主要对学生工作部门之间、学院（系）之间的相互协作做以下说明。

（1）学生工作部门之间的协作。要搞好学生工作部门之间的相互合作，除了做好部门本职工作外，还要进一步加强各部门之间的联系与沟通，齐抓共管，形成合力。在实际工作中，要建立学生工作联席会议制度，研究解决学生教育管理工作中存在的重大问题。

（2）学院（系）之间的资源共享与优势互补。为了高效优质地搞好学生工作，学院（系）之间的资源共享与优势互补也是不可或缺的。各学院（系）由于专业设置不同，资源占有也各有差异。各学院（系）合作与资源共享，使得学生工作更加丰富多彩。

（二）各级党组织和相关部门在学生工作运行过程中的作用

1. 学校党委起到政治核心作用

党委作为学校的政治领导核心，在组织和实施大学生思想政治教育方面负有首要的政治责任和领导责任。在整个运行机制中，学校党委处于核心地位。在学生工作中，学校党委要充分发挥政治核心和领导核心作用，做好领导工作。一是要统一行政部门机构，共同做好思想政治工作。二是加强和改进德育工作。三是紧紧围绕学校的改革和发展，紧密结合工作和思想实际，分层次、多途径、采取多种方式开展学生工作。四是要建立一支以专职人员为骨干、专兼职相结合的学生工作队伍。五是领导学校的工会、共青团、学生会等群众组织和教职工代表大会，支持他们依照法律和各自的章程独立自主地开展工作，充分发挥群众组织在学生工作中的重要作用。总之，学校党委负责监督国家大政方针的贯彻执行，宏观上把握学生工作的大方向，制定学生工作重大决策，同时加强对学校学生工作的领导和监督。

2. 学生工作职能部门、学院（系）党委（总支）起到主要落实作用

在学校党委的领导下，学生工作职能部门要围绕学校培养目标重点考虑和抓好中心工作，履行好组织协调、监督检查、考核和调查研究的职能；学院（系）党委（总支）要围绕中心任务，指导开展好本学院（系）学生工作。

（1）学生工作职能部门。学生工作职能部门在学校党委的领导下，充当领导决策和学院（系）具体实施的桥梁，担负起宏观调控、协调、督办等职能。在这一运行机制下，需要在服务、协调和导向研究上做好工作。第一，要强化服务意识，起好上情下达、下情上传的桥梁作用。第二，积极做好协调配合工作。第三，加强研究和科学管理工作，力求通过制定相关措施和政策上的倾斜，部分引入人事制度改革措施，通过激励竞争，充分调动起学院（系）工作主动性和积极性。

（2）学院（系）党委（总支）。学院（系）党委（总支）在学生日常教育管理、党团组织建设、素质教育、学生工作队伍建设等方面结合学院（系）特点有针对性地开展具体工作，部分学生经费的使用由学院（系）根据工作开展情况自主支配。这个工作运行机制赋予学院（系）更多的职责

和自主权，能够在较大程度上调动学院（系）的积极性，增强了工作的高效性。

3. 学生宿舍管理服务部门在学校日常学习生活中起到重要的保障作用

学生宿舍是大学生在校学习、生活的最主要场所之一，对大学生的健康成长起着十分重要的作用。发挥学生宿舍的育人作用是高等学校整体育人工作不可或缺的环节和领域之一。我们必须转变思想观念，通过有效的管理，采取得力措施，充分发挥学生宿舍管理育人、服务育人、环境育人的功能，以增强高校整体育人工作的实效性。

4. 学院（系）学生工作办公室、学院团委、辅导员（班主任）具体执行学生工作任务

学生工作办公室、学院（系）团委和辅导员（班主任）是学生工作的直接执行者和承担者。

5. 学生会、研究生会等学生组织发挥桥梁纽带作用

高等学校学生会、研究生会是党领导下的大学生群众组织，是加强和改进大学生思想政治教育的重要依靠力量，也是大学生自我教育的组织者。学生会、研究生会要自觉接受党的领导，在共青团指导下，针对大学生特点，开展生动有效的思想政治教育活动，把广大学生紧密团结在党的周围，在大学生思想政治教育中更好地发挥桥梁和纽带作用。

6. 学生班级、团支部、社团发挥团结、组织、教育学生的作用

班级、团支部、社团是大学生的基本组织形式，是大学生自我教育、自我管理、自我服务的主要组织载体。

二、高校学生工作运行的保障体系

（一）环境保障

1. 学校党委的高度重视

育人工作是一项系统工程，涉及学校工作的方方面面，高校党委是学校的政治领导核心，高校作为国家人才培养的重要基地，要把"培养什么人""如何培养人"这一重大问题摆在党委各项工作的首位，党委的高度重

视及其引领作用会使高校每一个角落都散发着浓厚的"以人为本"的气息，使每一名学生都能体会到学校无微不至的关怀。

2. 校园文化的熏陶作用

校园文化是以学生为主体，以课外文化活动为主要内容，以校园为主要空间，以校园精神为主要特征的一种群体文化。在学生工作中要重视校园文化的影响和熏陶作用。

3. 校园环境的感染作用

校园环境的感染作用主要包括校园建筑设计、校园景观、绿化美化这种物化形态的内容。学校的山、水、园、林、路都具有使用功能、审美功能和教育功能，如果说学校所具有的特定的精神环境、文化气息，学校的传统、校风、学风、人际关系和集体舆论等软环境能够对学生起到熏陶作用，那么美丽的校园布景、高雅的建筑设计等学校的硬件环境会使人心情愉悦，激发学生的爱校热情，陶冶大学生关爱自然、关爱社会、关爱他人的美好情操，对学生的成长成才起到潜移默化的影响。

（二）制度保障

1. 学生工作例会制度

学生工作例会制度是为加强学生工作各相关部门的联系和沟通，提高工作效率，促使学生工作规范化、科学化而建立的制度。按照层级可划分为学校学生工作委员会、学生工作部门工作例会、学院（系）学生工作办公例会、团委例会、学生会例会制度等。

2. 日常管理制度

日常管理制度主要包括课堂考勤制度、学生年级大会制度、学生奖惩资助制度等。

3. 考核激励制度

建立健全以政治上爱护、生活上关心、工作上支持为要素的激励机制。

4. 民主监督制度

为使学生工作高效、有序开展，在学生工作的实际运转中，必须完善监督体制，建立上级对下级、下级对上级、同级之间、部门内部、部门之间等不同层面的监督体系；要加强组织建设，合理配置资源，引导不同部门参与到学生工作监督体制中来，提高监督人员的整体工作素质、主观能动性、积极性，增强监督机制的生机与活力。

（三）理论保障

理论是行动的先导。高校学生工作者要认清新形势，不断加强前瞻性的研究，为学生工作提供理论支撑和理论依据，要分析新情况，研究新问题，提出新措施，努力做好新形势下的学生思想教育和管理工作。在实际工作中，高校应当组织专家学者积极开展科学研究，为加强和改进学生工作提供理论支持和决策依据。

（四）组织保障

高质量的学生工作要求具有高素质的学生工作队伍，建设一支高素质、高质量和高水平的思想政治教育队伍，特别是要建设好高素质的学生辅导员、班主任队伍，是加强和改进大学生思想政治教育的重中之重。辅导员、班主任是高校教师的重要组成部分，与大学生朝夕相处，工作在思想政治教育的第一线，对大学生成长成才影响很大，其作用不可代替。高校应该重视辅导员、班主任的选拔和培养，更加重视辅导员、班主任的成长。要进一步建立健全辅导员、班主任队伍的激励和保障机制，为辅导员、班主任创造良好的政策环境、工作环境和生活环境，政治上爱护、工作上支持、生活上关心，使他们工作有条件、干事有平台、发展有空间，最大限度地调动辅导员、班主任的积极性和创造性。

（五）条件保障

1. 经费保障

学生工作经费主要用于开展学生活动、搜集学生工作信息、学生思想政治教育三个方面的工作，其使用和管理应遵循以下原则：一是专款专用；二是项目管理；三是民主公开；四是按章办事。学生工作经费的管理实行学校、学院（系）分级管理，计划财务处和审计处监督的管理体制。

2. 基础设施保障

学校要为开展大学生思想政治教育活动提供必要的场所与设备，不断改善条件、优化手段，这就要求我们要逐步完善学生工作的设施建设。硬件设施建设主要包括各学生工作职能部门的办公场所；学生组织的办公场所；学习场所，如教室、实验室及多媒体教室等；学生体育娱乐设施，如足球场、篮球场、大学生俱乐部等场地设施；学生食堂、宿舍、浴室等其他相关设施。高校要按照有关规定，建设、设计好教学场所、图书馆，完善教学设施，优化学习环境，不断满足大学生成长成才的需要，要规划、建设好大学生文艺、体育、科技活动场所，完善校园文化活动设施，为开展校园文化活动提供必要的场所和条件。

第二章　高校学生工作的多学科背景

本章以目前高校学生工作内容为立足点，从所涉及的政治学、教育学、管理学、心理学、社会学和法学等不同学科视角分析、审视高校学生工作，为学生工作的研究和实践寻求更加丰富的理论支撑和方法指导。以期通过挖掘多学科的理论与方法，与思想政治教育学科高度融合，促进高校学生工作的科学化，提高大学生思想政治教育实效性。

第一节　政治学与高校学生工作

在我国，高校学生工作具有天然的政治性，与政治学密不可分。可以说，政治学作为一个科学的理论体系，能够指导高校学生工作的顺利开展，学生工作实践在一定程度上也能促进政治学理论的发展。

一、政治学基本理论

一般而言，政治学是研究政治现象及其发展规律的科学。为进一步理解高校学生工作与政治学的关系，本节主要阐述政治、政治学以及马克思主义政治学三个概念。

（一）政治

在非马克思主义政治观中，较有代表性的有以下五种。第一种观点认为政治是一种规范性的道德，即从道德和价值的角度出发解释政治。第二种观点认为政治是对于权力的追求和运用。如中国法家提出政治的本质在于对权力的获取、维护和使用。第三种观点认为政治是公共事务的管理活动。如美国政治学家 P. 吉尔提出"政治是与社会事务的治理以及个人和群体对这种治理所具有的控制力的相关的制度安排。"第四种观点认为政治是对社会价值物的权威性分配的决策活动。第五种观点认为政治是一种超自然、超社会力量的体现或外化。如中国古代"君权神授"的思想、西方中世纪期间神权政治观的盛行，该观点认为"没有权柄不是出于神的"。

马克思主义政治观是马克思主义经典作家结合不同时期的政治社会现实，综合运用辩证唯物主义和历史唯物主义的方法进行全方位的分析、总结和论述，在此基础上形成的科学的政治观点。马克思主义政治观首先认为政治是一种社会关系。人类社会本质上是人与人之间各种社会关系的总和，其中包含了政治、经济、文化等各种社会关系。"人们的政治关系同人们在其中相处的一切关系一样自然也是社会的公共的关系。"其次，政治是经济的集中体现。政治的基础是经济，各种政治关系从根源上讲都是由经济关系决定的，政治是无法完全脱离经济而孤立存在发展的，但其对经济基础也具有反作用。再次，政治的根本问题是国家政权问题。任何阶级都必须通过对国家政权的掌握才能最大限度地实现自身利益，政治活动在现实层面都是通过政治权力实现的。其中，政治权力的核心问题是国家，马克思主义将国家政权视为"全部政治的基本问题，根本问题"。第四，政治是有规律的社会现象。与其他社会现象类似，政治活动本质上也是一种社会矛盾运动，事物本身内在的规定性因果联系决定着其产生和发展的过程，使其具备客观性和科学性。

（二）马克思主义政治学

马克思主义政治学建立在辩证唯物主义和历史唯物主义基础上，并以其基本原理来揭示人类社会政治生活的起源、发展和最终归宿，揭示人类社会生产关系的发展规律，以及建立在经济基础之上的各种政治结构、政治关系和政治活动的存在方式和运动规律。其基本观点有：

其一，关于政治关系的性质。马克思主义政治学认为，生产关系的发生与相应阶段的生产力水平相适应，社会生产力与社会生产关系相互矛盾、相互作用。当生产关系不适应生产力的发展时，社会改革和革命的压力便会增大；同时，当经济基础发生变化时，也会导致政治制度等社会上层建筑的变化与发展。

其二，关于阶级的观点。马克思主义政治学认为，人类社会的基本矛盾是生产力与生产关系、经济基础和上层建筑之间的矛盾。

其三，关于未来社会的观点。马克思主义政治学认为，人类社会历史发展的必然归宿是实现共产主义，这是人类的最高理想，也是生产力与生产关系矛盾运动的必然结果。共产主义社会的根本目的在于实现人类的全面解放。

其四，关于社会革命的观点。马克思主义政治学认为，当生产力与生产关系之间的矛盾不可调和时，革命是生产关系在短时间内进行根本性变革的手段。资本主义社会的内在矛盾只有通过革命才能彻底解决。

二、政治学与高校学生工作关系

高校学生工作是一个系统概念，它主要指大学生的思想政治教育工作，其内容包括大学生日常思想政治教育、学生党团建设、事务管理、社会实践等。其中，有很大一部分主体性工作与政治学有着密切的关系。

（一）政治学为高校学生工作的顺利开展提供了科学的理论指导

（1）马克思主义理论是高校学生工作的指导思想。马克思主义的科学体系和基本原理是思想政治教育的理论基础，也为高校进行学生工作提供了指导思想。马克思主义科学体系既是科学的世界观，又是科学的方法论。学生工作要对大学生进行思想引导和教育，并要解决其现实生活中的困境，必须以马克思主义理论为指导。

（2）树立科学的政治信仰是高校学生工作的主要目标。党的十八大报告指出："对马克思主义的信仰，对社会主义和共产主义的信念，是共产党人的政治灵魂，是共产党人经受住任何考验的精神支柱。"然而，在当今国际国内形势下，青年学生的马克思主义信仰面临巨大挑战，他们的价值观日趋多元化、功利化。因此，加强当代大学生马克思主义信仰教育，是高校学生工作者的重大课题和主要目标。

（二）高校学生工作践行和充实了政治学的科学理论和内容

大学生思想政治教育工作要以马列主义、毛泽东思想和中国特色社会主义理论为指导，但要通过什么途径深入开展才能取得更好的效果，这是我们在实践中应该认识和解决的。唯物史观认为：社会意识形态在其发展变化过程中是相互影响相互制约的，对社会生活的作用也是彼此相互结合、相辅相成来实现的。要使思想教育行之有效，必须与多种教育方法相结合，其中高校学生工作是开展大学生政治教育的重要途径和有效方法。政治教育只有通过学生工作的途径和手段，才能使教育落到实处。

三、政治心理与高校学生工作

（一）大学生政治心理教育

1. 大学生政治心理

依据政治心理的界定，我们认为，大学生政治心理是指作为"政治人"的大学生群体对社会政治生活的某一特定方面的感觉、态度、愿望、要求、情绪和兴趣等多方面的精神状态和倾向，具体内容包括大学生的政治认知、政治情感和政治态度以及在此基础上形成的政治人格。

大学生作为社会的特殊群体，他们的政治心理状况直接制约和影响着我国社会主义现代化的建设与发展，积极向上和消极不良的政治心理会对我国的民主政治建设和政治文明发展产生促进或延缓作用；大学阶段是世界观、人生观和价值观形成与成熟的重要阶段，也是大学生心智程度伴随生理成熟而逐渐提高的关键时期。同时，大学生由于缺乏一定的人生阅历，对现实事物仍缺乏充分的辨别能力，容易受到错误思潮的影响。可以说，大学生政治认知能力尚不成熟，政治情感尚不稳定，进而导致他们容易在政治态度、政治行为上出现偏差。因此，加强大学生政治心理教育，是一项非常必要且迫切的重要任务。

2. 大学生政治心理存在问题

（1）政治认知方面。对大学生政治认知的判断主要通过以下两个方面进行考察，一是该群体对中国特色社会主义制度、道路和理论的基本认识和判断；二是对自身政治角色、权利和义务等的认知和判断。综合来看，大学生整体上政治认知基本正确，能够做出正确的判断，但个别学生对一些深层问题存在认知模糊和偏差。主要体现在三个层面：一是目前多数大学生对国内外大事的关注程度较高，能够积极主动地学习党的理论、方针和政策，对于基本理论有较准确和科学的政治认知；二是大部分学生对于公民权利和义务，比如平等权、政治权利和自由、遵守宪法和法律等，有较为准确的认识和判断，能够明晰自身的政治角色；三是个别大学生在政治认知方面表现出一些错误的观念，对于国内外形势的判断有所偏差，在一些深层次问题的政治认知方面存在某些不合理性。

（2）政治情感方面。对大学生政治情感的判断主要通过其对国家、政党、制度、政策等的好恶态度和认同情况进行考察。一是好恶态度。大部分学生对于我国的政体国体、党的领导、政治活动、政治事件和政治人物等持有较为积极肯定的内心体验和感受，但仍有少部分学生存在政治情感不理性或政治冷漠倾向。由于大学生人生阅历尚浅、心智仍欠成熟，个别学生对政治生活中某些事件和问题的理解和处理方式还不够理性客观，从而导致行为上的急躁和偏激。同时，还有个别大学生认为政治和自己并无关系，表现出对政治的不关注和对政治活动的疏远，甚至出现政治冷漠倾向。二是政治认同。从整体上看大学生的政治认同度较高，主要表现在对政治制度、政治效能和执政党认同上。大学生对我国基本政治制度的情感依归或认同比较强烈，他们对政治工具和政府发挥的作用、政府效能等认同度较高，绝大多数大学生能够积极追求思想进步，入党愿望强烈，对中国共产党的认同感较高。

（3）政治动机方面。对大学生政治动机的判断主要通过入党动机、政治抱负两个主要方面进行考察。当前大学生入党动机强烈、具有一定的政治抱负。但是，在政治动机方面，有些大学生由于受到西方个人思潮影响，集体意识和奉献精神弱化，功利主义和个人主义倾向增强。在现实生活中表现出一心追求个人利益，甚至不惜牺牲他人利益的世俗化、功利化的动机倾向。如在"加入中国共产党的根本原因"的问题反馈方面，动机复杂多样，主要表现为个别学生入党或是由于从众心理，或是利于就业，或是父母要求等，有功利和世俗的表现。

（4）政治态度方面。对大学生政治态度的判断主要通过其政治信仰状况进行考察。大部分学生具有鲜明的政治态度，但仍有少部分学生政治态度模糊。当前大部分青年大学生能够认同中国特色社会主义理论、道路和制度，能够态度坚决地拥护中国共产党的领导，能够怀抱"中国梦"坚信在党的领导下必将实现中华民族的伟大复兴。但也有个别大学生受外界环境影响，加之个人认知偏差，导致其对马克思主义政治信仰产生怀疑，政治态度出现摇摆。

（二）高校学生工作与大学生政治心理培育

心理是行为的基础，支配个体的行为方式。一定的政治行为建立于相应的政治心理之上，可以说，大学生政治心理状态直接影响和制约着他们的政治行为。因此，培育大学生健康的政治心理具有重要的作用，是高校学生工作的目标之一。

1. 加强主题教育，帮助大学生建立正确政治认知

高校学生工作与大学生思想政治理论课的教育方式有所区别、各有侧重、互相补充。在现实生活中，大学生通过思想政治理论课的课堂学习已初步具备一定的智力水平和认知结构，对政治客体产生了一系列基于政治知觉、政治印象和政治判断等认知因素的综合反映和整体概念，但因课堂教学的局限性，大学生认知状态仍需进一步提升和完善。

高校学生工作应发挥自身优势，通过加强主题教育和先进性教育，开展丰富多样的活动，增强大学生对中国特色社会主义理论、制度和道路的深刻理解，正确认识当前我国社会主义民主政治的发展现状，努力提高大学生的政治判断力和理解力，引导大学生形成良好的政治认知。在主题教育活动方面，主要从以下两个方面开展学习：首先，要加强马克思主义基本理论教育活动。马克思主义是认识一切事物的科学世界观。通过基本理论教育，帮助大学生掌握分析政治现象和问题的科学方法，并且使其能够运用历史的、辩证的、阶级的观点和方法去看待政治现象，分析和把握隐

藏在政治现象中的政治规律，增强大学生自身对各种政治信息的判断力。其次，加强中国特色社会主义教育活动，强化大学生对主流政治价值观的认同感。增强大学生对毛泽东思想和中国特色社会主义理论的学习，形成中国特色社会主义理论自信；增强大学生对党的基本路线、基本纲领和基本制度的理性认知，形成中国特色社会主义制度自信；增强大学生对近现代历史的学习，形成中国特色社会主义道路自信。近年来，各高校也在积极探索主题鲜明的教育活动，如中国梦主题教育、党旗领航计划等，围绕相应主题开展具体活动，取得良好实效。

2. 丰富教育方式，帮助大学生形成良好政治情感

在一定程度上，我们认为大学生掌握了相应的政治理论、原则和规范，并不一定意味着其能自觉实践和履行社会的政治职责和义务，依照社会的政治原则和规范来抉择政治行为，因为还要取决于其政治情感上的接受程度。政治情感不同于政治认知，它以更加感性的方式存在和发挥作用。因此，教育方式的选择显得尤为重要。

高校学生工作应积极创设良好的政治情境，通过丰富多彩的教育方式，潜移默化地帮助大学生形成良好的政治情感。当前，各高校学生工作采取的主要的教育方式有以下几种：①讲座方式。它是指学生工作者通过讲座的形式，向学生传递知识、观念和指导其实践活动的方法。高校学生工作者通过举办相应的主题讲座，帮助大学生补充课堂教学的局限，多维度、多视野地了解当前的政治状况。②座谈方式。它是指学生工作者根据学生已有的知识和经验，通过座谈讨论，引导学生获得知识、形成情感和完善行为的方法。③实践方式。政治活动实践对于政治情感的培养意义重大，在教育实践活动方面，高校学生工作者要努力为大学生提供各种参观学习的机会，增强大学生对今天幸福生活的体验，引导大学生在各种社会实践中培养爱国情怀；积极引导大学生参加适当的政治活动，端正他们的政治动机，坚定中国特色社会主义信念。④其他。在实际工作中，高校学生工作者积极探索有效的活动方式，诸如征文比赛、知识竞答、小组学习等，都对提升大学生政治认知发挥着促进作用。

3. 完善党员推优，帮助大学生树立正确入党动机

入党动机是大学生政治动机的重要组成部分。当前，大学生入党动机呈现出多元化、实用化、复杂化的特点。如何帮助大学生树立正确的入党动机成为高校学生工作者面对的重要课题。

（1）要加强党组织对大学生入党动机的教育。毛泽东同志曾说过："有

许多党员，在组织上入了党，思想上并没有完全入党，甚至完全没有入党。这种思想上没有入党的人，头脑里还装着许多剥削阶级的脏东西，根本不知道什么是无产阶级思想，什么是共产主义，什么是党。"因此，高校学生工作者要加强大学生入党动机教育，不仅针对入党积极分子、预备党员，而且应包含正式党员，利用班团党日活动或举办专题讲座，开展系统全面的入党动机教育，帮助大学生群体不断加强党性修养，端正入党动机，牢记全心全意为人民服务的宗旨。

（2）注重严格规范学生党员发展程序，严肃面对入党动机问题。首先是严格执行入党联系人制度。通过制定严格的工作条例，规定联系人要积极主动地与联系对象沟通交流，了解他们的思想、工作、学习和生活状况，每半年向支部提交联系对象的详细情况，特别是其缺点和不足，并提出改正建议，端正入党动机。同时，联系人要经常向党小组、党支部汇报培养对象的有关情况，并根据其情况与党小组、党支部一起制定更有针对性的培养教育方案。其次，严格发展对象的提名和选拔程序。发展对象的确定要经过四个环节：一是团员推优环节，二是党支部征求意见环节，三是党支部和分党委综合讨论环节，四是发展公示环节。通过严格规范程序，树立党员意识。第三，严格发展会程序，提高发展会质量。高校学生工作者要严格要求各学生党支部对照党章，逐项查阅发展对象档案，逐渐落实发展会程序，并对发展会的党旗悬挂、奏唱国际歌、党员表决形式等细微环节严格把关，保证发展会在严肃、认真的气氛下进行。通过严格规范的程序，保证党员发展的质量，也使每位党员切实体会到自身的责任，树立正确的入党动机。

（3）正确认识当前大学生"功利化"入党动机。在学生工作实践中，我们发现当前一些大学生入党原因是希望借此找到一个好的工作。长期以来，社会舆论对入党动机的评价，基本遵循"非彼即此"的思维方式，给大学生贴上"纯洁的"或"不纯洁的"、"高尚的"或"功利性的"的标签。然而，这种思维方式在当代中国新的形势下很难实事求是地反映大学生入党动机多样化的客观事实。大学生因为渴望找到一个好的工作而给自己在政治上树立一个努力的目标，并非全然是一件坏事情，对于其中的合理性应予以承认。当然，对于这样入党动机，也不宜去正面倡导，不能作为大学生入党的价值导向进行鼓励。高校学生工作者应从实际出发，引导大学生将正确的政治理想与择业理想有机地结合起来，帮助大学生树立合乎现实的正确的入党动机。

4. 立足学生需求，帮助大学生培养科学政治信仰

随着国际国内形势的严峻化，大学生的思想状况也在发生潜在的变化，大学生马克思主义信仰面临冲击。然而，大学生信仰教育在一定程度上缺乏对学生实际需求的关注，从而成为遥不可及的"空中楼阁"。人作为一种不断创造需求、满足需求的生命体，是在需求的刺激下，不断推动个体和社会的发展。人既有物质需求，又有精神需求。因此，高校学生工作者应立足于大学生个体需求，围绕需求，满足需要，帮助大学生培养科学的政治信仰。

一方面，以学生个体需求为立足点推进马克思主义信仰教育，应加强对大学生基本物质生活的关照。马克思提出："首先应当确定一切人类生存的第一个前提也就是历史的第一个前提是：人们为了能够'创造历史'必须能够生活，因此，人类的第一个历史活动就是生产满足这些需要的资料，即生产物质生活本身。"目前，由于地区差异、家庭背景不同，大学生群体生活水平参差不齐，部分学生物质条件较差甚至极其贫困，依靠国家补助、助学贷款的学生仍占有相当的比例。如果这些学生的生存问题得不到合理解决，他们很可能以消极的心理对待一切，或者产生内心的不公平感，进而产生对他人、对社会的不满和憎恨情绪。这样的思想和情绪导致马克思主义信仰教育难以得到他们的认同。这就需要高校学生工作者给予充分的重视和关注，及时解决学生生存需要问题，满足他们的基本物质需求，从而激发他们对于社会的感恩情感和回报社会的决心，增强信仰教育的成效。

另一方面，以学生个体需求为立足点推进马克思主义信仰教育，还应满足大学生的精神需要。"精神需要比物质需要对人的行为激励作用更大更深远。"高校学生工作者要注意及时解决学生的思想难题，化解心理困境，立足学生关心的问题、困惑的问题、关注的问题，梳理好学生的思想通道，切实解决精神层面的问题。要把信仰教育与学生实际紧密联系，想学生之所想，解学生之所忧，多采取表扬肯定、荣誉嘉奖的方式来激发学生上进心，不断提高精神境界。

四、政治权利与高校学生工作

(一) 大学生政治权利意识

1. 政治权利意识

政治权利意识，是指人们对于各种政治权利的基本认知和行为选择。

这种认知是指对于法律赋予的政治权利的了解和理解；这种选择是指我们采取何种方式实现自身的政治权利，以及采取何种手段捍卫受到侵害的政治权利。一般而言，它包含三个方面的内容：对政治权利的认识、政治权利的主张和政治权利的要求，即对公民认识和理解依法享有的政治权利及其价值、对公民掌握如何有效行使与捍卫这些权利的方式、对公民自觉地行使公民政治权利以免损害其他主体的合法权利的认识和实现程度。

大学生政治权利意识，即大学生群体对自身以及他人所享有的政治权利以及有关政治权利的现象的认识、态度和行为选择。

2. 大学生政治权利意识状况

随着社会主义法治国家的逐步推进，大学生法制观念日益深入，其政治权利意识也逐渐觉醒。从社会的发展来看，大学生政治权利意识的增强，维权活动的开展，是社会进步的表现，它反映了我国法制建设的进步。同时，大学生政治权利意识的增强，必将对高校学生工作产生巨大冲击，提出重大挑战。当前，大学生政治权利意识状况基本概括如下：

（1）政治权利认知方面。大部分大学生有一定的政治权利认知，但是权利认知相对不够全面。作为政治权利意识的前提，政治权利认知强调的是大学生关于政治权利制度和政治权利运行等现象所形成的印象、观点和判断。可以说，了解基本的政治权利知识是形成公民政治权利意识的重要基础。随着社会主义法制建设的逐步推进，高校也更加注重法律基础课程的建立和完善，大学生对于政治权利有了一定的了解和认识。然而，个别学生认为自己与政治距离较远，对政治权利更是不加关注，认知水平较低。

（2）政治权利主张方面。大部分大学生乐于并能够合理表达出自己的政治诉求，但是个别大学生政治权利主张行为不当。当今世界已进入公民权利时代，大学生基本年满十八周岁，他们具备选举权和被选举权，他们关心国家大事，有自己的政治诉求，他们的政治参与意识、民主意识、权利意识都在日益增强，对于自身政治权利的主张和实现诉求也已显著提升。对于大部分大学生而言，他们能够正确行使自己的政治权利，捍卫自身正当政治权利。但是，个别学生对自己享有的政治权利理解片面，主张行为不当。有些同学认为政治权利可有可无，出现政治权利冷漠倾向；有的同学则无视法律界限和要求，出现偏激行为。

（3）政治权利要求方面。大部分大学生具备政治权利要求意识，但实际政治生活中普遍忽视政治权利要求。政治权利要求是指社会成员根据社会的发展变化主动向社会或政府提出新的政治权利请求的意识。当前大学生具备一定的政治权利要求意识，是我国民主进程纵深推进的显著表现，政治权利要求是政治权利意识的最高阶段，大学生的政治权利要求随着社会经济、文化、政治等不断发展而逐步相应提高。可以说，大学生政治权利要求的逐步完善和合理推进是推动社会民主化进程的重要力量。然而，当前大学生政治权利要求或片面，或层次低，仍需进一步改进。随着大学生权利意识提高，越来越多的大学生开始主张自己在接受教育过程中的各种合法公民权利，学生管理工作中尚有一些规定缺少法律支持，大学生状告学校的事件层出不穷。这就要求高校学生工作要积极适应当前形势发展，认真审视学校内部各规定的合法性以及工作程序的正当性、规范性等问题，构建完善的、合理的、合法的大学生政治参与制度和程序，把对大学生的管理纳入法治化的轨道。

（二）高校学生工作与大学生政治权利意识培养

青年大学生是我国现代化建设的接班人与后备军，大学生政治权利意识的强弱直接关系到社会民主政治建设的兴衰成败。

当前，大学生政治权利意识不断增强，给高校学生工作提出了新的要求。其一，大学生要求学生工作管理者尊重其主体地位、保障其各项权利的主动性增强，这就要求学校学生工作管理者必须推进管理民主化发展，建立尊重学生权利的学校综合管理体系；其二，高校学生工作管理法制化方面。

1. 树立"以人为本、尊重权利、依法管理"的新型工作理念

面对权利意识日益增强的学生群体，高校学生工作需转变工作理念，树立"以人为本、尊重权利、依法管理"的新型理念。所谓"以人为本"，即要求高校学生工作者应积极促进自身角色由管理者向服务者的转换。学生作为高等教育的主体，是教育的起点和归宿。全心全意为学生服务，尊重学生权利，保障学生权益，是高校学生管理工作的基本出发点。因此，高校学生工作者应认真践行"尊重学生、服务学生"的现代高校管理理念。所谓"尊重权利"，即要求高校学生工作者尊重学生的基本权利，树立大学生是平等权利主体的意识，并把这种思想切实落实到学校管理的各个环节中。所谓"依法管理"，即要求高校学生工作者必须严格依据相关法律法规进行管理，严格按照法律要求来规范各项管理规章制度，避免因管理过程中行为不合法、程序不规范而对大学生合法权益造成侵犯。

2. 构建全员化的政治权利培养系统

政治教育是推进校园政治文化建设与发展的基本方式，但单一的教育

方式难以实现提高大学生政治权利意识的目标，必须为其提供一个全方位、全员化的政治权利培养系统。通过全员育人，为大学生参与校园政治生活实践提供机会，切实激发和提高大学生的政治参与热情，并在此过程中使大学生的政治权利意识真正获得提升。

全员化的政治权利培养系统需要学校领导层、教学管理部门、学生工作部门齐抓共管、通力合作、各司其职。第一，学校领导高度重视，将大学生政治权利意识的培养作为人才培养的重要内容之一，构建系统化教育体系；第二，学校各部门要建立法治化的学校管理规章制度，依法管理并尊重学生的合法政治权利，同时也要树立学校制度的权威；第三，建立学生法律咨询服务中心，为学生提供法律咨询和法律知识的普及教育，同时对合法权利遭受不法侵害的学生及时给予法律帮助。

政治权利意识的培养需要立足于大学生思想意识形成的基本规律，遵循知情信意行的养成原则，从政治理论教育入手，培养政治权利技能，形成正确的政治权利价值观念。

政治理论教育是起点和基础，首先应致力于政治权利知识的普及。高校学生工作可以借助知识竞赛、理论宣讲、主题讲座等形式，帮助学生了解政治权利知识，树立政治权利意识；政治权利技能培养是指大学生还需要掌握一定的权利技能，即参与政治生活和社会事务所应掌握的技术、技巧和能力。学生工作应该积极搭建平台，让学生在实践中学习技能、提升技能，做到不轻信、不盲从，从而做到在参与公共事务的过程中进行理性的判断、作出正确的决策。正确的政治权利价值观的形成是宗旨和目标，它是指大学生在处理个体与个体之间、个体与集体之间、个体与社会之间关系时所体现出来的人格特征或价值取向，良好的政治权利价值观念对整个社会的健康运转和民主治理都是非常必要的。因此，高校学生工作应加强培养大学生优良的政治品行和参与公共事务的良好品德，促使社会基本价值观念成为当代青年大学生内化于心、外化于行的基本政治素养。

五、政治参与与高校学生工作

（一）政治参与内涵与特征

政治参与是现代政治学理论中的一个重要概念，是衡量一国民主政治发展程度的重要指标。

政治参与概念形成已久，中西方文化中均有所阐释。在中国古代文化中，"参""与"各有含义，但都曾代表"参加""参与"的意思，往往是分开使用的。中国古代的参与政治与现代意义上的政治参与实质不同，基本上是君臣共谋政治决策之意。在古希腊的政治学说中，就蕴含着公民政治参与的思想。亚里士多德提出"人是天生的政治动物"，他认为参与政治乃是自然倾向人之本性。

（二）大学生政治参与

1. 大学生政治参与内涵

（1）在我国社会主义现代化事业的建设过程中，社会各阶层利益不可避免地会出现一定程度的分化和冲突，政治参与是政治权利表达的有效路径，更是解决各阶层冲突矛盾的有力手段。作为大学生群体，因家庭资源的不同，社会利益的冲突也会间接地反映到他们身上，如何协调不同利益群体之间的不同诉求，如何合理地表达自身的利益主张，如何维护大学生的政治权利，都需要通过具体的、实践的政治参与来实现和完成。

（2）政治参与是大学生推进政府权力运行规范化和学校管理决策科学化的重要途径。自然人极易受到政治权力本身的扩张性和腐蚀性的影响，因此对公共权力机构和公职人员的权力加以监督和制约成为权力合法、合理运行的必要条件，而人民群众对政治过程的有效有序参与是监督公共权力使用的重要手段。作为大学生群体，是国家现代化建设以及政治民主化进程的重要推进力量，大学生的政治参与程度直接影响着政府权力运行的规范化。在学校层面，学生是教育、管理活动的主要参与者，其合理、有序的政治参与有利于更好地表达自身诉求，化解学生与校方的矛盾冲突，对学校管理决策的科学化发挥着重要的作用。

（3）政治参与是对青年大学生进行正确的政治观教育，避免非理性政治影响的重要手段。政治观是大学生观察和分析政治现象的基点，影响着大学生的政治认知和政治行为。政治观教育目标的实现不仅需要基本理论知识的传授，更重要的是政治参与活动的实践支持。大学生通过各种形式的政治参与，更加真实的了解政治环境，更加科学的规范政治行为，从而真正实现大学生政治观教育的根本目的，提高教育的实际效果。同时，由于当前我国处于社会转型时期，极易引发社会矛盾，为某些不法分子实现不良政治目的提供了可乘之机，良性的政治参与是大学生规范自身政治行为，提高政治素养的重要措施，能够有效地抵制非理性政治行为的不良影响。

2. 大学生政治参与特点

随着改革开放的深入推进，我国社会经济得到快速发展，国内政治环境更加宽松，国民的价值观念更加丰富多元、心理状态也更加活跃，青年大学生的政治参与活动也随之呈现出了一些新的特点：

（1）大学生在政治参与层次上存在不均衡性。大学生政治参与表现出层次的不均衡性，主要有以下几种类型，即主动政治参与类型、被动政治参与类型和功利化政治参与类型。有些学生非常积极主动地参与政治活动，热衷于表达政治主张，有明确的政治权利意识；有些同学属于被动参与，也有部分同学对参与政治活动持消极回避的态度，这部分学生往往缺乏对政治参与必要性的正确认识，未能将政治参与当作自身的合法公民权利和义务加之维护，放弃了自觉、主动参与政治活动的机会；有些学生受功利主义和个人主义的影响，将参与政治活动视为实现个人私利的工具和手段，参与政治的动机自私功利。

（2）大学生的政治参与心理尚不成熟。大学生心理状态尚不成熟，本身就具有复杂性，从而导致了其政治参与心理的复杂多样，政治逆反化、政治回避化和政治狂热化等心理并存，严重影响到大学生政治参与的水平。一方面，一些大学生对官方宣传机构的政治宣传往往怀疑多于信任，常常从网络或其他非正规渠道获得的片面的信息对政治问题进行评论，从而表现出对社会主导思想的冷淡，对政治学习的抵触，对思想政治教育的反感。另一方面，一些大学生表现出极端的政治狂热，政治参与方式不理性，甚至影响了正常的社会秩序。

（三）高校学生工作与大学生政治参与行为规范

从总体上看，当代大学生有较高的政治素养和理性、积极的政治参与意识，其政治参与总体上呈现健康、积极、稳定的态势，但也存在着一些问题。因此，引导、规范大学生政治参与行为，是高校学生工作的重要内容。

当前大学生的政治参与活动已日益常态化，逐步成为我国社会政治生活的一个重要部分，这就要求高校学生工作必须重视对大学生政治参与的规范和引导。实践活动是大学生政治参与的重要渠道，高校学生工作者要重视对大学生政治参与的实践教育，通过各种形式的实践活动培养和锻炼大学生的政治参与能力。

1. 推动参与政治生活

建设高度的社会主义民主，需要大学生树立正确的政治主体意识，同时具备一定的政治主张能力。因此，高校学生工作者应积极推动学生参与校内外政治生活，让大学生参与民主管理过程并在这个过程中接受教育，培养良好和有序的参与政治活动的习惯和技能，提高大学生的政治主体意识。

在校外，政府积极发挥自身职能，为大学生提供政治参与的平台和渠道。政府可通过疏通信息渠道，将听证公告信息及时联通到学校，欢迎大学生参政议政。如法庭庭审、政府听证会等，向高校开放旁听，让大学生了解政府如何进行行政管理。此外，通过对人大换届选举工作的参与使大学生理解民主政治的内涵和实践意义，促使其养成守法遵则的政治参与习惯，避免其在今后的政治参与活动中出现失范行为。在校内，设立校长信箱、校务公开日、领导接待日、后勤监督委员会等，倾听学生诉求，提高学生参与学校管理的主体性意识。还可以通过引导学生参与学校党委换届，共青团、学生组织、班级建设的选举活动等，提高大学生政治参与的意识和能力。

2. 开展基层挂职

基层工作是了解基层民主、社会管理的有效途径。高校学生工作者可以通过组织广大学生走向社会、走进基层开展挂职锻炼工作，为学生提供参与或观摩选举工作或管理工作的平台，帮助他们真实地了解社会现实的政治活动，提升其民主意识和政治参与热情，在实践中锻炼政治参与技能。

大学生在挂职锻炼实践活动中可以进一步了解社会、体察民情，对我国的基本国情有切身的体验，对社会主义核心价值体系有更加深刻的理解。挂职锻炼能够培养大学生对党、对祖国、对人民的热爱之情，增强他们的社会责任感、历史使命感和服务社会、报效祖国的意识，是大学生政治参与的有效形式。

3. 做好党员的组织发展工作

党员的组织发展工作包括政治理论的学习、政治情感的培育、政治信仰的树立以及政治行为的引导，能够为大学生政治参与技能的提升提供平台。高校学生工作者应该坚持用毛泽东思想和中国特色社会主义理论体系武装青年大学生的头脑，用社会主义价值观和荣辱观引导青年大学生成长，帮助其树立远大的共产主义理想信念，不断吸收青年大学生中的优秀分子充实进党组织的队伍，发挥党员在大学生群体中的先锋模范作用，把青年大学生旺盛的政治热情和政治能量引导到正确的目标上来。一方面，党组织通过党员的培养和发展工作，帮助大学生了解其基本的政治权利，行使表决权，参与投票选举工作。另一方面，党组织也应通过开展各类党建活动，为有志大学生提供施展自身政治才华和政治抱负的广阔舞台，使其政治参与真正成为有利于国家和人民的正面参与。

第二节　教育学与高校学生工作

高校学生工作是指通过规范、指导和服务，促进学生全面发展的非学术性事务管理工作，一般而言，包括思想教育、学生管理、学生指导与服务、突发事件应急处置等内容。从教育学的视野看高校学生工作，首先要理解教育的含义。《说文解字》中对教育的定义是"教，上所施，下所效也；育，养子使做善也"；现代教育学认为教育学既是一门统一的学科，又是多分支的许多教育学学科的总和。纵观教育学发展历史，虽然教育学早在 17 世纪就已经萌芽，19 世纪初就逐渐独立并走向科学化，但是直到 19 世纪末，教育学才作为一个专业进入大学，对教育学的研究首先应研究教育学的学科性质和研究对象。

一、教育学的学科性质

（一）教育学的基本概念

教育学作为一门学科，是在近代自然科学勃兴、科学研究方法普遍确立以后出现。它的产生和发展经历了一个漫长的历史过程，反映社会政治经济、科学文化的发展和教育实践经验的日益积累以及人们对教育这一社会现象认识的不断深化。

（二）教育学的学科性质

（1）教育学是科学还是艺术。历史上，对教育学的"科学"和"艺术"之争，由来已久。

（2）对于教育学学科性质的讨论，始终贯穿于整个教育学史的发展历程之中。不同时期对于教育学学科性质的讨论，也反映了各个时期学科发展的特点，体现了教育学的历史演变过程。事实上，对于教育学学科性质的争论还将延续下去，这也使整个教育学学科始终保持生命力。

二、教育学的研究对象

教育学主要是研究教育现象和教育问题的学科，其目的在于揭示出人类教育活动的规律，服务教育实践。教育本身就是一种社会现象，教育现象是人类历史发展过程中各种教育活动的外在表现形式。纵向上，可以将其分为古代教育现象、近代教育现象、现代教育现象和当代教育现象等；横向上，有学校教育、家庭教育、社会教育等多种教育形式。教育规律是教育现象与社会现象、教育现象内部各要素之间本质的、内在的、必然的关联。教育规律最基本的两个方面是教育与个人身心发展、教育与社会发展之间的关联；这两方面又是密切相关的。以培养人为核心目的的教育活动，一方面要能够促进个体身心的发展，另一方面也要促进社会的发展。

教育学作为一门独立的学科意味着教育学理论的不可替代性，即教育的规律不可能由其他学科的理论简化、演绎或引申而来，教育学在吸收其他学科的同时，必然有相对独立的知识领域。但由于教育学学科本身的共通性和多学科框架，在研究教育问题时，学者会更多地求助于政治学、经济学、社会学、历史学、管理学等经典或主流的社会科学，教育学从未成为研究教育问题的有效视角。但教育学是揭示教育规律，研究教育问题时不可替代、也不可或缺的学科视角。教育学是研究人类的教育现象和问题，揭示一般教育规律的科学。从教育学视角看高校学生工作，是必要的也是有价值的。

（1）从教育学的基本内涵来看，高校学生工作是实现教育目标的重要组成部分。广义的高校学生工作是指课外对学生进行非学术的教育、管理和服务等有关的概念、事项、活动的集合和总称，狭义的高校学生工作是指那些直接作用于学生，由专门机构和人员从事的，有目的、有计划、有组织地发展、培养、提高学生政治、思想、品德、心理、性格素质和指导学生正确地行为的教育、管理和服务工作。从二者的定义可知，高校学生工作是实现教育目标的重要组成部分，通过非学术性教育、管理和服务促进学生发展。

（2）从教育学的价值取向来看，高校学生工作的主要服务对象是学生，是教育学的三个基本要素之一。

（3）从教育学的阶段任务来看，高校学生工作研究是属于教育学中高等教育学的探究范畴。高等教育学的基本问题绝不是教什么、怎么教、谁来教，而是要探讨在高等教育机构里如何更好地传承文化、传播高深知识、扩大高深学问的领域，并运用其成果直接为社会服务。高校学生工作贯穿高等教育的教学、科研和社会服务等方面，与高校学术工作相辅相成，共同为实现高校使命而服务。

（4）从组织运行机制的角度来看，学生工作由思想教育系统和行政管理系统共同组成。思想教育系统包括团委、学生会为主体的第二课堂发展体系；行政管理系统包括学生资助、心理辅导、就业指导等部门组成的学生发展辅助支持体系。以北京某高校为例，高校学生工作涉及众多部门，包括学生工作处、校团委、辅导员基地、心理咨询中心、就业指导中心、学生资助中心，工作内容主要包括思想政治教育、教育实践、奖励资助、心理辅导、就业指导、学业帮扶、辅导员队伍和日常管理等内容（图2-1）。

三、教育学视角下高校学生工作面临的挑战和机遇

随着高等教育投资体制改革的深化、大学生身份的转变和网络技术的普遍应用，高校学生工作面临巨大挑战和机遇。

（一）高校工作面临的挑战

"就业指导"存在的问题包括"就业信息传播信息平台窄""政府宣传的就业政策与个人的发展需求不一致"和"就业指导活动经费紧张"；"心理咨询"存在的问题包括"辅导员或班主任没有时间和精力顾及学生的问题"；"思想政治工作"存在的问题包括"社会转型对学生信仰的缺失和价值观的困惑产生了重要的影响"和"社会环境的巨变给学生带来了不安全感"；"学术指导"存在的问题包括教师和学生基本认同"学术指导应该属于学生事务工作者的工作范围"。然而，学生在学习过程中，除了会遇到上述问题，还会遇到一些专业相关问题，而这些问题并非所有学生事务工作者都能解决，但目前缺乏相应的机构和制度将学生事务各方面的资源整合起来，"学生事务"的职权范围模糊。高校学生工作的顺利开展亟须从改革现有问题入手，为高校学生工作在今后的顺利开展扫除障碍。

多元化的教育发展需求也给高校学生工作带来新的挑战。高校人才培养强调促进学生的个性成长和个体多元化发展。此外，随着高等教育投资体制改革的深化，高等教育投资体制的改革牵动学校的内部治理、人才培养和学生工作，高校多种渠道筹集办学资金，大学生缴费上学，大学生的身份从过去单纯的受教育者转变为教育消费者，学生和家长更加重视教育收益率，维权意识明显增强，对知晓学校信息、参与学校管理等方面的民主诉求意识更加强烈，以上种种对高校学生工作提出了新问题，带来了新挑战。

（二）高校学生工作面临的机遇

（1）高等教育改革为高校学生工作提供创新契机。

（2）学生发展理论为高校学生工作提供理论导向。学生发展理论是人的发展理论在高等教育领域的运用和发展，当前主要有四种普遍应用的学生发展理论类型：①个体与环境类理论；②社会心理类理论；③认知和价值观类理论；④整合型的理论。

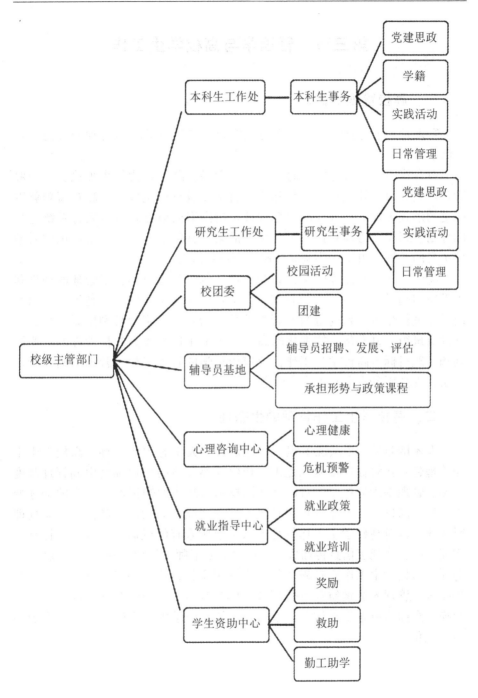

图 2-1 北京某高校学生管理工作主要部门及工作职责

第三节　管理学与高校学生工作

一、高校管理的概念

管理是为了达到组织目标而对组织内的各种资源进行合理配置的综合性活动。

教育管理学作为管理学的一个分支学科，源于现代管理理论，是一般管理理论在教育领域中的具体运用。自学校教育产生以来，教育管理就以一定的形式出现了。现代的教育管理是指国家或地方政府对教育系统进行的计划、组织、协调和控制等一系列活动，也包括学校内部组织机构对学校本身的计划、组织、协调和控制等一系列活动。

高校管理是教育管理学在高等教育领域的具体应用，把管理的理论和工具应用到具体的高等学校系统内，用管理的眼光和思路对高等学校的系统运作进行分析，是高等教育管理的核心所在。大到学校和院系，小到党支部或班级，科学化、精细化的高校学生工作日渐成为高校管理的重要原则和实践目标。高校学生工作需要应用科学的管理思想、管理原则和管理方法，提高服务水平和工作实效性。

二、高校学生工作管理的生态性

人才培养是一个系统工程，教育是社会大生态中的一环。高校学生工作管理建立在教育环境基础之上，任何外部环境的变化都会引起管理制度走偏、管理手段失效。面对以互联网技术为载体的知识经济引发的全球变革浪潮，高校学生工作管理出现了一些新变化，如微信、微博等一系列即时沟通工具对高校学生工作管理带来了前所未有的机遇与挑战，它提高了沟通效率，降低了信息传播成本，但也带来了师生情感交流不足等新问题。为此，高校学生工作要打破传统、更新理念，在管理内容、管理方法、管理技术、管理人员素质等重要环节上要与时俱进，加强与外部环境的信息交换，全面适应学生群体及环境特征，使高校学生工作管理在动态发展中不断优化。

第四节　心理学与高校学生工作

一、认知派与学生管理

（一）认知派心理学思想介绍

（1）认知结构学习理论。布鲁纳认为，人们是根据类别或分类系统来与环境相互作用的，如果外界刺激与人们已有的类别系统没有关系，那人们就很难对外界刺激进行加工。而这套用来解读外部世界和周围环境的分类系统就是所谓的内在"编码系统"，也就是认知结构。认知结构是人们对信息进行分类、组合和加工的方式，是不断变化的和重组的，认知结构的形成和改变的过程就是学习。

（2）接受同化理论。奥苏贝尔倡导有意义学习，他的接受同化理论认为，只有新信息与学习者头脑中已有的相关观念建立实质性的、非人为的联系的学习才是真正有意义的学习。所谓实质性和非人为的联系，是指新的信息与学习者头脑中已有的认知结构之间应当建立起合乎逻辑的合理联系，而非人为捏造的关系。如学生在学习"electronic"这个单词时，由于之前没有掌握有关英语音标的认知结构，从而将其发音记忆为"一来课抄你课"，显然这是对新信息进行人为的捏造。如果学生不能进行有意义的学习，就会形成惰性知识，即本来可以广泛运用的知识却被局限到有限的情境中去。此外，奥苏贝尔进一步提出了上位学习、下位学习和组合学习的同化方式。

（3）信息加工学习理论。加涅根据现代信息加工理论提出了学习过程的基本模式：信息最初是以映像形式在感觉登记器中进行编码的，保持时间不超过2秒；经筛选和衰减后，部分信息会从感觉登记器进入短时记忆，并以语义形式再次编码和储存，由于个体在这个阶段会启动内部复述等策略进行记忆，相应的保持时间会长一些，但也不会超过1分钟；经过复述、精细加工和组织等策略，信息经再次筛选和衰减，最后有更少部分的信息会转移到长时记忆中进行储存，以备后用。在整个信息加工过程中，还有两个重要的成分会对整个过程产生重要影响，那就是"已有经验"和"动机"。

（二）认知派对学生工作的启示

认知派心理学思想对学生工作的启示主要体现在学生教育方面，尤其是在对学生开展教育工作时,要精练教育内容,构建良好的认知结构;要尊重学生已有的认知特点和经验结构,做到教育工作对症下药;要精心设计教育工作的全过程,促进教育工作的科学化。

(1)以认知结构学习理论为基础,精练教育内容,提升教育实效。认知结构学习理论强调在对学生实施教育时提供精练的、结构化的教学内容的重要性,精练的、结构化的教学内容不单单是一个一目了然的学习提纲,更是对核心内容和学习重点的有效组织,这样一套结构合理、内容有效衔接的学习内容符合学生的学习规律,能最大程度提升学生的学习效果。认知结构学习理论对实际的指导意义不单体现在课堂学习上,对学生工作也具有重要的启示意义。

(2)以接受同化学习理论为依据,尊重学生认知差异,促进教育工作针对性。对学生实施有效的教育,除了精炼教学内容外,还需要深入了解学生的认知特点和经验需求,根据学生的实际情况,组织有针对性的教育活动。也就是说,要提前了解和掌握学生已有的经验结构,确认已有经验结构与教育内容之间的意义关联,实施和推进学生所需的、有意义的教育活动。

(3)以信息加工学习理论为指导,精心设计教育过程,促进教育活动科学性。信息加工学习理论认为,教育是一个"激发动机—吸引注意—有意义编码—有效存储—提取回忆—概括迁移—实操练习—强化反馈"的分阶段逐级递进的过程,科学的教育需要尊重这一完整的过程并按照相应规律组织实施。但在实际的各类教育活动中,人们往往忽视这一完整的过程,只关注其中某个或某几个阶段,导致教育工作缺乏深刻性、持久性和实效性。

二、人本主义与学生服务

(一)人本主义心理学思想介绍

人本主义心理学兴起于20世纪五六十年代的美国,被称为除行为主义和精神分析以外,心理学上的"第三势力"。人本主义和其他学派最大的不同是主张把人作为一个整体来看待,关注人的高级心理活动,强调人的正面本质和价值,强调人的成长和发展,强调人的潜能和自我实现。代表人物有马斯洛、罗杰斯等。

(1)马斯洛的需要层次理论。马斯洛认为,人的需要可以分为5个等级,由低到高分别为生理需要、安全需要、归属与爱的需要、尊重需要、自我实现需要(图2-2)。其中,生理需要是指对饮食、睡眠、性等方面的本能需求，在人的所有需要中最重要也最有力量；安全需要是指人们寻求安全、稳定、受保护、有掌控感以免除恐惧和焦虑的需要，当环境中存在有威胁的因素时，安全需要就显得尤为强烈；归属与爱的需要是指人们要求与其他人建立人际关系和情感联系的需要，如结识朋友、归属某一团体或组织等；尊重需要包括自尊和受人尊重，指人们希望在社会群体中获得尊严和尊重；自我实现需要是最高层次的需要，指人们追求实现自我的潜能和成就自我的需要。

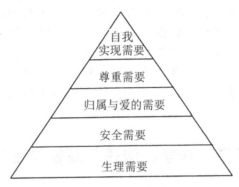

图 2-2 需要层次结构

（2）罗杰斯当事人中心的治疗理念。罗杰斯认为，人生而具有自我实现的内在动力，但受个体、家庭、学校和社会等各种因素影响，这种自我实现的动力被埋藏在个体重重的心理防御之下。因此，心理健康的人能够准确而完全地认知自己的内心经验，保持自我的一致性；而心理不健康的人则会曲解或压抑他们的内心经验，在盲目追求或迎合他人和社会期望的过程中导致内心不和谐。因此，在对寻求帮助的当事人进行咨询与治疗时，咨询师应当善于激发和利用当事人内在的动力，促进当事人的自我成长。

（二）人本主义对学生工作的启示

人本主义心理学思想对学生工作的启示主要集中在对学生的服务上，即以学生为主体，充分尊重和信任学生内在的潜力和动力，通过服务提供良好的氛围、环境、条件和支持，激发学生自我成长的原动力。

（1）以需要层次理论为依据，尊重学生内在需要，服务学生自我实现。"仓廪实而知礼节，衣食足而知荣辱"，如果低级需要得不到一定程度的满足，追求高级心理需要的动力就会受到削弱和干扰。在现实生活中，有的学生因家庭经济困难而将大量时间和精力用于课外兼职打工，影响了个人学业；有的学生因家庭环境不良而在学校表现出人际回避或攻击性强的特点，影响了人际关系；还有的学生因过去的创伤事件，而变得性格偏执、行为怪异、没有安全感，影响了个人发展……反观这些所谓的"问题学生"，其根本原因在于需要层次结构面临威胁或得不到满足，从而不能全身心投入到更高层级的需要上去。当然，也有学生在低级需要得不到充分满足的同时，仍然能够坚持内在的高级心理需要并最终获得成功，但这样的个案毕竟不具代表性。

（2）以当事人中心治疗理念为指导，营造良好氛围和关系，服务学生自我成长。随着时代的发展和社会的进步，高校学生工作的环境、对象、内容、任务等都发生了深刻的变化并带来了前所未有的挑战，不少学生工作者感叹现在的学生工作不好做。事实上，在"以人为本"成为时代共识的今天，学生工作面临转变工作模式、革新工作思路、创新工作方法的一系列挑战，这也是在学生工作中全面落实科学发展观的应有之义。在学生工作中贯彻"以人为本"的实施理念，罗杰斯以当事人为中心的治疗理念具有很强的借鉴意义。

第五节　法学、法律与高校学生工作

一、法学、法律对高等学生工作的指导作用

法学理论是在长期的社会实践中形成和发展起来的，并且指导、规范着社会实践。在高校学生工作的开展过程中，一方面，法律本身的规定和要求决定了高校学生工作的开展应该在法律规定的框架内进行，明确自己的权利和义务，做到权责相统一；另一方面，法学理论和法律规范所特有的严密性和逻辑性以及规范化，对学校规章制度体系化的形成具有一定的借鉴意义。在社会主义法治理念的支撑下，高校学生工作的开展应该在依法治国的理念下，树立"依法治校"的基本思想，特别是要以科学发展观为指导，牢固秉持以学生为本的育人理念，努力提高学生工作的科学化、规范化、制度化水平，进一步提高学生工作的质量和效益。

（一）法学理论促进高校学生工作科学化

党的十八大报告将"科学发展观"确立为我们工作中必须长期坚持的指导思想，并进一步强调了民主和法制建设。党的十八届三中全会对全面深化改革的重要领域和关键环节作出重大部署，特别是围绕十八大报告提出的"深化教育领域综合改革"的总体要求，明确了教育改革必须坚持立德树人为基本导向。法学的相关理论以及党的十八大和十八届三中、四中全会提出的全面建成小康社会、全面深化改革、全面推进依法治国为高校

开展各项学生工作提供了科学的世界观和方法论。高校学生工作作为高校育人工作的一个重要环节，相关理论要求我们在从事高校学生工作时，要按规律办事，坚持实事求是，按高等教育的发展规律、大学生的成长规律，特别是要按照当代大学生的心理成长规律来开展工作，这样能使学生工作更加科学化、规范化；依法管理是深化高等学校内部管理体制改革，规范学校内部各项管理工作，提高办学质量和效益的根本保证。我国高等教育的两部重要法律法规《高等教育法》和《普通高等学校学生管理规定》出台之时，都在社会上引起强烈反响。十八届三中全会以来，高校纷纷出台《大学章程》，依法治校进入了新的历史阶段。必须认真学习和贯彻国家教育法律法规，尊重学生的公民地位和民主权利，保障学生的合法权益，提高我们教育和管理工作的法治化水平。总之，我们要积极构建科学有效的学生工作机制，努力创新学生工作的方式方法，不断提高学生工作的科学化水平。

（二）法学理论促进高校学生工作规范化

高校学生工作管理规范化是提高办学水平、保证办学秩序和大学生健康成长的必要举措，也是构建法制社会的必然要求。法学理论着眼于构建法制社会，强调秩序与公平，将法学理论运用于高校学生工作，有助于构建完备的学生工作管理体系，促进高校学生工作管理目标的规范化、管理内容的规范化、管理过程的规范化、管理方法的规范化、管理效果评价的规范化及管理人员队伍（高校辅导员）建设的规范化。

依法治国对每个公民的基本要求是能够做到学法、守法、懂法、用法。在法治观念的引导下，高校管理人员本身要牢固树立依法管理的理念，在学生工作中要树立以人为本、权利本位的基本理念。在这种理念的指导下，学校应该经常性地开展各种针对高校学生工作管理人员的法治学习课程，保障高校学生工作人员能够在工作的开展过程中严格遵守法律法规的相关规定，勿逾界限。

（三）法学理论促进高校学生工作制度化

法学理论所要求和倡导的法律原则是指导高校学生管理工作的重要操作指南。法学体系的逻辑严密、结构严谨、体例完善，不同的法律部门之间分工明确，职能范围清晰，权责统一的工作模式对高校学生管理工作体例的形成具有重要的借鉴意义。

二、法学、法律在高校学生工作中的应用与实践

法学理论是法学领域的一个重要概念，也是一个比较宽泛的法律词汇，法学理论着重强调法律规则、法律原则、法律概念，主要是对规则的理解和应用。随着现代法治理念的普及，个人权利意识的增强，当今大学生价值观多元化的变化，传统的高校管理工作正遇上前所未有的挑战。面对这种挑战，作为高校学生工作管理者，我们应该有所作为，应该努力将法治的精神贯穿于工作当中。规则是抽象的，而学生工作是具体的，我们应把法学理论应用到学生工作当中，用法治的理念去解决学生工作实践中的各种问题，积极构建、完善管理体制，既规范和监督学校管理的秩序，也尊重、保护学生的合法权利。

（一）用法学理念增强高校学生工作法律意识

高校学生工作人员大多为高校辅导员，辅导员工作繁忙，来自不同的专业，对法律的理解存在很大的差异。那么，怎么来弥补这种由于专业的局限性而带来的"先天不足"呢？最简单的方法就是普及基本法律常识，通过经常性地举办法制讲座，尤其是教育法制、行政法制等讲座，针对性地培养学生工作者的法治理念、权利意识、公正精神，从而让高校的学生工作者自觉规范言行，以学生为本，认真对待学生，关注学生切实需求，尊重学生合法权利，为学生的全面发展构建良好平台。

（二）用法学视角准确把握学生与学校的法律关系

法律关系，通俗地讲，就是人与人之间的权利义务关系。在工作中，经常会涉及权利义务关系，同样，高校与学生恰当的法律关系也是一个永恒的课题。在计划经济时代，学校与教育主管部门是行政隶属关系，这种关系对学校内部的各种关系也会有较大影响，从而导致学校与学生之间是一种行政服从关系。在法律意识和权利意识普遍苏醒的今天，这种关系是行不通的。从高校这个组织系统来看，学校是组织者，学生是被组织者，学校与学生是管理与被管理的关系。同时，由于权利义务是对等的，我们享有多大的权利，就要去履行多大的义务，所以，相比较学生而言，高校学生工作人员就具有更多的权利。如果我们没有履行相应的义务，也就意味着工作没有做到位，就需要我们及时调整工作方法，尽可能地从学生的角度出发来思考问题，让学生的心声融入我们高校工作人员的工作当中。只有准确把握这种良性的法律关系，学生工作才能顺利开展。

（三）用法律工具处理高校学生工作实务

当前，高校的管理体制经常成为社会舆论指摘的矛头。目前的管理体制大多为传统的行政管理方式，这种管理模式固然有它自身的缺点，但是如果改革过于激进，带来的后果是难以想象的。那么怎么才能保证既进行管理体制改革，又不失稳定呢？普遍认为，就是对传统的高校管理体制进一步进行改革。高校在以往的教育管理体制改革中，获得了一定的自主管理权，随着自主管理权范围的扩大，学校自主办学，行使独立意志的合理性与合法性的问题变得日益突出。我们的高校是社会主义的高校，是执政党领导下的高校。绝大多数高校都实行党委领导下的校长负责制，这种制度对规范高校管理秩序，保障高校正常运行，促进高校发展，强化人才培养起着决定性的作用。但是，由于计划经济时代的影响，高校的管理体制还存在一些问题，高校内部各个职能部门的职责权限不够明晰，管理程序还存在一定的瑕疵。这些问题只能靠进一步推进高校管理体制的改革来解决，通过法律、章程、制度，来厘清党委与行政，校长与职能部门，各职能部门，教授治校与民主治校等方方面面的关系，从而避免管理的随意性和无序性，保证管理行为的合理性和合法性，从而保障学生的合法权利。

邓小平同志曾说过"实践是检验真理的唯一标准"，法学理论固然是经过法学家、实务者多年的研究与经验的总结提炼而成，但也不是一成不变的，有些观点可能随着现实条件的变化而不再适用，有些理论可能也不再能合理解释层出不穷的新鲜事物，如果一味教条，恪守"本本主义"，那学生工作与相关理论必定会脱节。高校学生工作能够在实际工作中检验法学相关理论的正确性，并促进法学理论在实践中的完善。在实际工作中会面临各种突发状况，有时会超越理论预测的范围，当现有理论不能用于指导现实问题的解决时，我们就要具体问题具体分析，用我们的智慧、能力与经验向现实挑战，并将成功的案例以及从中所得经验用一定形式和载体予以固定，用理论加以武装与规范，对原有理论进行修改、丰富和创新。

三、高校学生工作相关法规的改革与发展

（一）我国早期学校学生工作相关法规的萌芽与形成

早在奴隶社会初期，我国就出现了由王室创办的学校，学生也多为王室子女，两千多年来，学校的形式和管理虽然都有一定的发展，但在本质上，教师享有着至高的尊严，而学生一直都处于被管理的地位，学生的权利未能得到重视。同时，学校的教学管理制度和学生管理制度也均由统治

者及其所任命的官僚进行统一制定和管理，因此这个时期，学生管理工作的相关法规体现的是人治。

到了近代，清政府开始制定一系列具有法制化意义的高等教育立法文献，标志着我国高等教育学生工作相关法律法规的制定迈出了第一步。由最初清政府制定颁布的《京师大学堂章程》《奏定学堂章程》等，到辛亥革命后，由南京国民政府颁布的第一部有关学生管理工作的单行法规《整顿学风令》，直至后来新中国成立后，在中国共产党的思想指导下建立起了新的教学管理体制，并发展建立了高校校务委员会，赋予了学生代表参加校务相关会议，并就教学事务提出意见和建议的权利，这些无不说明着在我国政体的转变下，我国高等教育学生管理工作的相关法律也发生了质的变化，由原来的人治规范迈进了法制化进程。

（二）新中国成立以来高校学生工作相关法规的发展与完善

自新中国成立以来，在我国全面建设社会主义的背景下，也制定了一系列高校学生工作相关的管理法规和具体实施规则。1950 年，教育部颁布了《教育部关于实施高等学校课程改革的决定》等文件，20 世纪 50 年代后期到 60 年代，又先后颁布了《关于处理高等学校学生转专业、转学、休学、复学、退学等问题的规定》，以及《教育部直属高等学校暂行工作条例（草案）》等文件，具体规定了有关课程的改革，学籍制度的管理，以及终期成绩的考核等，对学生工作中相应的具体问题作出了详细的规定。

改革开放以来，尤其是十一届三中全会以后，我国高等教育的建设又步入了一个新的阶段，不仅恢复了高考制度，民主化、法治化的管理理念也被各高校普遍认可并贯彻实施到了学生管理工作当中，使各高校的学生管理制度都得到了恢复和进一步的发展。20 世纪 80 年代初，我国又先后颁布了《中华人民共和国学位条例》及其《学位条例暂行实施办法》，对各类学位的授予及学位评定委员会都进行了详细的规定。90 年代，全国人大又先后颁布了《中华人民共和国教育法》和《中华人民共和国高等教育法》，原国家教育委员会颁布了《普通高等学校管理规定》《研究生学籍管理规定》等法律法规。另外，法律赋予了各高校有权制定自己的校规，自此，高校的学生管理工作，不仅受国家相关法律法规的约束，同时也要遵守各高校内部的管理规范，进一步规定了高校与学生之间的权利与义务法律关系，也赋予了学生更多的民主权利，这使得学生工作的管理制度更能适应各高校的具体情况，更利于建立起完善的学生工作管理体制。

这些法律法规以及相关政策，梳理了新时期高校思想政治教育及学生管理其他方面工作的新情况、新经验，明确了改革开放条件下高校学生工作的基本方针、方法和内容，对改革和加强高校学生工作具有重要的指导意义，提供了清晰的解决路径。当然，这个时期的相关法规还未涉及制度内部的系统化的改革，对高校学生工作的规定还较为零散，尚未形成一个成熟的学生管理工作体系。

（三）当前高等学生工作相关法规的改革与深化

我国在全面执行依法治国的基本国策的同时，高等教育系统也开始全面贯彻依法治教的理念。教育部《关于加强依法治校工作的若干意见》（2003 年）指出，"一要转变行政管理职能，切实做到依法行政；二要加快制度建设，依法加强管理；三要推进民主建设，完善民主监督，如进一步完善教职工代表大会制度等；四要加强法制教育，提高法律素质；五要严格教师管理，维护教师权益；六要完善学校保护机制，依法保护学生权益。"作为依法治校的具体举措，教育部要求各高校制定"学校章程"，并在部分高校试点推行，中国人民大学、东南大学、东华大学、上海外国语大学、武汉理工大学、华中师范大学作为第一批试点高校率先制定并公布了学校章程，上海交通大学、西安交通大学、北京师范大学、同济大学等也将陆续公布学校章程。

新世纪以来，随着大学生法制观念的加强，管理学生也必须做到有法可依、有法必依。为此，教育部也出台了一系列加强学生管理工作的规范文件。2005 年，教育部对《普通高等学校管理规定》《研究生学籍管理规定》做了较大修订，发布了《普通高等学校学生管理规定》（第 21 号令），对学生的权利与义务、学籍管理、校园秩序与课外活动、奖励与处分等进行了详细的规定和说明，其中，对学生在校期间受到伤害等事故的处理，以及有关考试违规等问题的处理也都作出了更加具体的规定。近年来，教育部先后出台了与学生思想、学习、生活相关的一系列文件规定，如《全国大学生思想政治教育工作测评体系（试行）》《高等学校体育工作基本标准》《高等学校学生学籍学历电子注册办法》等。2014 年，教育部发布《高等学校学术委员会章程》和《普通高等学校理事会章程（试行）》，完成"985 工程"高校章程核准工作，高等学校制度建设框架基本完成。

另外，随着研究生教育的发展和学生规模的壮大，有关部门陆续出台了有关针对研究生的一些文件和办法，如教育部、国家发展改革委、财政部出台了《关于深化研究生教育改革的意见》；教育部和人力资源社会保障部出台了《关于深入推进专业学位研究生培养模式改革的意见》；国务院学位委员会和教育部出台了《关于加强学位与研究生教育质量保证和监督体系建设的意见》《博士硕士学位论文抽查办法》等文件。随着国家给予大学生奖励资助扶持力度的增加，财政部、教育部等部门相继制定了《研究生国家奖学金管理暂行办法》《研究生学业奖学金管理暂行办法》《研究生国家助学金管理暂行办法》，以及《普通高等学校研究生国家奖学金评审办法》等具体的规定和办法。

此外，在高校的学生管理工作实践中，也已开始允许司法介入到高校教育的学生管理工作当中，给学生以司法救济的权利，进一步增加了学生工作的民主性法律性。这些都标志着我国高校学生工作的法制化已经走上了一条良性的轨道，在学生工作中也体现着"以人为本"的治国理念。

四、学生与学校的法律关系

在高等教育法律关系中，存在着多种利益关系主体，因此，也就形成了多种多样的法律关系。其中，最重要、最难界定也最容易引起问题发生的法律关系当属于学生与学校之间的法律关系。

随着高校改革的不断深入，如何看待大学生权利意识的兴起，重新定位高校和大学生关系，已引起社会的广泛关注。学校与学生的法律关系，不是法律上那种复杂的权利义务关系，而是一系列具有育人色彩的相对单纯的、基于教育而形成的权利义务关系。当然，基于我国目前的教育体制和立法现状，以及人们对高校法律关系的不同理解，学术界对高校与学生之间的法律关系，存在一些不同的学术观点。

（一）民事法律关系

1. 经济合同关系

该观点认为，学校与学生之间的这种教育关系，仅仅是一种民事法律关系，即我们通常说的经济合同关系。这种情况下，学校是一个独立的事业法人，享有办学自主权；学生也同样享有自主决定想要报考的院校，接受高水平的教育理念和教育服务的权利。合同关系双方的行为，即学校与学生的行为都会受到双方所达成合同的约束。如果学生违法合同，即学生没有履行遵守学校相关规定的义务，那么学校可直接按双方事前达成的合同来行使对学生进行处分的权利。同理，学校如果违反合同之约定，不履行合同义务也构成违约，作为学生一方，可使用相关法律上的救济权利来维护自己的合法权益。

高校与学生之间具有的这种经济合同关系，也在司法实践中得到了肯定。

1998年齐某诉北京某大学人身损害赔偿案中，法院以民事案件受理，并在判决中表明了如下立场：将高等学校作为民事主体对待，其教师履行职务行为的后果由其所在学校承担责任；双方争议的本案是否超过诉讼时效的问题适用的是《民法通则》有关时效中断的规则；案件性质是高等学校侵害学生人身权的人身损害赔偿；根据侵权行为的过错责任原则确立原、被告双方因各自的过错应承担的部分责任；被告北京某大学承担的法律责任是民事责任。

这个案例就证明了高校与学生间存在着经济合同关系。再比如，我们上学要交住宿费，这个费用也是我们与学校订立的一个民事合同关系，双方在这一点上处于平等的民事主体地位，学校一方负有为学生提供宿舍的义务，学生负有缴纳费用的义务。随着我国高校改革制度的不断深入，以后这种关系会更加明显。比如，2013年2月份，国务院常务会议部署完善研究生教育投入机制，决定从2014年秋季学期起，向所有纳入国家招生计划的新入学研究生收取学费。

2. 契约关系

持这种观点的学者认为，学生与高校订立的教育契约主体合法，意思表示真实明确，也没有违反法律或社会公共利益，根据契约理论和我国合同法有关规定，符合法律规定的一般生效要件。但高校发出录取通知书，教育契约成立后，并未立即生效。学生与高校订立的教育契约在法律上可以视为附条件契约。只有条件成立时，契约才生效。教育契约所附的条件就是学生在规定的时间内到校报到、注册。学生报到、注册取得学籍后，成为真正意义上的大学生，双方开始正式履行所订立的教育契约，享受各自的权利，履行各自的义务。双方契约关系的构建有助于明确高校与大学生双方的权利义务，使各自对自己的权利义务有明确的认识。有利于促进高校增强法律意识，切实执行各项法律法规，改善教学条件，履行契约，同时行使自己的权利，规范对学生的管理，依法处理学生恶意拖欠学费等不履行契约的行为。大学生也可以根据契约切实维护自己的权益。由于双方权、职、利明确，对纠纷的处理也较为简单。

既然高校与学生之间具有这种契约关系，那么双方应该本着诚实信用原则来遵守彼此的承诺。

下面的例子就是学生一方不遵守契约而引起的司法诉讼。

2001年10月，浙江大学学生吴某向中国银行杭州杭海路支行申请了4800元助学贷款，在双方签订《中国银行国家助学借款合同》后，该行随后向吴某发放了贷款，期限3年，月利率为4.95‰，双方约定于2004年12月11日前偿还贷款本息。但在贷款到期后，吴某一直未偿还贷款，共欠银行本金 4800 元及利息 800 余元。另薛某、郑某和陈某等 3 人为吴某校友，他们当时分别也向上述银行申请贷款 4800 元、5000 元、5000 元，到期仍分别欠款 3200 元、2500 元、2000 元。吴某等 4 人在贷款到期日未能按时还款，且逾期时间较长，对银行的信贷已经造成了威胁。

（二）行政法律关系

高校与学生之间具有的这种行政法律关系，一般认为是主流的观点。这种观点认为，学校和学生是行政法律关系的主体，但是这种主体具有不对等性，学校处于管理者的地位，而学生处于被管理者的地位。当然，学校管理者的地位是根据法律的授权才获得的，这种授权跟行政机关的授权有异曲同工之处。这种行政法律关系实质上是一种不平等的领导与被领导关系。但是这种法律关系有助于快速高效进行学生工作，简化合同关系中的各种烦琐的条条框框，对学校的短期发展是有很大帮助的。另一方面，行政法律关系有利于保护学生的合法权益，特别是受教育权，这种受教育权的维护主要是通过证据规则、诉讼规则来体现的，比如行政诉讼不是谁主张谁举证，而是举证责任倒置，由学校一方来负举证责任。若没有相关证据，则要承担败诉的后果。

1. 法律赋权的行政主体

高校作为一类重要的组织，法学界对其法律地位的探究从未停止过。首先，根据国务院于 1998 年颁布的《事业单位登记管理暂行条例》第 2 条的规定，事业单位是指国家为了社会公益目的，由国家机关举办或者其他组织利用国有资产举办的，从事教育、科技、文化、卫生等活动的社会服务组织。显然，高校符合事业单位的特征，属于事业单位。其次，高校也是法人。《中华人民共和国教育法》第 30 条规定："高等学校自批准设立或登记注册之日起取得法人资格。高等学校的校长为高等学校的法定代表人。"

从行政主体的构成要件来看，包括以下几点：能以自己的名义开展行政管理工作；对行政相对人做出的行政行为，必须是实施国家行政管理活动的；能承担其依法实施行政活动所产生的效果和责任等。首先，高校是一个独立的组织，是公益事业单位。它有独立的财政支持，能以自己的名义进行活动并承担相应的法律责任。再从行政的特征来看，根据教育法的相关规定，学校可以对受教育者进行奖惩、管理学籍、颁发学业证书等权利，这些权利符合行政权力的主要特征，即具有典型的单方性和强制性，学生没有讨价还价的余地。因此，学校符合行政主体的基本特征，具有行政主体资格的性质。

2. 授予学位权

在我国教育行政管理机关管理内容上，学籍、学位是其严格管理的内容，学校向学生颁发毕业证，学位证是代表国家而非学校自主行为。由此分析，类似如学籍、学位管理、教师职称评定、学生违规违纪的处分等具有明显行政管理性质的职权行使就是法律法规对学校的授权。

这里举一个有代表性的案例。

原告是北京某大学 94 级学生田某，被告是北京某大学。原告田某认为自己符合大学毕业生的相关条件，但是北京某大学一直拒绝颁发给田永毕业证、学位证，田某就这一诉讼请求，向海淀区人民法院提起了行政诉讼。北京市海淀区人民法院审理后，查明案情是这样的：在 1996 年 2 月 29 日这一天，田某参加了电磁学课程的补考，在考试期间，田某要求去厕所，在去厕所的途中，把自己随身携带的纸条从裤兜里掉出，监考教师捡起来发现，纸条上写的是电磁学的相关公式，随即就停止了田某的这门考试。学校也根据校纪校规，认定田某的行为已经严重违反学校规定，属于考试作弊，决定对田某按勒令退学处理。

海淀区法院认为，北京某大学可以按照学校制定的相关规定对田永的行为进行处理，但是这种处理应该符合法律的规定，不能用下位法来对抗上位法。那么上位法是怎么规定的呢？根据国家教育委员会颁发的《普通高等学校学生管理规定》，我们可以看到，考试作弊的在校生，该门课程的成绩为零分；如果认错态度较好，有悔改的意向，经过学校教务部门的批准，可以给一次补考的机会。该规定第二十九条对必须退学的十种情形都明文列出，并没有说考试作弊的就一定要勒令退学。北京某大学的校规，明显违反了上位法，根据上位法优于下位法，应该按照《普通高等学校学生管理规定》来处理。据此，诉讼结果也就显而易见：被告北京某大学败诉。

3. 行政处分权

在高校的日常事务管理中，比如对学生的奖学金、助学金评定，都按照评定办法中的程序严格进行，这也是行政法中的行政程序原理所要求的。从最基本的法学要义来讲，程序正义比实体正义更为重要。还有，诸如对学生考试作弊等严重违反校规校纪的行为，高校对其进行警告、留校察看等处分，也是有法律依据的，这些权力都是由行政处分权所衍生出来的。当然，权力是一把双刃剑，学校在行使相关权力的同时，也要注意学校、教师、学生各自的权利边界，如果侵犯了学生、教师的合法权益，他们就可以提起行政诉讼，学校此时理应成为被告。

（三）教育法律关系

教育法律关系是指教育法律规范在调整人们行为过程中所形成的权利与义务关系。教育法律关系与一般社会关系相比是有所不同的，有如下几个特征：第一，教育法律关系是以教育法律规范为前提而形成的社会关系。第二，教育法律关系是以权利与义务为核心而形成的社会关系。第三，教育法律关系的存在以国家强制力为保障。

为了构建新型的高校与学生间教育法律关系，教育部于2005年3月公布了修订后的《普通高等学校学生管理规定》，这一举措更好地解决了高校学生管理的法律保障问题，但是仍然存在一些深层次问题，如高校的管理自主权问题等。

1. 教育行政管理权

教育行政管理权即宏观教育管理体制，是指教育行政管理系统上下、左右之间的权力划分以及实施教育行政管理职能的组织形式和组织权限。我国的教育行政管理权属于中央集权型的教育行政管理体制，这种管理体制的主要特点包括：

（1）有关教育方面一切重大问题的决策权均集中在上级教育行政机关，下级教育行政机关必须严格按照上级的决定和指示办事。

（2）在这种行政管理体制下，教育事业被确认为国家的事业，国家要直接干预教育。教育由中央统一领导，教育标准是国家统一制定，教育经费也主要由国家负担，各级教育行政机关都必须接受国家的管理、指导和监督，地方的自主权则居于次要地位。

（3）在中央与地方的关系上，强调中央为主，地方为辅；在政府与学校的关系上，表现为学校依赖于政府；在管理方式及管理行为上，注重用行政、计划的手段对教育进行直接干预和严格控制。

2. 保障特殊学生受教育权

在《高等教育法》中，有一些特殊法律制度，专门针对部分特殊学生，这应该说是我国教育法律建设的一个很大的进步。对残疾学生，身体有缺陷的学生一视同仁，保障他们的受教育权，这是宪法所赋予公民的权利。因此，《高等教育法》第9条规定：高等学校必须招收符合国家规定的录取标准的残疾学生入学，不得因其残疾拒绝招收。

　　我国残疾人教育事业起步较晚，而残疾人高等教育事业也是在近些年才刚刚起步，根据《2010 年国家残疾人事业发展统计公报》的数据显示，从 2006 年到 2010 年短短四年间，高校录取的残疾大学生人数从 5134 人上升到 8731 人。根据国家统计局全国残疾人抽样调查的相关数据统计，截止到 2006 年，全国各类残疾人数为 8296 万，具有大学程度（指大专以上）的残疾人为 94 万，占残疾人总数的 1.16%，而 1987 年的这一数据只有不到万分之一。由此可见，在国家相关部门和全社会的关心和支持下，我国的残疾人高等教育取得了可喜的发展。党的十八大提出建设"美丽中国"，全民是否普惠应是透视"美丽中国"的重要侧面。

　　（四）特别权力关系

　　特别权力关系是指行政主体基于特别的法律原因，为实现特殊的行政目标，在一定范围内对行政相对人具有概括的命令强制权力，而行政相对人却负有服从义务的行政法律关系，也是大陆法系一直所推崇的理论。在我国，学校与学生的法律关系，特别权力关系一直都占据着一定地位。在这种理论支配下，学校与学生之间存在着一种权利义务不对等现象，具体表现可以从以下两个方面来说：第一，学校可以通过"内部规则"的方式来限制或者缩小学生的基本权利，从而使学生作为弱势群体的利益得不到保障。而且，学生对于这种不公平的限制或约束，只能被动地接受，而没有很好的救济措施。这种特别权力关系学说虽然强调了学校的自主权，强化了行政管理的特征，但并不符合"一切为了学生，为了一切学生"的理念。第二，学生所承担的义务具有相对不确定性。学校可以根据行政管理的需要，为学生设定各种不对等的义务，而学生作为被领导一方，往往不会有权利被剥夺的感受，而是作为一种自然的管理和要求，这样也不利于学生的长远发展。从长远来看，这也给我国高校的教育事业带来影响。

　　（五）综合法律关系

　　综合法律关系，就是综合各种因素来分析学校对学生管理过程中的各种法律关系。根据综合法律关系说，学校与学生之间的法律关系，部分是行政法律关系，部分是民事法律关系。这两类法律关系前面已有论述，但稍有不同。民事法律关系就是本书所讲述的，而这里的行政法律关系范围小于前面所论述的行政法律关系。比如，不能把全部的行政法律关系都纳入司法审查的范围，否则会降低高校的权威，进而妨碍学校的正常工作秩序。

　　根据综合法律关系说，我们可以看出，综合法律关系产生的基础就在于，这种理论学说比较切合我国目前的高校现状，也符合我国现行的教育行政管理体制，以及这种体制下的学校与学生关系，所以我们比较容易接受这种学说。

五、学生与教师的法律关系

学生与教师是高校活动的主要实践者，也是高校学生工作法律关系网络中联系最为密切的一环。教师队伍主要负责学生的教学与管理任务，学生是学校教学与管理的主要对象。所谓高校教师与学生之间的法律关系其实就是指高校教师和学生在双方教与学、管理与被管理、服务与被服务等过程中所产生和形成的各种权利与义务关系。这就决定了高校师生法律关系是一种兼具行政法律关系和民事法律关系的双重法律关系。

（一）民事法律关系

教师和学生首先属于平等的民事主体，具有基于民事法律规范的调整而发生的民事法律关系，其内容包括师生之间的财产关系和人身关系等，其实质是一种契约关系和侵权责任关系。学生向学校缴纳学费，学校指派教师从事教学任务，教师应该提供优质的教学服务，这构成了双方的契约关系。基于此，学生对教师具有一定的选择权，教师和学生具有双向评价权。对两位以上教师同时开课的课程，学生有权根据自己对教师的了解，根据教师的成长经历、教学经验、教学能力、授课特点、以往学生的评价等因素，再结合自己的学习习惯、接受能力等特点，自主选择任课教师。不仅教师可以评价学生，学校也应该为学生提供评价教师的平台和机制，不断改进教师的教学水平，努力满足学生需求。除了双方约定的民事权利与义务外，当一方侵害了另一方的法定权利时，侵权方还要承担相应的侵权法律责任，构成侵权责任关系。教师与学生在频繁的教学活动交往中，会发生诸如侵犯对方物权、人身权、知识产权等权利的现象，此时侵权方要承担停止侵害、排除妨碍、消除危险、返还财产、恢复原状、赔偿损失、赔礼道歉、消除影响、恢复名誉等责任。

（二）行政法律关系

上文提到学校与学生之间具有行政法律关系，认为高校具有一定的行政法律地位，那么教师作为高校活动的主要实践者必得行使一定的行政管理职权，从而确立了教师与学生之间的行政法律关系。由于教师既要管理又要服务学生，双方的权利义务关系呈现出双重性。一方面，教师对学生具有管理权力。在纪律处分、学籍管理、颁发学业证书等方面，教师代表学校行使权力，是管理者，学生是被管理者，此时教师的权利就演变成教育管理权力。教师在行使这一权力的过程中要严格依照法定程序，依照规定决定学生事项和处理学生案件，而不能依照个人意志肆意行事。另一方面，教师对学生具有权益维护的义务。高校教师在进行教学行政管理的同时，还要体现公民基本权利和基本人权原则的平等正义、公正公平、以权利为本的教育理念。在这个层面上，高校教师享有的与学生有关的教育权包括：指导学生的学习和发展，评定学生的品行和学业成绩，进行教育教学活动等。这些权利虽然仍具有行政权的色彩，但从效果原则出发，教师的教育权应更多地表现为教育义务，即必须保证学生受教育权的平等和公正地行使教师评价权。

（三）高校师生法律关系中的主要问题

高校师生的法律关系的内容涉及关于教师和学生权利义务的众多问题，这里着重介绍几个具有代表性的问题，以便在实践中加以借鉴与参考。

1. 教师违规行使评价权

我国《教育法》第七条第三款明确规定教师享有指导学生的学习和发展，评定学生的品行和学业成绩的权利。教师评价权的行使对学生的影响非常大，尤其在高校，教师对学生的评价甚至会影响到学生的就业及人生，因此教师在评价学生过程中必须履行客观公正的义务，不得带有先入为主的主观色彩或者任何偏见，更不得非法行使评价权，而且任何组织和个人不得非法干预教师这项权利的行使。现在有些大学生深谙人情世故，不把精力用在学习上，而是集中精力和老师搞好关系，甚至请客送礼，企图靠人情定成绩。个别教师抵抗不住诱惑，把握不好评价的尺度，违规行使评价权，给予自己关系好的学生较高的分数，客观上侵犯了其他同学获得公正评价的权利。

此外，对思想品德状况的评价，由于不像学业成绩那样具有定量的标准，使得教师拥有更大的自由裁量权，如果教师不能正确行使权利，将给学生的利益造成极大损害。据相关调查显示，关于学生的综合测评，不少教师为了工作方便，对学生的思想品德的评价不够重视，其中教师个人独自打分的占 38.4%，学生干部打分的占 47.6%，只有 14% 的是师生共同打分，这种做法明显不符合学生思想品德评价的标准和程序。另外，有些高校辅导员有意抬高或是降低学生成绩和评价结果，甚至涂改、伪造学生档案和综合评价；在奖学金、助学金评比和就业推荐以及其他评比方面也都存在严重违规操作现象。

2. 学生隐私权受到侵犯

隐私权，是指自然人享有的私人生活安宁与私人信息秘密依法受到保护，不被他人非法侵扰、知悉、收集、利用和公开的一种人格权，而且权利主体对他人在何种程度上可以介入自己的私生活，对自己是否向他人公开隐私以及公开的范围和程度等具有决定权。作为现行法律规范所确认和保障的一项公民的法定权利，高校学生的隐私权及其保护理应受到教师的重视并在教育管理的过程中予以体现，然而部分高校教师在对学生进行管理时，往往存在管理过度、侵犯学生的隐私权等问题，主要表现在以下几个方面：

（1）随意公开学生考试成绩。有些高校教师为了激励学生相互竞争，会公布学生的考试成绩及其排序。事实上学生的考试成绩应该是检验教学状况的一种发展性评价标准，而非公开性竞争的杠杆与工具，考试成绩是学生个人生活中的一项信息内容，应属个人隐私范畴。当前，学习成绩是对学生最主要的评价标准，在这样的环境下，随意公开成绩可能会侵犯部分学生的自信与自尊，直接降低其社会评价，并为其带来一定程度的精神痛苦。许多发达国家已经把尊重学生的分数隐私权写进法律，承认学习成绩属于学生的隐私范畴。例如，在瑞典，法律规定公布学生的考试成绩是对学生的一种歧视，是违法的行为。因此，虽然法律没有明确规定，但是部分高校教师在教务管理中不适当地随意公开学生考试成绩的行为已经构成了对学生隐私权的侵犯。

（2）肆意扩大针对学生宿舍的权力。学生宿舍作为学生日常生活起居的场所，具有一定的隐私性质。学校可以基于管理需要进入学生宿舍，检查宿舍卫生、用电等。但该类活动必须符合相应的条件、遵循一定的程序与规范，且必须控制在合理、合法的限度内，在检查宿舍时搜查学生身体或私人物品的行为是绝对禁止的。我国《刑事诉讼法》及相关法律法规明确规定了只有公安机关、检察机关以及国家安全机关等有权行使进行搜查，且必须严格按照法律规定的程序进行。现实中部分高校为了处理一些宿舍事务，在非必要的情况下就擅自进入学生宿舍，在处理部分宿舍盗窃等事件的过程中，一些没有搜查权限的学校保卫处教师甚至擅自搜查学生的私人物品，虽冠以工作之名，但却违反法律程序规范，属于侵犯学生隐私权的违法行为。

（3）披露学生个人信息和情感隐私等。部分教师在工作过程中，可能掌握许多学生的私人信息，如学生的家庭情况、心理问题、感情问题等，在这种情况下，教师应当严格遵守职业道德，保护学生的隐私，不能随意将这些私人信息向他人泄露。在学生出现感情问题等私人问题时，教师的工作权限仅限于教育和疏导，无权依靠强制手段干预。实践中，有些高校教师以公开点名批评或者让学生公开承认错误的方式对待恋爱学生是不恰当的，亦属侵犯学生隐私权和名誉权的范畴。近年来，部分教师利用职务之便，将掌握的学生电话号码等联系方式卖给培训学校等商业机构的行为，构成了对学生隐私权的严重侵害。

3. 学生著作权受到侵犯

近年来，因学生学位论文的使用而产生纠纷的案件并不少见，而学生学位论文著作权属于学生是没有异议的，学生发表是否征求老师意见只是礼貌问题，并非硬性要求。在这一问题上，高校教师应自觉提高师德，明确自身权力界限，充分尊重学生的著作权。在河南省高级人民法院2012年公布的《河南法院知识产权保护十大典型案件》中，一件涉及高校学生学位论文著作权归属的案件引人关注。在该案件中，法院判决学生学位论文的著作权应归学生个人所有。在这个涉及高校学生学位论文著作权的案件中，原告丁某和被告常某均为河南省某高校教师，丁某的研究生元某撰写的硕士论文发表在英国一家学术杂志上，署名为丁某、元某、常某，丁某认为常某没有参加创作，而是为谋求个人名利在他人作品上署名，侵犯了其著作权。河南省高院在二审中认为，丁某在指导学生撰写硕士学位论文期间，虽然对指导的研究生提供了物质条件、素材、咨询意见和其他辅助劳动，但这些行为并非著作权法意义上的创作。丁某未提供证据证明其对元某的硕士学位论文有共同创作的合意以及付出了直接和实质性的创造性劳动。因此，丁某对元某的学位论文不享有著作权，常某亦不存在侵犯丁某著作权的问题。"著作权法所称的创作，是指直接产生文学、艺术和科学作品的智力活动。为他人创作进行组织工作、提供咨询意见、物质条件，或者进行其他辅助工作，均不视为创作。"审理该案件的主审法官赵艳斌说，虽然指导老师的工作对学位论文的产生具有重要意义，但在通常情况下这些行为并未直接产生学位论文，并不构成著作权法意义上的创作，即辅导老师对学生学位论文不享有著作权。本案中，学生元某的导师丁某和该校教师常某都侵犯了元某的著作权，丁某诉常某侵犯其著作权的请求不能予以支持。

4. 学生劳动报酬权受到侵犯

劳动报酬权，是指劳动者依照劳动法律关系，履行劳动义务，由用人单位根据按劳分配的原则及劳动力价值支付报酬的权利。虽然目前我国关于勤工助学大学生权益保护的法律规定比较少，但我国宪法明确规定劳动报酬权是公民的基本权利，在校大学生理应平等享有。此外，部分地区的规范性文件也对大学生勤工助学的劳动报酬权做出了规定，例如2004年4月，北京出台了《北京地区普通高等学校学生勤工助学活动规定》，其中第十七条规定，学校学生勤工助学活动管理服务机构应在校内相关处室的配合下，设置校内学生勤工助学岗位，制定报酬标准，推荐和指导学生参加校内勤工助学活动，并负责报酬的发放和管理工作。

部分高校教师利用职务之便，将自己的私人工作分派给学生干部等，却没有向学生支付相应的报酬，或者以勤工助学的名义让学生完成大量工作，却仅仅支付低廉报酬，这些行为都是对学生劳动报酬权的严重侵害。

5. 学生程序性权利受到侵犯

《教育法》第四十二条第四项规定："对学校给予的处分不服向有关部门提出申诉，对学校、教师侵犯其人身权、财产权等合法权益，提出申诉或者依法提起诉讼"；《普通高等学校学生管理规定》第五十五条规定："学校对学生的处分，应当做到程序正当、证据充足、依据明确、定性准确、处分恰当"；第五十六条规定："学校在对学生作出处分决定之前，应当听取学生或者其代理人的陈述和申辩"；第五十八条规定："学校对学生作出处分，应当出具处分决定书，送交本人。对学生开除学籍的处分决定书报学校所在地省级教育行政部门备案。"由此可见，学生对学校的处分享有被告知权、申辩权、申诉权、诉讼权等程序性权利。对学生的处分行为不仅内容上要合法，程序上也要合法。然而，由于受传统管理观念的影响，高校学生工作者对学生管理"重内容，轻程序"的倾向比较明显，习惯采取简单粗暴的工作方式，不告知学生权利义务，不听取学生申辩。有时甚至在事实不清、证据不足的情况下，仅凭主观臆断或其他学生的只言片语就做出处分决定，忽视对学生程序性权利的保护。例如，2009年沈阳市某大学大一学生小李因夜不归宿被该学院辅导员胡某处以停课一周的处分，而这一决定并未经过纪律处分的正当程序，学院领导对此事并未知晓。此类事件体现出高校教师法治意识和程序意识的淡薄，不仅侵害了学生的程序性权利，还导致学生的受教育权等实体性权利受到侵害。

六、高校学生工作法治化建设的建议

面对高校学生管理过程中遇到的各种法律问题，高校必须更新管理理念，不断提高法治意识，确立学生为本、权利保障的理性精神和正确的法治观念，努力推进高校学生工作的法治化进程。同时，相关立法机关也应不断完善与高校学生工作相关的法律法规，进一步明晰高校学生工作中各方主体的权利与义务，确立违法后果，充分发挥法律的效用；强化高校学生工作中各方主体的司法救济，保障各方合法权益的实现。

（一）贯彻依法治校，完善学生管理工作

1. 树立法治理念，弘扬法治精神

当前，我国经济、政治、文化各项事业蓬勃发展，是发展和改革取得显著成就的时期，也是我们攻坚克难、迎接挑战的关键时期。因此，各行各业都要坚持依法治国基本方略，树立社会主义法治理念，深入开展法制宣传教育，弘扬法治精神，形成自觉守法用法的社会氛围。

对高校而言，要贯彻依法治校的方略，全心全意为学生服务，坚持公平正义和服务大局的价值引导，并以党的领导为根本保证。要大力弘扬法治精神，捍卫法律的最高权威，建立法律面前人人平等的法治意识，不搞特殊化、特权化，公平对待学生，保障学生权利。要打造全校师生尊重和信任法律的法治文化，在全校范围内形成尚法、守法、用法的良好氛围，唯此方能贯彻落实依法治校的方略和计划，使价值目标落到实处。

2. 加强法治建设，构建和谐校园

在法治理念和法治精神的引导下，学校应加强法治建设，定期举办全校性的法律知识讲座和法律知识培训，充分重视法治精神在校园文化中的作用，构建和谐校园。高校教师和学生都应掌握一定的法律基础知识，明确自身权利义务界限，自觉树立法治理念，提高法律素养，做到知法、懂法、守法、用法。在选拔和考评教师时，可以考虑将法律知识水平和法治理念作为一项衡量标准。完善大学生思想政治教育和法律基础课程的课程设计，改进教学方式方法，提高课程吸引力和教学效率，使学生真正吸收课堂所学，在实际生活中自觉做到遵纪守法，既能远离违法犯罪，又能充分利用法律武器保护自身权益，主张自己的合法利益。

高校学生工作人员应当在依法行使自己管理职权的过程中，自觉用法律法规来规范管理活动，尊重和保护学生权利，为学生的全面发展创造最佳条件。要按照国家法律调整学校与学生之间的关系，用法治的理念处理学校与学生之间发生的各种矛盾，在管理规章制度的制定与执行上追求制度化、规范化、科学化、合法化。高校自主管理权的行使必须遵循法治统一原则，即下位法的制定必须有上位法的依据，同时还必须贯彻平等和公正原则，确保学生应有的法律权利和学生正当的利益。

3. 强化服务意识，坚持以人为本

现代教育以促进人的现代化和主体的全面发展为中心，主体性、发展性是现代教育的本质规定。基于此，现代教育倡导"教育是一种服务"的教育管理理念，它强调教育管理者应满足受教育者个性发展的需求，为受教育者创造有利于其个性全面发展和主体性有效生成的情境和条件。然而在高校学生工作的传统模式中，教师和管理者居于主体地位，而学生居于从属的、被动的地位，这与现代教育的要求与宗旨相悖。因此，高校学生工作人员必须与时俱进，解放思想，积极转变教育理念，确立以人为本，以学生为本，以权利为本的理念，强化自身服务意识，促进师生关系健康发展。

（1）在教学中，教师要树立"以人为本"的理念，把学生看成一个独立主体，尊重其合法权利和要求。在实际工作中要做到尊重人的权利和尊严，启发人的自觉性；关心人的利益，调动人的积极性；发展人的价值和能力，激发人的创造性。

（2）在学生管理上，要彻底走出对学生的"管理权"、"责罚权"的误区，充分肯定学生的主体性，强调教师对学生发展辅导的服务作用；加强研究，运用科学的方法对学生进行管理，以提高管理的艺术和水平。

（3）在学生评价上，要强调评价内容的综合化，评价方式的多样化和评价主体的多元化，将形成性评价与终结性评价有机结合起来，从而达到对学生评价的科学性和有效性。

（4）在师生关系上，要在"尊师重道"的传统观念基础上，把学生真正看作一个有独立个人权利的社会人来对待，尊重学生的个体权利、人格和尊严。

总之，教师要树立教育育人、服务育人的理念，培养学生的创新精神和实践能力，让学生学会生存，学会发展，学会创造，实现人的全面发展。

（二）提高立法质量，完善相关法律体系

1. 厘清相关法律法规，提高立法质量

目前，《中华人民共和国教育法》《中华人民共和国高等教育法》《中华人民共和国学位条例》《普通高等学校学生管理规定》《教育部关于加强教育法制建设的意见》《教育部关于加强依法治校工作的若干意见》等高校学生管理可以参照的法律条文已经基本可以满足高校法律纠纷解决的法律适用要求。法律具有严肃性和稳定性的特征，因此不能随便立法、事事立

法，也不能随意更改法律。我国的社会主义法治体系已经基本健全，目前需要做的主要是进一步提高立法质量，提高现有法律中相关规定的效率，而无须专门立法。

学生管理立法要随着形势的发展不断完善，对现行法律法规和规章，要进行定期清理和自我完善，即通过立法解释、修改与补充、法规清理工作适时地对现有立法中相关规定进行整合，消除歧义与矛盾之处，修改和补充法规漏洞，并通过清理工作实现各级规范的配套统一，权限明晰。比如，目前我国对大学生是否具备劳动者主体资格、大学生勤工助学是否受劳动法律保护等存在很大争议，且主流观点和司法审判实践中均倾向于否定性意见，不利于保护勤工助学大学生的合法权利。应当尽快完善相关劳动法律法规，将大学生勤工助学活动明确纳入劳动法律保护范围之内，并建立完善的学生勤工助学法律制度，在法律中对勤工助学的工作时间、最低工资标准、工作种类、救济措施等加以规定，为大学生勤工助学提供更加有力的法律保障。此外，应当对校内勤工助学部门、校外用人单位及相关中介机构的行为加以规范，尤其对于中介机构应当设置严格的市场准入条件，并加强市场监管，防止侵权行为的发生，避免在劳动关系中处于弱势地位的学生群体权益受到侵害。

2. 完善配套法律法规，构建健全法律体系

高等教育法规参差不齐，许多配套性规范仍付之阙如，现有许多规定因其调整范围和本身内容所限已无力适应变化的高等教育的发展形势，因而法规体系急需完善。这种完善工作需要从横向和纵向两个方面同时进行，必须加强学生管理法律纵向和横向配套制度建设，致力于学生管理法律的细化与量化，使其具有可操作性。纵向表现为下位法对上位法的细化，如制定与《普通高等学校学生管理规定》相配套的学生违纪处分办法和学生申诉办法；横向表现为学生管理法与社会其他法律规范的衔接和补充，保证法的统一性。必须改进立法技术，使法律规范的逻辑结构严密，避免和减少诸如原则性、笼统性的规定和表述，使法律规范明确、具体，尤其是法律责任的明确、具体。国务院、教育部、地方人大及人民政府应依据学生管理法律制定相应的学生管理法规、规章，对学生管理法律作出补充性、执行性甚至自主性的法律规定，形成完备而翔实的学生管理法律体系。

另一方面，加强学校规章制度建设。当前，学校尤其是高校规章制度建设存在制定程序不规范、内容违法、适用和解释比较混乱以及结构和技术性差错等较多问题。学校应当针对这些问题，在规章的立项、起草、审查、决定与公布、适用与解释等各个环节都及时地建立起相应的制度性规

范，其中重点应集中在建立重大事务和涉及教师、学生切身利益事项的议事、决策与监督程序，以及逐步建立健全学生纪律处分程序和学生申诉机制，以创造体现法治精神的育人环境。

3. 严格执行法律法规，维护法律权威

法律的生命在于对其的实行。因此，不仅要建立起完善、健全的法律法规，更须将其真正落实，让其转化为行动中的法律，这也是法律制定的最重要意义所在。只有严格执行法律，维护法律权威，法律才能得到有效实施，健全的法律体系才能有效运转起来，较高的立法质量也才能得到真正体现。

一方面，应加强完善法律体系及管理制度的执行程序。要制定规范、合理的执行程序，建立具体、完善的程序制度，保证公正执法、依法办事。这样不仅能有效限制管理者的权力并监督管理者的行为，也更有利于保障学生和教师的合法权利。另一方面，应在各高校内部加强对法律法规的学习教育力度，加强师生普遍的法律意识，形成校园中良好的法律氛围。对此，高校应有组织、有计划地进行普法教育。在一定范围内，可以印发汇编相关法律法规手册，并组织起普法协会，定期开展各种普法活动；针对学生工作的干部队伍，更要重视对其的法制教育，他们作为相关法规制度的一线执行主体，直接关系着法律执行的效果与品质，可以定期开展法律系列相关讲座，对其进行法律知识的培训，也可以开展相关法律知识竞赛等活动。在全校师生尤其是学生工作直接管理者中树立起了法律精神，才能有效执行法律，维护法律权威。

(三) 强化司法救济，保障合法权益

目前，我国高等教育法规的救济制度缺失，这容易导致实体规范所界定的权利与义务流于形式，难以在实践中发挥应有效用。因此，要积极建立二元救济体系，确保法律救济渠道通畅，行之有效。

1. 外部救济

(1) 司法救济和行政救济。高校依法治校必须要有司法保障，对于违法高校管理行为，高校管理相对人可提请人民法院进行司法审查，以追究违法高校管理主体的法律责任，这是最为有效和严厉的法律监督。另外，学校也可以作为行政行为的主体成为行政诉讼适格的被告主体。1999 年 11 月 24 日《最高人民法院关于执行<中华人民共和国行政诉讼法>若干问题的解释》第 12 条规定："与具体行政行为有法律上利害关系的公民、法人或

者其他组织对该行为不服的，可以依法提起行政诉讼。"它表明，学校内部管理冲突中的个体权利有了获得行政救济的途径。综上，在高校学生工作中发生侵权行为时，学生可以采取民事诉讼、行政复议和行政诉讼等现有的行政、司法救济途径。此外，可逐步建立和健全教育司法专门职能机构。目前，我国已在上海、湖南、吉林等地的人民法院内部设立了专门的教育司法职能机构——"教育法庭"或"涉教案件领导小组"等内部职能机构。设立此类机构的目的在于：公正、合法地进行有关教育法律、法规的各类案件的审判，切实保护学校、其他教育机构及师生员工的合法权益，维护教育和教学的正常秩序，促进政府有关部门依法行政，促进学校及其他教育机构依法治教。随着教育法学作为一门新兴交叉学科的逐步发育和完善，教育法逐步成为我国法律体系中独立的法律部门，教育犯罪的类罪化，以及教育纠纷和违法案件数量的日益增多，加之适应 WTO 规则的要求及教育全球化的潮流，也有必要设立教育法庭以适应教育司法理论与实践发展的需要。

（2）教育仲裁制度。教育仲裁是指通过仲裁机构，裁断平等主体之间教育纠纷的制度，其仲裁员主要由具有专业背景和专长的专家学者组成。教育仲裁的范围一般为平等教育法律关系主体之间的合同争议和财产性纠纷。通过教育仲裁机构解决高校履行教育管理职能过程中产生的纠纷，是一种十分理想的途径。一方面，通过具有中立地位的教育仲裁机构对纠纷进行裁决，可以避免司法介入的尴尬与困窘的局面，节约司法成本；另一方面，有利于提高纠纷解决效率，做出公正的裁决，及时有效地保护高校和学生的正当权益。

2. 内部救济——学生申诉机制

大学生状告母校的案件数逐年上升，这一现象说明当下高校内部学生的申诉途径不畅，还未形成健全的申诉体系。学校是教书育人的地方，学生是受教育者，学校与学生的矛盾或纠纷通过学校内部机制来协商解决，是最为直接、便捷的方式。要在高校内部解决学校和学生之间的矛盾或纠纷就要建立健全的学生申诉制度，使学生在对学校的行为持有不同意见时能够提出申诉，并有明确的途径和程序进行申辩，保护自己合法的权利。高校申诉处理委员会可由学生工作者、法律专业人士、学生代表等组成，并明确学生违纪时高校作出处理的具体程序、学生对处理有异议时提出申辩的具体程序，同时可以对学生管理过程中所依据的规章制度、违纪处理程序进行监督。学生申诉机制的优点在于增加了高校学生工作中学校与学生的互动交流，给了学生申辩的机会，体现了以人为本的理念和对学生的尊重。高校应根据《普通高等学校学生管理规定》，成立专门的高校学生申诉处理委员会，建立健全的申诉处理制度。

实践中很多高校的学生申诉机制信息不够公开，有的学生甚至不知道向谁申诉、到哪里找人、办公室里是否有人。因此要确保申诉渠道畅通，设立专门机构，有专人值班接待申诉事项，公开申诉办法和渠道，使学生在遇到问题的时候能够有效申诉，不受阻碍。

3. 提供法律援助

在高校学生工作中，大学生的维权问题是个常见问题。共青团组织是高校中最富有活力的组织之一，共青团的四大职能分别是组织青年、引领青年、服务青年、维护青年权益，因此，维护青年、大学生的合法权益是十分重要的。有人认为，大学生是社会新技术、新思想的前沿群体，国家培养的高级专业人才储备力量，自然不容易受到不法侵害。然而，实际情况却并非如此，大学生虽然在各自的专业领域内有着良好的知识储备，但是绝大多数大学生的法律素养是不高的，尤其是一些法律基本常识的缺失使其在遭受到不法侵害时寻求不到救济途径。甚至从某种程度上说，大学生也是一种弱势群体。每年，许许多多的大学生背井离乡从城镇山区来到像北京这样的大城市深造，没有亲人，没有依靠，有的甚至还负担不起学费和生活费，学业的压力、经济的负担以及精神的空虚使一部分大学生无所适从，当合法利益受到侵害时茫然失措。比如，有不少大学生在兼职过程中辛辛苦苦做家教、打工几个月后却拿不到报酬，还有不少发生在高校的盗窃、斗殴、故意伤害等纠纷，就业实习中的劳资纠纷等，诸如此类的学生合法利益被侵害的纠纷案件举不胜举。所以，当大学生遇到法律纠纷时，如何解决大学生的燃眉之急尤显迫切，在高校设置法律援助或法律咨询的机构是帮助大学生维权的重要途径之一。

近些年，部分高校已经意识到对大学生法律援助的重要性，并相应地设置了一些机构。然而，运行中的弊端也逐渐显露出来。首先，名称多样化，定位不准确。有的称为法律援助中心，有的称为法律咨询办公室，还有的称为法律诊所，这些都表明大学生法律援助机构尚未形成统一的标准，各个高校都在摸索之中。同时，这些机构的服务对象也不统一，有的是以社会上的弱势群体为服务目标，有的则与律师事务所展开合作，共同承办案件。总之，尚未有专门为在校大学生服务的法律咨询部门。其次，如何构建法律援助部门，如何进行规范管理也是一个困难的问题。一般设有法学专业的高校会依托专业背景，组织一支比较专业的援助队伍，由老师牵头，但主要是学生参与。法学院的学生们是法律援助机构的主力，一方面，法学院的学生们通过系统的专业知识学习，具备相关的法律知识和实务兴趣，往往对法律援助工作具有热情和积极性；但另一方面，因为种种原因人员流失严重，再加上大学生法律援助机构的非官方性质，学生理论功底欠缺，实务能力较差，限制了大学生法律援助的受案范围，这与法律援助制度的性质和初衷是不相符合的。所以，应吸引一部分有实务经验的老师充实到此类机构中，对学生加以指导，并对机构出具的咨询意见进行把关，以争取给被援助对象更专业、更权威的建议，从而为合法利益受损的大学生争取更大的利益。

在大学生法律援助机构的具体设置中，应以大三以上本科生、研究生为骨干，以研一、大二学生为辅助，以大一学生为后备的三层管理模式，类似于校内的普通学生社团的形式，同时也有必要参考社会上专业的法律援助机构的设置和运行模式，将二者结合起来，从而真正实现高效率的运转。首先，有实务经验的指导老师要对想在法律援助机构工作的学生设置专业的培训课程，并为之创造到社会上专业的法律援助机构进行观摩学习的机会，再进行考核，通过考核的学生才能上岗。此外，法律援助机构的定位一定要准确，这些机构名义上为学生自治组织，但一定要接受相关指导，一方面是因为学生自身资历不够经验不够，另一方面也是规避提供咨询意见的大学生的法律责任。目前各地大学生法律援助机构隶属单位有所不同，有的由本校法学院领导，有的归本校团委领导，也有的既受本校团委和本校法学院的领导也受本地政府法律援助机构的领导，因此，一个明确的定位对法律援助机构的发展也很重要。学校也要加大对法律援助机构的扶持力度，应该将其定位于类似于"心理咨询中心"的一个校级机构，加大经费支持力度，设立奖惩机制，完善领导负责制。

(四) 坚持民主管理，发挥学生主体性

随着教育民主化进程的不断加快和发展，高校学生工作所面临的环境越来越复杂多变。应当承认，有效地开展学生工作不是仅仅依靠上级行政部门或者学校的管理者便能做到的，必须借助学校所有成员的心智贡献。学校的愿景或长期规划绝不仅仅是管理者的任务，而应发挥组织成员集思广益的作用，共同分享愿景，并以此凝聚组织成员，激发其为达到目标而努力的激情和责任感。因此，要使高校主要的利益群体——学生有效参与学校管理，实现管理模式由"集权型、权威型、控制型"向"分权型、民主型、服务型"转变。要努力建立以学生工作处为指导，以辅导员、班主任为调节的，以学生自治为中心的相对权力中心的高校学生工作模式。在这种模式下，学生既是管理者，又是被管理者，学生在这种角色转换中能大大提高自我管理的积极性，特别是能增强其自我约束、自我管制的能力，同时有助于提高学生的实践能力，提升其主体意识和责任感。除了转变工作模式之外，高校学生工作部门还应改善学生的校内参与环境，激发学生的参与热情，主动发掘学生参与学校管理中存在的问题，落实保障因素；加强学生参与学校管理的组织建设；明确学生参与学校管理的合理限度，确保高校学生工作健康有序开展。

1. 加强学生参与学校管理的组织建设

要保证学生对学校管理的有效参与，首先必须为学生搭建起全方位、立体化的参与平台。加强学生参与学校管理的组织建设，主要可以从以下几个方面入手：

（1）建立保障大学生直接参与高校管理的学生代表大会制度。学生代表大会是高校学生的最高权力机关，是学生参与高校民主管理的重要形式。学生代表大会的代表由学生民主选举产生，行使的职权有：听取和讨论上届学生代表大会的工作报告；对与学生有关的学校教育和管理中的重大问题提出意见和建议等。学生可以通过学生代表大会针对学校事务发表个人意见或提出建议，校领导也可以通过学生代表大会向学生通报学校的重大决定以及学校计划实施情况或征求相关意见。

（2）建立保障大学生直接参与高校管理的学生议事制度。学生议事会是一种由学校组织、学生参与，师生之间平等对话、当面交流、当场答复的活动。通过校领导与学生面对面的交流，达到沟通心灵、理顺情绪、解决问题的目的。学生议事会被视为一种协商机制，是学生参与高校民主管理的新途径和新载体，是有效推进高校民主管理的创新机制。议事会的基本程序是：调研走访、确定议题→发布通告、确定议事代表→学生提交书面议案→组织民主议事→当场答复解决→总结问题、反馈议案。其目的在于听取学生对学校管理的意见和建议，促进师生之间的交流和沟通。

（3）健全保障大学生直接参与高校管理的学生自治制度。当前高校普遍实行的是单向管理架构，作为管理相对人的学生缺乏自治组织来表达其利益诉求。因此，大学生应当建立与完善参与学校管理的自治制度。教育家陶行知曾经说过："学生自治，不是自由行动，乃是共同治理；不是打消规则，乃是大家立法守法；不是放任，不是和学校宣布独立，乃是练习自治的道理。"陶行知从民主管理的角度说明了学生自治的必要性。具体而言，学生可以组建成立专门的学生委员会参与学校相关部门的管理，讨论和审议管理部门即将作出的各种决策，以学生的利益为代表对各管理部门的工作提出意见和要求。如学生组建的教育管理委员会有权将学生对教学的意见、教学改革的建议、教学设施的使用和维护情况等向学校教务部门反映并要求及时作出反馈，同时可以参与教务部门相关决策的制定过程，协助完成学校教学事务的具体管理工作。除此以外，学生组建的宿舍管理委员会、膳食管理委员会、网络管理委员会等自治组织都可以在充分汇集学生意见的基础之上代表学生参与学校各相关部门的管理工作。

（4）健全保障大学生间接参与高校管理的学生会制度。学生会作为高校党委领导和团委指导下的学生群众性组织，是全体学生合法权益的忠实代表，是加强高校与学生之间相互联系的桥梁和纽带。这项已有九十余年历史的制度为大学生参与高校管理提供了组织基础和制度参考。

（5）健全保障大学生间接参与高校管理的学生社团制度。学生社团不是学校自上而下设立的学生组织，它们大多是学生们自发自愿组织起来的，具有较强的群众性、自愿性和自主性。学生社团是学生社会化的重要场所，承载着大学教育意义上的功能。对大学本身而言，学生社团构成了学生参与管理的组织基础，它不仅是锻炼学生工作能力的场所，也是学生能够有效地参与学校管理的重要保证。而且，学生社团自治有利于培养学生的参与意识和参与能力，同时也有利于大学文化的创新和激发学生的主体性。

2. 明确学生参与学校管理的合理限度

随着中国高等学校管理现代化、决策民主化进程的推进，我国大学生参与高校管理的空间与范围也逐渐扩大，但学生的参与管理权并非可以无限延伸，而是应当从学生参与学校管理的目的和特点出发，确定学生参与的合理范围，包括合适的参与主体范围和参与事项范围。对于参与主体，首先，学校应考虑学生自身的参与需求。由于不同学生的参与需求程度有所区别，因此，学校应将参与机会提供给有较强参与意愿的学生，而不是强制性地要求没有参与需求的学生参与学生工作。其次，参与管理的学生还需具备必要的知识和能力，这样才能保证其发挥应有的功效，在决策中做出实质性贡献。此外，学校应该设定合理的参与事项，对教育教学事项的决策应给予学生充分的自主权，对关涉学生切身利益的事项应尽量吸收学生参与决策，对一些较为重要的行政事项应积极引导学生参与决策。通过规定不同事项的不同参与程度，确保学生有效发挥作用影响决策，保证学校各项决策的科学合理高效。在规定学生参与决策合理范围的过程中，必须时刻注意到学生的本职是学习，所有的参与管理工作都应以学生的学习和自我发展为核心开展，不能本末倒置。

3. 分析学生参与学校管理中存在的问题，落实保障因素

学生在参与学校管理的过程中容易出现参与深度不足、参与力度不强、参与程序不够规范、参与效度不高等问题。第一，参与深度不足。目前学生参与高校学生管理的途径和方法，往往集中于决策初始阶段，通过座谈、征文、校园网、校务公开栏、校长信箱、校长接待日等渠道，广泛征集大学生的意见、建议和要求，这对收集决策信息，保证决策的正确性起到了重要作用。但是在进一步研究信息、拟订方案、筛选评价、比较择优及组织实施、追踪反馈过程中，大学生参与程度普遍不高。第二，参与力度不强。学生参与高校学生工作的内容大多集中在与学生个体日常生活息息相关的衣食住行、学习娱乐、发展成才、择业创业等方面，但学校在发展目标的规划、学校定位的选择、人事任命的变更、改革发展的决策等方面对学生开放的力度不强，在上述问题上一般缺乏学生的有效参与。第三，参与程序不够规范。高校一般都缺乏关于学生参与学校管理的程序性规定及保障机制。在讨论、决策问题的过程中，缺乏有组织、有领导、有目的、有秩序、高质量、实质性的管理参与。第四，参与效度不高。虽然目前全国范围内高校都注重开展形式多样鼓励大学生参与学校管理和自我管理的活动，但学生的意见、建议、要求对决策的影响力到底有多大，在决策评价中的分量到底有多重，被采纳吸收、贯彻实施的到底有多少，各校情况虽然互有差异，但是总体上都还不高。

要解决以上问题，必须确立保障因素，包括知能因素、信息因素、路径因素和机制因素。知能因素是指学生参与高校学生工作所必须具备的知识和能力。学生参与高校学生工作效果的好坏与学生储备知识的多寡和参与能力的高低直接相关。作为高校学生工作的参与者，学生需要参与拟订各种决策方案，并对方案作出评估和分析，提出取舍的原则和理由，这要求学生既要具备一定的教育管理知识和决策科学知识，又要富有参与管理的实际技能。因此，学校应当加强对大学生参与管理知识的教育和参与管理技能的传授，根据内容与学生的密切相关度、参与能力的高低和热情度，促使学生提高分析和解决问题的实际能力和参与管理的团队协作能力，引导学生有序参与管理。信息因素是指学生在参与高校学生工作的过程中更能够有效获取信息，从而实现有效的、真正意义上的参与。因此，高校信

息的开放化是学生参与高校学生工作的前提和基础，学校需要建立一个完善的信息沟通系统，构建通畅的信息流通渠道，让学生及时获取学校的教育管理信息，逐步提高教育管理工作的透明度，尤其是在关乎高效发展的重大问题、涉及学生切身利益的敏感性问题上，绝对不能"暗箱操作"。路径因素是指高校应当积极拓宽学生参与学生工作的渠道和路径，保证学生通过具体的、现实的路径参与管理。首先，高校制定与学生密切相关的政策、措施、规范和要求时，应当设置听证环节，保证学生的直接参与以体现学生的意愿和要求，使决策具有更加广泛的学生基础和较大的可行性。其次，面对工作过程中出现的新情况、新问题，要开通顺畅的意见反馈渠道，在学生的积极参与下不断改进和完善管理，这是工作高效化的根本保证。机制因素是指，要切实保障学生有效参与高校学生工作，必须建立起学生参与的激励机制、健全的民主监督机制和科学民主的高效决策机制。激励机制是学生参与高校学生工作的动力保障，既包括给学生物质上的激励，保证学生的切实利益，也包括在精神上满足学生的需要，使其在参与过程中体验到成就感和满足感。民主监督机制是高校学生工作民主化的必要条件，没有民主监督就没有民主的管理参与。民主监督机制应当包括：设置相对独立的民主监督机构；保证学代会以及学生组建的教育管理委员会、宿舍管理委员会等自治组织会议的定期召开和职能的充分行使；构建行政职能部门的工作报告制度、校内批评建议制度、失职举报制度等。科学民主的高效管理决策机制包括营造多方参与决策咨询论证的格局、构建畅通的决策相关者的利益表达机制、实现决策过程的公开透明、明确决策机构的议事规则和程序、完善决策的责任追究机制等。

第六节　社会学与高校学生工作

一、社会学学科性质及研究对象

（一）社会学的概念

社会学，单从名称上看，是一门研究社会的科学，它与其他社会科学的区别是什么？为什么社会学可以作为一门独立的学科？它能给我们一种怎样的视角？这些问题是每个学习社会学的人所必须清楚的。

1838 年，法国哲学家孔德所著的《实证哲学教程》第 4 卷首次使用"社会学"一词，并提出了建立这门新学科的大体设想，学术界一般认为这标志着社会学出现的开始。在他看来，社会学是以经验的实证方法研究人类社会现象的科学，它要揭示的是社会现象之间的规律。社会学真正在西方成为一门独立的学科，一般认为是以法国社会学家迪尔凯姆在1895年发表《社会学方法论》，并随后创办《社会学年鉴》为标志，并且迪尔凯姆最先在大学里开设社会学课程。一般认为基于实证和经验的社会学研究被称为实证主义社会学。

德国社会学家马克斯·韦伯采纳的则是反实证主义的路线，这些著作开始了反实证主义在社会科学界的革命，强调社会科学与自然科学在本质上的差异。在他看来，社会学是一门致力于解释性的理解社会行动，并通过理解对社会行动的过程和影响作出因果说明的科学，开创了与实证主义社会学相对立的"理解的"社会学传统，成为理解社会学的奠基人。

社会学于19世纪末20世纪初在中国出现，1897年严复翻译英国社会学家斯宾塞的《社会学研究》为《群学肄言》，标志着社会学传入中国的开始。经过两个多世纪的发展，结合中国古代丰富的社会思想，中国社会学逐渐实现本土化的发展。

教育社会学是社会学的分支学科，但不仅仅是社会学的应用学科，也是社会学的理论分支学科。教育社会学不仅需要运用社会学的研究视角与方法，更应该具有理论创新的勇气与担当，通过研究发展新的理论观念，使社会学理论更趋完备。

（二）社会学的研究对象

起源于19世纪中叶的社会学，是对人类个体、群体以及社会及其相互关系进行研究的一门综合性学科。但是由于社会这一概念的不确定性，使得社会学的研究对象长期以来都没有明确的界定。至今，社会学界对社学的研究对象众说纷纭。但基本上社会学的研究对象大致有以下三个类型：

（1）以社会整体为研究对象，以孔德、斯宾塞、涂尔干为代表。孔德、斯宾塞在研究社会这一整体时，将一般意义上的社会现象作为研究对象；而涂尔干则是以"社会事实"为研究对象，即强调特殊的社会现象。

（2）以个人及其社会行动为研究对象，以马克斯·韦伯等人为代表。

（3）不属于前两大类的其他社会学定义可以看作是第三大类，包括"剩余说"、"学群说"、"问题说"以及"调查说"等，其中有些观点虽然也有很大的影响，但未成为社会学发展的主流。

（三）社会学的学科性质

19世纪中叶，也就是工业革命开始的时候，社会学作为一门独立的学科在西欧开始出现。社会学的学科性质有如下三大特性：

（1）科学性。孔德将社会学看作"社会物理学"，他认为社会学不仅是一门科学，而且是科学之首、"科学的皇后"。而真正的科学是有一定标准的。通常有以下四个标准：第一，科学能够反映事物的进程与相关联系；第二，科学能够使用定量分析方法；第三，科学具有系统化的范畴、理论等知识体系；第四，科学能够通过社会事实进行检验。

依照以上标准，社会学作为一门科学就如同自然科学那样，具有其本身的科学性和精准性。首先，社会学作为一门研究社会事实的科学，它不仅能够客观地反映出社会成员行为背后的社会环境因素，还能体现出社会变迁背后的宏观机制，在中观层次上满足了反映事物的进程与相关联系即客观规律的要求。其次，社会学主要采用对调查资料的数量分析进行研究，这也是社会学的最典型的特征——实证性。"实证"一词是由社会学的创始人孔德首先提出的，它的本意是指知识来源于具体的经验研究。社会学虽然离不开系统的理论支撑与分析，但理论分析的基础是通过对社会现象的观察、调查、实验等实证途径所获得第一手资料。因此，社会学者非常重视统计的作用，在统计分析中了解同社会现象相作用的相关因素，验证起初的理论假设是否成立，从而分析概括出理论知识。再次，社会学具有自己的一套系统理论来解释社会现象。著名理论如下。①结构功能理论：它从事结构与功能的分析，研究社会各个部分对社会整体功能的贡献及贡献方式。这一理论强调社会的平衡，把社会作为一个各部分之间充满交互关系的体系，所以着重于探讨各部分对社会生活的贡献。②社会冲突理论：这种理论将焦点集中在冲突与对立的关系上，重视社会的不一致、权力的冲突、对立及压迫等社会的冲突和变迁。③符号互动理论：它注重人们在面对面的情境下日常的沟通与互动，符号在人们互动中起着重要的中介作用。除此之外，社会学还有很多理论流派。不同的理论从不同的角度解释了人们行为模式或者某种社会现象得以存在的内在机制，让我们更加科学地了解了关于我们社会微观与宏观事物得以运行的基本规律。最后，社会学能够通过社会事实进行检验。美国著名社会学家乔纳森·H·特纳认为，探索有关现实世界的真理与知识有着不同的途径，科学作为其中的一种途径，通过仔细观察到的经验事件来检验起初的理论假设，从而不断地修正自己的知识。社会学正是这样客观的、价值中立的活动。价值中立是韦伯明确提出的，主要是指社会学者在观察社会现象时应持有一种客观的、公正的态度，而不应戴着一种"有色眼镜"进入研究。在研究中保持"第三者"的立场观察现象，对检验理论假设的客观性具有重要意义。

（2）整体性。自社会学创立以来，历代社会学家们始终倡导一种整体性的视角。从孔德的社会动力学与社会静力学到斯宾塞的社会有机体理论，再到帕森斯的社会功能理论，均指出社会是由各个部分有机联系在一起的统一体。社会学的整体性主要表现在将社会视为一个整体以及社会学关注群体甚于个人两个方面。

　　一方面，社会学从横向角度，将其研究客体看作是个人、家庭、组织、农村、城市、经济、政治、文化等社会要素按照一定层次比例结合成的有机体；从纵向角度认为社会结构内部处在一个不断变迁的过程。因此，社会学在分析考察某种社会现象时，不单单只局限于社会现象本身，而是把这个社会要素或者现象放在社会大系统中，从它与其他社会要素之间以及与社会整体大结构之间的相互影响来进行研究。另一方面，社会学将社会的最小单位看作群体而不是个人。个人不能离开社会而单独存在，任何个人都是群体中的个人，个人的行为模式也是在群体的影响下逐渐形成的，研究个人时，亦是从环境中的个人出发来进行分析。

　　（3）现实性。社会学的另一个重要的学科性质是现实性，社会学直接面对社会现实，是在满足社会的需要中发展起来的。社会学的现实性决定了社会学具有本土性与地域性的特点；由于不同国家不同地区其具体国情、文化传统、社会结构以及社会运行规律不同，因此社会学研究也必须着眼于本土的具体对象来进行研究。社会学的现实性，另一方面也让人产生"社会学是一门显而易见的科学"的错觉。由于社会学重点研究现实社会，研究人们司空见惯的社会现象，这也就要求社会学者们放下已有的"熟悉感"，在观察社会时保持一种专业的"陌生感"，即社会学者要做"熟识世界中的陌生人"，从社会学的视角得出司空见惯事物背后的运行机制，穿透"凭感觉""想当然"的社会表面现象去认识常识背后真正的知识。

二、社会学与高校学生工作的关系

（一）社会学与高校学生工作的学科交叉

　　社会学学科众多，包括政治社会学、农村社会学、犯罪社会学、社会心理学等等，其中有许多学科与高校学生工作的学科有交叉之处，比如教育社会学、学校社会学、社会心理学、家庭社会学等。下面以教育社会学为例，展示社会学与高校学生工作的学科交叉的交叉关系。

　　教育社会学是针对教育领域的主要要素进行研究的一门社会学分支学科，主要研究教育的社会性质与社会功能，以及教育制度、教育组织及其发展规律。教育与社会关系密切。教育作为社会中不可忽略的组成部分，对人类文化发展、社会稳定进步具有重要作用。由于教育的重要性，对教育领域问题的研究便在近代西方开始登上历史舞台。

在中国，教育社会学发展较晚。1931年雷通群《教育社会学》一书的出版，可视为中国教育社会学得以建立的开端。新中国成立后，对马克思主义关于教育基本问题的思考与探讨，为中国教育社会学的快速发展奠定了理论基础。在马克思主义基本原理指导下，结合中国具体国情（社会主义政治制度、经济发展水平、地理人口状况以及历史文化传统等），发展了具有中国特色的教育社会学。

综观国内外各国各派学者的观点，教育社会学研究的对象主要集中在以下几方面：

（1）教育中的个体与群体。主要研究学生教师个体、学生教师群体以及班级群体的行为模式，及其之间相互影响的关系。

（2）教育与社会化过程的关系。社会化过程，即个体从小到大逐步习得所处社会的行为规范的过程。社会化因素包括家庭、学校、社会等，而其中每一要素对个体产生影响均是通过教育而得以发生的。因此，了解教育与社会化过程的关系对教育的科学化发展以及个体社会化的健康进行具有重要作用。

（3）教育与社会结构的关系。社会学的研究对象包括对社会结构的研究，尤其着眼于不同社会分层状况及影响社会流动因素的研究。教育作为现代社会人们可以实现向上层流动的重要途径，对社会结构的稳定健康发展具有重要作用。教育与社会结构的关系亦是教育社会学的重点研究对象。

除上述三方面以外，很多学者还针对学校的社会结构、学校与社区的关系等问题进行了主要研究与分析。总之，教育社会学的研究对象具有广泛性，用一种比较客观科学的理论视角分析教育问题，是现代社会所不可缺少的。

（二）社会学方法与高校学生工作

传统的高校学生工作中，经验研究和思辨研究占据重要地位。前者是在总结和提炼实践经验的基础上，在马克思主义基本原理指导下，通过对实践经验的提炼，转化为指导人们日常思想政治教育实践的理论；后者以思想政治教育经验和个人人生感悟作为理论构建的基础，采取思辨的方法进行知识体系的构建。

实证主义研究范式作为社会学的经典研究范式，是社会科学研究的一个主导性的研究范式，却很少使用于高校学生工作和思想政治教育研究中。高校学生工作由于工作对象的特殊性，其本身是一种十分复杂的社会实践活动，仅用现有的方法进行研究是远远不够的，也是十分片面的。

将社会学的研究方法运用到高校学生工作中，有助于拓宽思想政治教育的研究视野，改进传统的高等学生工作研究方法，提高研究的信度和效果。

三、教育社会学的相关介绍

(一) 教育社会学的学科性质

有关教育社会学学科性质的问题，目前，学术界看法可谓众说纷纭，莫衷一是。其中，具有代表性的观点主要有以下几种。第一种观点从研究的视角和方法来界定教育社会学学科性质，认为教育社会学是社会学的分支学科，准确地说是社会学的应用学科。第二种观点认为，教育社会学是社会学的理论分支学科。这种观点认为，其主要目的是将教育体系进行社会学的分析，即把教育体系作为社会学的一个重要研究领域，通过研究发展新的理论观念，有利于社会学理论更趋完备。第三种观点从研究对象的角度来界定教育社会学学科性质，认为教育社会学是教育科学的一个分支。第四种观点认为，教育社会学是介于教育学和社会学之间的边缘学科。就其研究对象是教育活动和教育现象而言，教育社会学属于教育学的研究领域；而就其研究的理论、方法和视角主要是社会学而言，教育社会学又属于社会学的研究领域。第五种观点认为，教育社会学是教育学与社会学的中介学科。该观点认为，教育社会学并非教育学与社会学的边缘学科或交叉学科，原因在于这两门学科之间存在着包含与被包含或指导与被指导的关系。因此，尽管教育社会学产生于教育学和社会学之后，但它并不是这两个学科的边缘学科。

总结上述诸观点，我们可以将学界对于教育社会学学科性质的认识大体分为三类。一是将教育社会学归属于社会学门下，认为教育社会学是社会学的一个分支。所不同的是，有的学者认为教育社会学是社会学的一个应用学科（上述第一种观点），而有的学者则认为教育社会学是社会学的一个理论分支学科（包括上述第二种观点和第五种观点）。二是将教育社会学归属于教育学门下，认为教育社会学是教育学的一个分支学科。三是强调教育社会学学科的边缘性质。

教育社会学是社会学的分支学科，但不仅仅是社会学的应用学科，也是社会学的理论分支学科。教育社会学不仅需要运用社会学的研究视角与方法，更应该具有理论创新的勇气与担当，通过研究发展新的理论观念，使社会学理论更趋完备。

（二）教育社会学的研究对象

同社会科学的其他许多学科一样，教育社会学虽然被公认为一门独立学科，但在其研究对象问题上，长期以来，一直存在着诸多观点，意见不一。不过，归纳起来，主要有以下两大类观点。第一类观点可统称为"社会化过程说"。早期的一些教育社会学家将社会化过程视为教育社会学的研究对象。比如，被誉为"美国教育社会学之父"的佩恩就认为，"教育社会学是描述与解释个人如何透过社会关系以获得并组织经验的一门科学"。在佩恩以后，布朗也认为，"教育社会学研究整个文化环境对个人影响的过程，个人经由此种过程获得并组织其经验。"与此相似，我国学者雷通群也提出，教育社会学旨在"研究个人在团体中如何生活，尤其要研究个人在团体中得到何种教训及团体生活上所需何种教育。"第二类观点可统称为"相互关系说"。这类观点将教育社会学的研究对象规定为教育与社会之间的相互关系。但由于不同的学者关注的"教育"的层面不同，因而便存在着以下几种有所区别的"相互关系说"。其一是"教育制度与社会相互关系说"，其二是"教育活动（过程）与社会相互关系说"，其三是"教育与社会相互关系说"。

教育社会学的研究对象是带有社会学意味的教育现象或教育问题。即是说，教育社会学虽然与其他教育学科同样都研究教育现象或教育问题，但它只研究具有社会学意味的教育现象与教育问题，或者说它只研究教育现象或教育问题的社会学层面。

四、社会学理论在高校学生工作中的应用和实践

（一）社会化理论与学生成长

1. 人的社会化理论概述

所谓社会化，是指个体在与社会的互动过程中，逐渐养成独特的个性和人格，从生物人转变成社会人，并通过社会文化的内化和角色知识的学习，逐渐适应社会生活的过程。在此过程中，社会文化得以积累和延续，社会结构得以维持和发展，人的个性得以健全和完善。社会化是一个贯穿人生始终的长期过程。

关于社会化的机制和过程，存在着不同的理论解释。

美国社会学家库利是最早将"自我"概念引入社会化研究并对其做出出色研究的社会学家之一。他认为，自我或人格是社会的产物，是通过社

会互动而产生的。他将自我意识的形成分为三个阶段：①我们设想自己在他人面前的行为方式；②在做出行为之后，我们设想或理解他人对自己行为的评价；③我们根据自己对他人评价的想象来评价自己的行为，并据此做出下一步反应。在这样一个循环往复的过程中，就逐渐形成了每个人的自我意识和人格。库利非常形象地将通过观察别人对自己行为的反应而形成的自我概念称为"镜中我"，即每个人的"自我"观念其实是他人这面"镜子"的反射。库利还注意到"初级群体"在个性发展和个体社会化过程中的重要作用。

社会学符号互动论的代表人物米德认为，自我意识是随着符号使用能力的发展而发展起来的。人出生之初是没有自我意识的，随着符号使用能力的提高，人开始将"我"作为一个符号、作为一个对象来思考，这时，自我意识就开始产生了。米德将"自我"分为"主我"（I）和"客我"（me）两个部分。"主我"是自发的、能动的，为自我和人格的发展提供动力；"客我"是内化了的社会要求和期待，是在社会互动过程中形成和发展起来的。"主我"与"客我"是相互建构的。自我的发展过程就是"主我"与"客我"之间的一个连续不断的互动过程。

精神分析学家弗洛伊德将人格分为本我、自我和超我三个部分。他把人格发展过程分为五个时期，即口腔期（0～1岁）、肛门期（1～3岁）、性器期（3～6岁）、潜伏期（7岁至青春期）、两性期（青春期以后）。他认为，前三个时期对一生人格的发展至为重要，一生的人格在这三个时期即已基本确定下来。这三个时期的基本需求，特别是性欲的满足程度如何，直接关系到以后人格健康与否。

美国心理学家、新弗洛伊德学派的代表人物之一埃里克森对弗洛伊德的理论做了修正。他不同意弗洛伊德的泛性论观点以及人格在四五岁时即已基本完成的观点，认为社会文化对人格发展也有重要影响，并且人格的发展贯穿人的一生。他认为，人在成长的每个阶段，都会遇到某种心理问题，都要对周围环境所提出的特定社会要求做出反应。如果个人能成功地解决这些问题，就会在心理和行为上表现出积极的反应；如果个人不能很好地解决这些问题，就会出现"认同危机"，给以后的社会化过程留下隐患。根据个体在各个时期的典型心理反应，埃里克森将社会化过程划分为八个阶段：①信任与不信任（婴儿时期，0～1岁），②自主与羞怯、怀疑（幼儿时期，2～3岁），③主动与内疚（学前时期，4～5岁），④勤奋与自卑感（学龄时期，6～11岁），⑤认同与角色混淆（青少年期），青少年在这一时期特别注意观察和认识各种社会角色的意义，学会扮演不同角色，实现角色的自我认同，如果一个人在这一时期的社会交往活动缺乏主动和自信，就不能正确地理解各种社会角色的意义，而在活动中出现角色混淆不清的现象；⑥亲密与孤独感（青年期或成年早期）；⑦关注后代与关注自我（中年期或成年期）；⑧完善与绝望（成熟期或老年期）。

2. 高校及学生工作承担的社会化功能

大学阶段是学生形成完整、独特的个性和人格的关键阶段。在大学期间，他们既要学习专业知识，培养专业技能，又要确立正确的世界观、人生观、价值观和职业观，把自己塑造成为有理想、有道德、有文化、有纪律的合格人才。大学生的社会化是大学生在中学阶段社会化的基础上，以校园文化为依托，通过进一步学习先进的科学文化知识和各种技能，不断融入社会、适应社会、服务社会的过程。大学生社会化的实质，就是学生通过学习社会文化知识和参与社会实践活动，接受社会教化，将自己培养成为适应性强的、独立的、成熟的社会人的过程。

高校作为大学生社会化的重要场所，为大学生的个性培养创造了优良的环境。高校学生工作通过支持学生社团的发展、积极组织学生参加寒暑假社会实践活动等，可以在丰富学生课余生活的同时，也为学生个性的发展提供广阔的平台。

高校作为大学生社会化的重要场所，为引导大学生建立正确的世界观、人生观与价值观发挥了积极的作用。高校学生工作通过开展一系列思想政治理论课和时事政策课，可以充分发挥思想政治德育课程的主渠道、主阵地作用，及时地对国内外的各种热点事件进行分析和探讨，进一步用马列主义、毛泽东思想、邓小平理论、"三个代表"重要思想和科学发展观武装青年学生头脑，帮助大学生确立正确的政治方向和完善的健康人格，树立强大的精神支柱和坚定的共产主义信念，使之成长为有理想、有道德、有文化、有纪律的社会主义建设事业的合格建设者和可靠接班人。

高校作为大学生社会化的重要场所，为大学生最后走向社会做好了充足的准备。高校学生工作通过开展职业生涯教育课程，可以引导学生探索自我，真正认识自己的优点与不足，正确建立职业目标与人生目标；高校学生工作通过开展心理健康教育，可以使学生学会调节情绪，增强社会适应性。

3. 社会角色与社会组织理论概述

社会角色是指与人们的某种社会地位、身份相一致的一整套权利、义务的规范与行为模式，它是人们对具有特定身份的人的行为期望，它构成社会群体或组织的基础。关于社会角色的理论至少有四个重要来源。

美国芝加哥学派最早系统地运用了这个概念，其中以乔治·米德的研究最为著名。米德使用此概念旨在说明在人们的交往中可以预见的互动行为模式以及说明个人与社会的关系。他研究了儿童角色意识的形成，即从想象扮演某个角色（米德称之为"嬉戏阶段"）发展为成熟地承担某个角色（米德称之为"群体游戏阶段"）。他认为角色是在互动过程中形成的，角色表演并没有一个先定的剧本，文化只能为角色表演规定大致的范围。这些思想后来与符号互动论融为一体。角色理论的另一重要代表是拉尔夫·林顿，许多人甚至认为角色理论是经由林顿创立的人类学而进入到社会学中来的。林顿认为角色可以定义为：在任何特定场合作为文化构成部分提供给行为者的一组规范。他区分了角色与地位，认为当地位所代表的权利与义务发生效果时即为角色扮演。林顿将社会结构置于个人行为之上，视社会结构为一个行为规范体系，个人接受和遵循这些规范。因而角色是由社会文化塑造的，角色表演是根据文化所规定的剧本进行的。第三个来源是"完形主义心理学"，它使用角色概念旨在强调人类的一切心理过程都是通过整合模式的发现与创造而形成的，根据完形主义创造的含义是人类社会行为之基础。第四个来源是社会戏剧论，这与雅各布·莫雷诺的著作相联系。莫雷诺认为角色和角色扮演的概念有助于将人际关系的个人系统置于有意识状态。他认为每个人都在扮演着具有高度创造性的角色。第二次世界大战后，许多重要社会学家均对角色理论发展做出了贡献。

从不同角度出发，我们可以将社会角色区分为多种类型：按人们获得角色的方式进行划分，可以分为先赋角色和自致角色；按人们承担社会角色时的心理状态进行划分，可以分为自觉性角色与不自觉角色；按社会角色规范化的程度进行划分，可以分为规定性角色和开放性角色；按社会角色追求的目标划分，可以分为功利性角色和表现性角色。

社会组织有广义和狭义之分。广义的社会组织是指一切人类活动结成的群体，包括氏族、家庭、秘密团体、政府、军队和学校等；狭义的社会组织则专指相对于家庭一类的初级群体的正式社会组织，如企业、政府、学校、医院、社会团体等。社会学研究的社会组织主要指狭义的组织。社会组织的构成要素是规范、地位、角色与权威。社会组织的功能有整合功能、协调功能、维护利益功能和实现目标的功能。

4. 高校学生工作中对角色和组织理论的应用

高校学生工作形成了以辅导员为主体，以教务老师、后勤员工等为辅助的工作组织。在这个组织中，辅导员、其他人员扮演了不同的角色，并使整个组织能够顺畅运转，组织的规范化、制度化管理也保证了学生工作的顺利开展。下面以辅导员这一主体为例进行解释。

（1）高校辅导员必须明确自身的角色定位。通过梳理高校辅导员角色演变的历史，我们可以看出，辅导员的概念和角色具有历史性的特征，会随着时代的发展和历史的推进而逐渐发生变化。当前，随着社会的高速发展和高等教育改革的不断深入，特别是高等教育的大众化和高校后勤的社会化以及招生、就业、收费制度等方面的重大改革，高校辅导员的工作领域正在不断扩大，角色内涵也随之不断丰富。2000 年，教育部《关于进一步加强高等学校学生思想政治工作队伍建设的若干意见》中，将高校辅导员的性质定位为"学生思想政治工作的组织者和指导者、高等学校教师和管理队伍的重要组成部分。"2004 年，中央 16 号文件明确指出"辅导员是高校学生思想政治教育工作队伍的主体之一，是大学生思想上的引路人，生活中的贴心人，学习上的指导者和心理上的疏导者"，辅导员的职能范围随之拓展，需要"帮助学生解决实际问题"，包括开展心理咨询、就业指导、生涯规划等诸多内容。2005 年，教育部《关于加强高等学校辅导员班主任队伍建设的意见》指出："辅导员是高等学校教师队伍的重要组成部分，是高等学校从事德育工作、开展大学生思想政治教育的骨干力量，是大学生健康成长的指导者和引路人。"2006 年 9 月，教育部《普通高等学校辅导员队伍建设规定》正式实施，重申了高校辅导员具有教师和干部的双重身份，将辅导员的身份进一步定位为"开展大学生思想政治教育工作的骨干力量，高校学生日常思想政治教育和管理工作的组织者、实施者和指导者，学生的人生导师和健康成长的知心朋友。"面对新时期社会的角色期望，高校辅导员应该正确认识自己在高校中的定位，认清自身应有的权利、义务与行为模式，从而更好地发挥教育、管理和服务学生的作用。

（2）高校辅导员必须帮助和引导学生顺利完成社会角色转变的社会化过程。通过开展生涯教育，高校辅导员要帮助学生加深对当前承担角色的理解和对未来扮演角色的认识；通过搭建学生与用人单位之间交流的平台，高校辅导员要帮助学生了解社会对我们未来扮演角色的期望值，从而确立正确的奋斗目标，实现人生的真正价值；通过开展心理健康教育，高校辅导员要帮助学生增强角色变迁的适应能力。随着现代科学技术的发展，社会文化环境不断发生变化。因而，一个人不会终生扮演同一个角色，大学生必须具备角色变迁的心理准备和适应能力。面对社会文化环境和扮演的社会角色发生变化，大学生能及时调整自己的社会行为与之相适应。

（3）高校应该实现对辅导员队伍建设的规范化。按照一整套辅导员职责、选拔、使用培养、奖惩、提升流动等制度、条例来进行对辅导员的规范化管理，使辅导员明确自身的工作职责。高校应该建立合理的辅导员管理组织结构，在实际选择组织结构模式时要结合具体情况灵活运用，既要有长久、稳固的打算，又要有临时性的考量。结合当前辅导员队伍建设和管理过程中存在的多头管理、职责不明等问题，笔者认为辅导员管理组织结构设计中应该以直线—职能型组织结构为主要依据，强化直线管理，减少层级，统一管理。此外充分发挥其他组织结构的优势，灵活配置相关部门。

（二）社会管理理论与学生管理

1. 社会管理理论概述

关于社会管理的概念，目前学术界主要有以下三种不同的观点。第一种观点认为，社会管理指政府通过制定专门的、系统的、规范的社会政策和法规，管理和规范社会组织，培育合理的现代社会结构，调整社会利益关系，回应社会诉求，化解社会矛盾，维护社会公正、社会秩序和社会稳定，孕育理性、宽容、和谐、文明的社会氛围，建立经济、社会和自然协调发展的社会环境。第二种观点认为，广义的社会管理是指政府及非政府公共组织对各类社会公共事务（包括政治的、经济的、文化的和社会的）所实施的管理活动，与公共管理同义；狭义的社会管理是指对社会公共事务中除政治统治事务和经济管理事务之外的事务的管理与治理，与政治管理、经济管理相对，所涉及的范围一般就是社会政策的作用领域。第三种观点认为，在市场经济条件下，社会管理就是政府和社会组织为促进社会系统协调运转，对社会系统的组成部分、社会生活的不同领域以及社会发展的各个环节进行组织、协调、服务、监督和控制的过程。社会管理的基本任务包括协调社会关系、规范社会行为、解决社会问题、化解社会矛盾、促进社会公正、应对社会风险、保持社会稳定等方面。

2. 学生管理与安全稳定

高校学生管理工作是一项系统工程，它的具体内容涵盖了学生的学习、生活、思想政治教育，规范学生的日常行为，扶贫解困，就业指导等诸多方面。高校学生管理的内容多种多样，从学生活动形式上可归纳为学生思想品德管理、生活管理、学生自我管理、班级管理以及行政管理、教育评价管理等。

从活动性质上讲，高校的安全稳定是指高校教学、科研和管理工作有序运行的一种良性状态；从高校人员构成上讲，高校的安全稳定是指高校内部教师、管理者和广大学生按照既定规范有序、正常运行的一种状态；

从环境上讲，高校的安全稳定是指高校的校园内部环境和校园外部环境安全、和谐，处于一种良性运行状态。

高校的安全稳定是关系整个社会稳定大局的大问题，不仅关系到高校自身的建设和发展，而且关系到国家的政治稳定和实现社会的长治久安。确保学生的安全稳定，学生管理工作在其中发挥的作用不容忽视。建立各项学生管理制度，是学生稳定工作的前提和基础；加强学生教育管理，是学生稳定工作的思想保证；专业化、职业化、高素质的学生工作队伍，是维护高校稳定的支柱力量。

要想确保学生的安全稳定，我们必须创新学生管理工作机制。树立"以人为本，教育优先，强化管理，服务学生"的学生工作新理念；建立起学校统一领导，职能主管部门宏观、协调和指导，院（系）全面负责本院学生工作的学生工作新格局；构建及时了解学生思想动态、及时发现学生学习生活问题、积极化解矛盾解决问题的信息网络机制。要想确保学生的安全稳定，我们必须完善科学的学生管理制度。建立学生管理制度要坚持管用、适用、创新的原则；运行学生管理制度要坚持透明公开、正常有序、有效监督的原则。要想确保学生的安全稳定，我们还必须发挥学生教育管理的作用。充分发挥"思想政治理论课"的主渠道、主阵地作用；大力加强现代文明教育和民主法制教育；创新教育方法，寓教育于丰富多彩活动中，增强教育的实效性。

(三)　社区理论与和谐校园建设

许多人认为社区与学校是完全不搭界的势力范围，其实不然，它们两者互相依赖，息息相关。

社区的概念和理论皆发源于西方。德国社会学家滕尼斯在《共同体与社会》一书中第一次把社区作为一种关系类型。在书中，滕尼斯为了强调人与人之间所形成的亲密关系和共同的精神意识提出了与社会相对应的社区这一概念。在该书中，滕尼斯指出，社区和社会是人类群体生活的两种结合类型。前者主要是在建立于自然基础之上的家庭、宗族等群体里实现的，也可能在历史形成的、小的联合体以及思想的联合体里实现。因此，社区有三种基本类型：血缘、地缘和精神。由此可见，社区建立在其组成人员之本能、习惯以及与精神有关的共同记忆之上。与此相反，社会则是一种以个人和个人的思想和自由选择意志为基础的目的联合体。社会不是建立在自然的基础之上的，它是次生的。

自滕尼斯提出这一研究路径以来，社区便开始受到人们的关注。我国最早对社区进行研究的是著名学者吴文藻。他在接纳了布朗对社会的系统论和整体论的观点之后，将这种以功能论方法为核心进行综合研究的实地调查方法，归纳命名为现代社区实地研究。自此之后就是费孝通先生的社区研究。他以 1936 年进行的江村调查和 1939 年进行的禄村调查为开端，对中国社区和社会变迁展开全面的调查研究，开拓了一条既不同于西方也不同于东方的、富有中国特色的社区研究道路。20 世纪 80 年代，由费孝通指导的"江苏小城镇研究"课题取得了一系列的成果，带动了社区研究事业在中国的再次兴盛。进入 20 世纪 90 年代后，社区研究不仅引起了理论界的广泛重视，更成为中国各级政府关注的焦点问题。近 20 年来，中国出版了一大批有关社区研究的著作。这些著作绝大多数侧重于探讨社区建设和社会发展中的实际问题，也有的着力于探寻社区理论的系统化、体系化之路。

传统的社区往往包括一定数量的人口、一定范围的地域、一定规模的设施、一定特征的文化、一定类型的组织，社区就是这样一个"聚居在一定地域范围内的人们所组成的社会生活共同体"。我们可以将这类社区称之为实体社区。

随着信息网络时代的来临，社区的概念、内涵与研究对象也发生了重要变化。学校除了作为实体社区存在外，还拥有与之对应的"虚拟社区"。作为社区在虚拟世界的对应物，虚拟社区为有着相同爱好、经历或专业相近业务相关的网络用户提供了一个聚会的场所，方便他们相互交流和分享经验。高校学生从虚拟社区诞生之初，就与之有着密不可分的关系。研究高校学生工作，虚拟社区是无法绕开的关键一环。

1. 实体社区

学校既是一个单独的实体社区，也是更大实体社区中的重要组成部分。从社区的概念和构成要素来看，学校有一定的地域，包括一定数量的人口，有其独特的校园文化和组织结构，可以构成一个完整的社区。从更广阔的范围看，学校社区又是与更大实体的社区互为资源，它们分别拥有不同的资源优势，可以相互补充以提高资源的利用效率，并为相互的发展提供有效助力。

社区学校化和学校社区化是目前社区和学校发展的重要趋势，对综合利用现有的各类资源有着十分重要的指导意义。

2. 学生虚拟社区管理

从社会学的角度看，虚拟社区就是指由一些社区成员在局域网上进行频繁的社会互动而形成的具有文化认同的共同体及其活动场所。目前虚拟社区最重要的几种形式有 BBS、USENET、MUD，在国内逐渐形成以 BBS 为主、结合其他同步异步信息交互技术形成的网络化数字化的社区形式。在数字化校园业已实现和网络已成为大学生普遍首选的信息交流工具的前提下，建设虚拟社区不再是梦。与传统社区相比较，虚拟社区具有以下优点：

（1）透明性和公开性。虚拟社区借助网络的透明性和公开性，对学生实行开放式管理。以数据库为中心，通过互联网连通学校、家庭与社会。学生既是受管理者，也是管理者。这实现了学生管理的透明化和民主化，从而最大限度地激发了学生参与自我管理的积极性，全面增强了管理的功能和效率。

（2）交互性和即时性。学校管理者和学生可以借助网络进行一对一、一对多和多对多的交流，受管理者可以在"网上论坛"上发表自己的思想观点，讨论问题。这些方面都是传统学生管理工作无法比拟的。

（3）趣味性和新颖性。虚拟社区集文字、声音、图像和影视等多媒体技术于一身，可以给使用者带来无尽的乐趣。学生可以通过课件来了解教育内容，甚至可以通过游戏来体验教育内容。虚拟社区还是一个同学间相互交流的平台。在这里，比较容易形成良好的校园文化氛围，因而教育功能能够得到更充分的发挥。

建立学校虚拟社区的基本做法如下：

一是收集拟建设的虚拟社区成员的个人信息，建立社区成员信息库，为实行网络实名制管理奠定基础。社区成员信息应涵盖个人基本信息、E-MAIL、QQ 号、微博号、人人号、手机（电话）号码等内容。

二是广泛征集学分制班级学生、教师等对虚拟社区建设的意见和建议，为虚拟社区提供贴近学生学习生活的活动内容奠定基础。社区建设尽量做到力求突出"以学生为本"，同时兼顾学校管理和教师教学科研。

三是以班级虚拟社区建设为基本形式。班级作为学校的重要组成部分，应该在虚拟社区的建设中发挥应有的作用。但同时也要注意防止学校因为分班而造成的分裂，不能因为分班而削弱学校作为一个整体的实力。

3. 和谐校园建设

和谐，是人类孜孜以求的理想社会状态。社会由众多个单元组成，只有各个单元和谐，才能实现社会的总体和谐。高等院校是社会的重要组成单元，建设和谐校园是构建和谐社会的必然要求。高校集中了社会的大部分精英群体，是文化、知识、技术传播与创新的重要基地，是培养社会主义事业建设者和接班人的重要场所。高校既肩负着建设和谐校园的责任，更承载着为和谐社会提供理论、人才的重任。从这个角度上来说，和谐校园建设对和谐社会建设具有特殊的重要意义。此外，从学生健康成长的角度来说，大学期间是大学生树立正确的世界观、人生观、价值观、道德观的关键时期，而大学校园则是大学生学习、生活和工作的重要场所。所以，高校的和谐校园建设将对大学生的健康成长起到重要的促进作用。

高校学生工作在和谐校园建设中占有不可或缺的地位。学生工作通过开展各式各样的宣传教育活动，能够大大增强高校教职员工与学生的安全意识与法治意识，提高师生的自我保护和自我防范能力，从而有效预防各类不安全事故的发生；学生工作将学风建设作为工作的中心，将加强教师的师德建设与学生的思想教育作为工作的出发点与落脚点，在潜移默化中促进师生共同树立正确的治学态度、学术道德和科学精神，并且能够在教师与学生之间架设沟通的桥梁，使之充分了解、教学相长、互相尊重，最终营造师生各尽其责、全校上下一心的和谐氛围；学生工作通过定期开展心理健康普查、常规性心理咨询和建立畅通的心理危机预警通道，用"情"育人，为"心"护航，切实保障大学生的心理健康。

为了更好地建设和谐校园，我们必须加强高校学生工作的创新。首先，我们要创新学生工作人才队伍的建设。学生工作人才队伍是高校学生工作的主力军，能否建设好这支队伍是新时期高校学生工作迎接挑战和夺取胜利的关键。因此，我们必须按照"政治强、业务精、纪律严、作风正"的要求，对学生工作人才队伍进行管理。其次，我们有必要创新工作理念。要树立"一切为了学生"的工作理念，时刻以学生为根本的出发点和落脚点，形成"预防教育"和"问题管理"相结合的教育与管理双管齐下的工作模式。最后，我们要创新学生工作手段。要尽量寓教育于丰富的多彩活动之中，从而增强教育的实效性。

（四）学校社会工作与学校教育

1. 学校社会工作的概念

学校社会工作起源于20世纪初的美国，它以访问教师的名义问世，直到1945年才正式更名为学校社会工作。

"学校社会工作"一词直接从英文"School Social Work"翻译而来，有时也被称为"教育社会工作"即"Education Social Work"，泛指教育体系内的社会工作实务（Social Work Practice in Education and School Setting）。在我国，一般都称为学校社会工作。

不过，对于学校社会工作的概念，目前并没有一个统一的定义。每一个国家、每一个地区，都由于不同的人文传统和思维方式而对学校社会工作有着自己的理解，下面列举的是几个有代表性的观点：

（1）美国社会工作百科全书的定义。美国社会工作协会（NASW）出版的《社会工作百科全书》对学校社会工作的定义是："学校社会工作是运用社会工作的理论与方法去实现学校的主要目的。学校的主要目的是为学生提供教与学的场所，是学生能为现在所居住的世界与未来可能面对的世界准备他们自己。"这个定义强调的是运用社会工作的相关专业方法来帮助学校的目的，让全体学生能够准备自己以面对现实和未来。

（2）美国学校社会工作学者的定义。美国著名学校社会工作学者马夏尔与罗斯认为："学校社会工作一词的出现，其所涵盖的工作类似个人的咨询，但此类工作有赖训练有素的社会工作者去完成，有时此类工作人员并无充分的社会工作训练；他们不一定是合格的教师。学校社会工作者已被视为专家之一，随同过去已经组合而且现在仍然组合在一起的查勤人员、护士、心理学家和职业咨询人员，共同提供咨询和协助服务，此种服务乃众所周知的学生人事服务。"根据这个定义可以发现，在美国，学校社会工作是一种主要针对学生的专业服务，非常强调从业人员的专业方法与技巧。

（3）我国台湾地区学者对学校社会工作者的定义。《云五社会科学大辞典·社会学分册》中是这样描述学校社会工作的："对有社会及情绪问题之学生的一种服务，因为这种问题足以妨碍学生与学校之间的调试。学校社会工作者的功能是协助有困难的个别儿童，使其能够适应学校环境，帮助学校当局对学生的背景有更多和更深入的了解，同时也对学生的家长解释学校的教学方法与宗旨，使学校与家长之间建立良好的关系。"中国台湾地区学者强调社会工作的首要对象是有困难的学生，强调社会工作者链接资源的功能以及处理学生、学校与家庭三者之间的关系的功能。

（4）我国内地学者对学校社会工作的定义。在《学校社会工作学》一书中，宣兆凯老师认为："学校社会工作学属于社会工作学与教育学之间的一门交叉学科，也是运用社会工作理论及方法在教育领域开展专业服务活动的一项事业。它以学习生活适应上有困难的问题学生为对象，探寻解决这些问题的方法、手段、途径，为学生创造良好的学习条件与环境，帮助他们学会适应学习生活。"上述定义也主要从在学习生活上有困难的学生入手，强调的是学校社会工作的目标与功能。

（5）《中国社会工作大百科全书》对学校社会工作的定义。《中国社会工作大百科全书》认为："学校社会工作为政府、社会各方面力量或私人经由专业工作者运用社会工作的理论、方法与技术，对正规或者非正规教育体系中全体学生，特别是处境困难学生提供的专业服务。其目的在于帮助学生或学校解决所遇到的某些问题，调整学校、家庭及社区之间的关系，发挥学生的潜能和学校、家庭及社区的教育功能，以实现教育目的乃至若干社会目标。"上述定义指出了社会工作服务的提供者是政府及其他社会各方面的力量，并且将学校社会工作的工作对象由有困难的学生扩展到了全体学生。

综上所述，我们比较认同《中国社会工作大百科全书》的定义。因为这则定义比较全面，尤其是突破了以问题学生为研究对象的视角，是目前社会工作的发展趋势。与此同时，这则定义还从我国实际的文化和社会背景出发，阐释了对学校社会工作乃至整个学校教育的理解。从这则定义中我们不难看出，学校社会工作的发展与政府以及其他各方面力量的支持是分不开的。在开展学校社会工作的过程中，我们需要运用专业的价值观、理论、方法和技术与家长、学校和社区建立良性互动的协作关系，以此来协助教育体系中的全体学生尤其是在学习生活方面有困难的学生解决某些问题，进而实现学校教育的目的乃至若干社会目标。这样看来，学校社会工作的层次十分清晰，目标十分宏大，是学校教育中必不可少的一个环节。

2. 学校社会工作的价值理念

学校社会工作的价值理念是将社会工作的价值观应用于学校的具体体现。我国台湾地区资深社会工作学者廖荣利比较准确、全面地描述了学校社会工作应秉持的价值理念，包括：理解每个学生都有自我表达和自我实现的权利；认清学生在学习和适应上有困难是个人发展过程中的自然现象；希望每一位学生都能在其自身能力范围内充分发挥潜能；相信学生在心理和行为方面适应不良与家庭、学校、社区等外部环境密切相关；了解学生除了在学校得到应有的服务外，还需要有赖于家庭和社区资源的充分服务；深信学校的各种设施与活动，都应以形成学生社会化人格为目标；重视学生的个别差异及其对团体职责的表现；坚信学校社工必须具备专业知识和专业技能的原则。

3. 学校社会工作的特征

（1）服务对象的特征。学校社会工作的主要工作对象是学生，也包括家庭、学校、教师及其他管理人员。以学生，尤其是处于成长中的青少年学生为主要服务对象的学校社会工作，在服务对象上有如下特征：

1）服务对象的多样性，上面已经指出学校社会工作的服务对象不仅仅是学生，与学生相关的很多人都有可能成为服务对象。

2）主要服务对象独特的心理和生理特点。青少年学生正处在生长发育的阶段，其身心发展还不是很成熟，具有矛盾、反叛的心理，同时也比较脆弱，需要来自成人的关爱和保护。

3）主要服务对象的问题的复杂性和相似性。青少年学生由于成长环境、受教育条件、自身性格等很多原因的不同，导致了不同的服务对象有不同的需要，很难运用一个百试不爽的方法来解决所有人的问题，这也需要社会工作者不断地总结经验、提升自己。但是，也有很多人由于不同的原因导致了相似的问题，如何组织这些人自助、互助都是社会工作者的主要工作任务之一。

许莉娅在《学校社会工作》中还从服务理念和服务行动两方面对学校社会工作的特征进行了总结。

（2）服务理念的特征。学校社会工作以优势视角、需要取向和潜能挖掘为理念。

1）优势视角。优势视角相信人的成长和转变的能力超出人的预期，相信贫穷、疾病歧视和困难可能会对人造成伤害，但它们也可能成为挑战和机遇；相信环境中充满资源。优势视角学校社会工作在评估学生的困境和需要时，特别强调对他们的优点要关注，挖掘和运用他们的优势和自身资源帮助其解决困难。学校社会工作要求工作者识别、利用、建立和强化学生已有的优点和能力，利用学生的能力、价值、兴趣、动机、成就和抱负等来解决问题，并通过各种方法挖掘环境资源。

2）需要取向。需要取向将学生的问题理解为学生的需要，认为学生有各种一般性的、特殊性的或者预防性的、改善性的、发展性的需要，反对"问题学生"概念，反对对学生标签化；主张从更多的因素和角度理解学生困境的发生，将问题放在行为情境中进行考察而不是只强调学生本身的问题与错误。需要取向强调学校社会工作以学生的需要为本，以调查、了解学生的需要作为工作的出发点，以此制订、实施服务计划，以满足学生的需要为落脚点。对学校其他人员的协助以及对学校行政的介入，都是出于满足学生的需要。

3）潜能挖掘。潜能挖掘的理念相信青少年具有巨大的生命潜能，强调对学生的服务目标不仅仅是解决眼前的困境，满足现实的需要，而是注重在协助其解决问题、排除困境的过程中，给学生以信心，激发学生能力的提升，注重帮助学生探索自我、挖掘自我，不断发现、运用其生命的潜能。

（3）服务行动的特征。学校社会工作的实施或者行动表现为如下两个特性。

1）团队合作性，在学校社会工作的组织实施中，工作者始终是与学校的学生服务团队中的人员一同作战的。在我国，学生服务团队包括德育工作者、共青团委书记或者少先队大队辅导员、班主任、后勤保障人员等，学校社会工作者如何融入学生服务团队以及担任什么职能,是我国学校社会工作发展中的重要课题。

2)资源的链接性。资源链接行动是指学校社会工作的实施过程就是各种资源的整合、链接的过程。这种资源链接表现为对学生问题或者需要的评估、行动系统和目标系统的确定以及协助学生建立支持系统等环节上。首先,在对学生问题或者是需求的评估上,社会工作者必须通过和学生本人及与其相关的老师、学校其他人员、同学、家长、亲戚、邻里及社区人员的接触和沟通,将所得信息进行分析、整合,才能比较全面地了解学生的处境;其次,确定了学生的困境、问题表现及需要后,就要确定需要改善的目标系统和需要协调的行动系统,那么学校社会工作者就必须与目标系统与行动系统的具体人员进行沟通与协调;最后,在介入的环节,需要工作者帮助学生案主链接可以运用的资源,建立社会支持网络。

4. 学校社会工作的目标

2002 年,美国社会工作者协会公布了《学校社会工作者服务标准》。在该标准中,学校社会工作是“由经过认证和许可的社会工作者在教育组织中提供的社会工作服务。社会工作中的这一专业(指学校社会工作)是以帮助学生成功地适应和调整,影响学校、家庭和社区的努力来达到学生发展的目标”。由此可见,美国学校社会工作的目标是通过学校社会工作者的努力来协调和动员学校、家庭和社区的力量,促进学生的发展。

我国学者也对学校社会工作的目标做了相关的界定。我们选取的是李晓凤在《学校社会工作》一书中提到的学校社会工作的五大目标:

(1)促进教育机会均等。教育机会均等既包括入学机会均等,也包括每个学生都能得到适才适性的教育。根据这种教育观念,教育机会均等之所以产生问题,缘于部分学生家庭贫困、社会经济地位底下以及不能充分利用教育机会,从而会影响学习成绩,甚至滋生困扰,造成适应不良。学校社会工作就是采用社会工作的专业理论与方法,对处境不利的学生作深入而客观的了解,给予适当的接纳、支持与鼓励,并提供专业服务,以弥补其处境不利的缺陷,协助其获得应得的教育资源,实现最大可能的成就,以此增进教育机会均等的实现。

(2)形成优质教育的合力。从社会工作有关人类行为与成长环境的论述来看,构成学生环境的单元主要包括家庭、学校和社区,并且三者会影响学生的学习成就和人格发展。首先,就家庭而言,家庭是人类最原始、最根本的环境,是人类接触社会生活的基础,而家庭对子女的影响主要是通过家庭成员关系与家庭内互动发生的。其次,就学校而言,学校是个体社会化最重要的场所，是专门为社会成员，尤其是为儿童与青少年社会化而设立的正规化的学习场所。最后，就社区而言，社区生活强化了未成年人的群体意识与共同体意识，并拥有社区成员共同遵守的社会规范。这三者相互作用，共同促进青少年的社会化。但是，如今急剧变迁的社会环境在削弱了家庭的社会功能及致使社区解组之中，也使学校、家庭与社区关系产生了失调。对此，学校社会工作必须设法对之进行调整，协调和改善学校、家庭与社区之间的关系，以此形成优质教育的合力及促进学生的全面发展。

（3）协助学生获得实用的知识与能力。现代社会的发展，需要学生具有实用的知识与能力，从这个角度看，学校社会工作必须与教育人士合作，使学校能为学生提供适当的、生动的学习经验。为了达到此种目的，一个有效的学校社会工作计划，必须兼顾学生的需要，学校的特质、校内特殊的制度，学校附近的社区环境以及学生所面对的社会条件等影响因素，以此协助学校提供最有利于学生学习的环境与条件，促使学生获得实用的知识和能力，进而适应现代社会发展的需要。

（4）协助学生获得适应社会生活变化的能力。教育是一种社会化的过程，社会化是一种连续不断地变化过程，相应地，学校教育的目的不仅旨在培养学生具备现代社会生活的知识与能力，更应该培养学生具有适应社会变化的知识与能力。正是从这个角度看，学校社会工作的专业服务即在配合社会发展，保持与社会的协同或同步，并随时了解与回应社会对人才的要求，以此满足学生在"五光十色"的变迁社会环境中不断成长的需要，进而帮助学生学习并掌握适应社会变化的能力。主要有以下两个方面：首先，从现代社会发展的角度看，在学校中实施学校社会工作，具有人力投资的目的。其次，目前在回应学生成为社会中有用的人才资源，以及培养学生具有适应社会变化的知识与能力之中，学校社会工作的重点也发生了变化。

（5）促进学生社会化人格的正常发展。学校社会工作的终极目的是协助学生健全其社会化人格，而人格的培育与形成，尤其是青少年社会化的心智培育与形成是一种社会化的过程，此过程除了家庭以外，大部分是在正式的学校教育过程中形成的。而青少年时期是人格培育与形成的重要时期，学生在其成长的过程中必须养成与其所处的社会环境统合的能力。与此同时，在学生的生命成长过程中，其目标体系中的"重要他人"，都会在学生的人格形成中留下印记，影响学生发展与社会功能实现，由此能够协助学生养成社会统合的能力，造就一种健全的社会化人格。

此外，学校社会工作进入我国后已基本完成本土化，结合我国特色社会主义的基本国情，学校社会工作还应该具备一个目标，即立德树人，培养社会主义合格建设者和可靠接班人。我们的高校是社会主义大学，当然应成为社会主义中国的人才摇篮。培养社会主义现代化的建设者和接班人，是学校的根本任务。学校社会工作应与思想政治理论课的教学、校园文化建设、党团组织和学生组织的建设等相结合，为实现这一目标而努力。

综上所述，学校社会工作的目的旨在运用社会工作的专业服务，形成优质教育合力，来增进受教育机会的真正均等，协助学校充分发挥教育的社会功能，协助学生获得实用知识及适应社会环境变化的能力，并养成其健全的社会化人格和良好的道德品质，最终为国家培养社会主义事业的合格建设者和可靠接班人。

5. 学校社会工作的功能

所谓功能是指事物在运动的过程中所发挥的效能或作用。学校社会工作的功能是指，在学校实施的社会工作服务对学生、家庭、学校以及社会所产生的作用和影响。其中，主要是对学生的影响作用。美国学者 Lynn Bye 和 Michelle Alvarez 从学校社会工作者的多面性角色的角度，讨论了学校社会工作的主要功能。他们认为，学校社会工作者所扮演的角色包括临床医生、合作对象、支持者、个案推理、教师、过渡计划者和决策者。学校社会工作者角度的开放性、多样性将有更多的机会对服务对象产生影响，以减少学习障碍，帮助学生成为合格公民。

我国内地学者许莉娅在《学校社会工作》一书中对学校社会工作的主要功能作了如下系统分析。

（1）对学生的功能。

1）促进学生学业的建设功能。学生的主要职责是完成学业，社会工作服务虽然不直接提供对学生课业的指导，但在学校社会工作者的帮助下，学生的各种心理及行为问题的解决，困境的改善，无疑可以消除其精神压力，排除各种干扰，更好地投入到学业中，促进学习成绩的提升及知识的积累。

2）维护学生基本权益的保护功能。学生在学校中处于弱势地位，权益受损事件经常发生。学校社会工作的一项重要任务就是要消除学校中的一切不公平对待学生甚至侵犯学生权利的因素，帮助校方及教职员工树立保护未成年人合法权益的意识，真正意识到学生的人身安全、学习权利、自主权利等不容侵犯。对发生侵害学生权益的现象进行及时干预，从而确保学生身心健康的发展。

3）消除学生问题行为的预防功能。学生心理障碍的形成、偏差行为的出现不是突发的事情，而是有其原因及形成过程的。社会工作服务可以通过介入帮助消除或者减少其诱发因素，通过直接提供教育性、辅导性的服务，增强学生的抗御能力，从而消除或者减少问题的发生。

4）克服身心障碍的治疗功能。及时发现学生的心理问题，依据科学的方法进行有效治疗是社会工作者及心理工作者共同的责任，也是学校社会工作的主要任务。在这项工作中，需要学校社会工作者、心理工作者协调行动，从不同的角度和方法，对学生的心理问题及时发现，科学评估，有计划地介入。

5）纠正学生偏差行为的矫正功能。社会工作在界定学生偏差行为的时候，要十分谨慎，不能轻易标签化，要通过专业的方法对明显违反社会规范的行为、犯罪行为等对学生自己、对他人、对社会造成破坏性影响的行为及时评估，实施矫正，从而使其返回正途。

6）学生支持资源的链接功能。社会工作不同于其他专业的特点之一是调动资源，社会工作相信人与社会的链接，承认人际支持的功能。因此，在对有需要的学生提供服务的过程中，更多的是扮演媒介的作用，尽最大的努力为其寻找社会支持资源，并建立链接，使受助学生在未来的生活中得到社会网络的支持。

7）推动学生成长的发展功能。学校社会工作通过小组工作及各种有规模的综合活动，激发学生的生命潜质和成长动机，鼓励他们积极向上、向善、向美，充分调动其学习知识、帮助他人、贡献社会、完善自我的积极性和创造性——向德智体美的完善境界发展、成长。

（2）对学校、家庭及社区的功能。

1）对学校的功能：通过社会工作者对学生不良行为的介入和良好行为的培养，以及师生关系的协调，为学校营造良好的教与学环境；通过对学生基本权益的维护以及对学校管理活动的介入，促进学校管理的改善；通过搭建学校与社区、学校与家庭的互助平台，推动学校管理的民主化和科学化。

2）对家庭的功能：通过学校社会工作者的家庭探访以及与家庭成员的沟通与互动，增强家庭对子女的教养功能，促进学生家庭关系的和谐；通过社会工作的帮助，使子女健康成长，满足家庭对孩子的期望，增进家庭功能。

3）对社区的功能：通过社会工作者的服务，减少青少年在社区中不良行为的发生，消除社区的安全隐患；在学校社会工作者的帮助下，青少年可以成为社区建设与发展的参与者和贡献者；通过学校社会工作者的协调与沟通，增进社区与学校的联系与合作，利用学校教育资源，服务于社区居民，发展社区精神文明建设。

6. 学校教育中社会工作方法的应用

传统的学校社会工作方法主要有个案工作、小组工作以及社区工作。这里除了介绍上述三种方法之外，还介绍一下心理学视角下的心理分析法、认知行为法以及叙事疗法。

个案工作的方法：个案工作是社会工作的一种最基本和常用的方法，但是在学校社会工作中不能随意使用。因为它的工作对象往往是问题相对严重、情况比较特殊、不便于通过小组或者社区的方法予以处理的情况。这时候需要工作者单独、深入、长期开展工作，最为严重的要转诊进入治疗。在学校开展个案辅导的时候，要坚持接纳与尊重、真诚信任，良性互动、维护自觉、灌注希望的原则，使学校个案工作能真正满足有比较重大问题的学生的需要。

小组工作的方法：学校生活是一种团体生活，尤其是中学阶段的青少年有参加团体活动，归属同辈团体的需求。所以，小组工作特别适用于学校领域，用以协助学生团体、教师团体或者家长团体。它特别适合青少年的年龄特点与心理需要，因此是学校社会工作中运用普遍而又颇有成效的方法。在学校中开展小组工作，要特别注意适当运用开放的态度和方法，视实际情况灵活变动计划，充分考虑学生的年龄、兴趣和爱好以及小组的性质和目标。同时，还要注意与行政性、命令性、自上而下的教育任务相区别，以学生的需要为小组前提，以学生为中心，强调心灵分享，淡化比赛竞争。

社区工作的方法：学校与社区关系密切，学校社会工作者是学校体系与附近社区的联络者，因此，社区工作方法也是学校社会工作专业方法的重要部分。学校社区工作主要是指学校与所在社区通过联系、共建、分担，相互支持，彼此促进的工作内容与方法。无论学校是否意识到社区资源的存在，学校都是所在区域的一部分，必然与社区发展共荣共衰。学校社区工作在开展的时候应该注意将工作重心指向学生发展，为学生的成长服务，并且要不计得失，持之以恒，选择可持续的目标，长期坚持。

心理分析治疗法：该方法以弗洛伊德的精神分析理论为主要理论基础，注重早年经历，强调理解个人的自我调节功能和人格强度。该方法通过对潜意识、防御机制、心理冲突、移情与反移情等基本概念的界定与分析，运用倾听、解释、移情和反移情、修通等技术处理心理问题的基本治疗因素，达到治疗的目的。在该种治疗模式下，要注重当事人"人在情境中"，使当事人清楚只有与当下生活情景的良性适应，才是功能恢复的标志。

认知行为治疗法：这一治疗方法建立在学习理论、行为治疗、人格理论、结构主义等理论基础之上，认为人的困扰源自于本身的非理性思考，而非外在世界的影响，人具有改变认知、情绪及行为历程的天赋能力。该治疗方法主要包括贝克的认知疗法、艾里斯的理性情绪治疗、麦克安波姆的认知行为治疗等主要流派。该方法主要通过纠正人的非理性思考来使行为得到改变，对青少年的部分特定问题具有很好的治疗效果。

叙事疗法：该方法运用故事的隐喻，把众人的生活当成故事，以有意义且能实践的方式，体验他们的生活的故事，以此治疗他们；以社会建构的隐喻，以人和人、人和习俗制度间的互动，建构每个人社会和人际的现状，并把焦点放在社会现状对人类生活意义的影响。作为一种后现代心理治疗方法，叙事疗法通过"问题外化"、"解构和重建故事"等理念和技术，帮助人们将人和问题区分开来，重新解读故事，重建自我及人际关系。叙事疗法在对大学生的心理辅导过程中有着十分重要的作用，是目前兴起不久但十分有治疗效果的一种方法，适合中国的人文传统，是科学运用心理学自身法则的极好典范。

上述方法是在学校教育过程中开展比较多、运用比较广泛且实际收效比较好的几种方法，随着社会工作专业的不断发展，无论是理论还是工作方法都在不断地丰富和创新，学校社会工作者也应该不断地增强自己的实践经验，学会灵活处理实际工作中遇到的问题，将不同的方法综合运用，使得学校社会工作朝着更加完善更有实效的方向发展。

第三章　新时代下学生工作带来的机遇和挑战

随着高等教育的迅猛发展，我国高等教育已经从精英教育转入大众化教育时期。在高等教育大众化条件下进行学生工作的创新研究，首先必须要弄清高等教育大众化条件下高校学生工作的新机遇、新挑战。只有这样，对高校学生工作的创新研究才具有时代性、针对性和科学性。

第一节　新时代下学生工作面临的新机遇

党的十八大报告指出，综观国际国内大势，我国发展仍处于可以大有作为的"重要战略机遇期"。这是党的十八届三中全会做出全面深化改革决定总体部署的重要依据，也是我国高等教育与人力资源开发难得的重大战略机遇期。高校学生工作同样存在着如何认识和把握机遇、推进创新与发展的问题。

一、党和国家高度重视高校学生工作

当今社会经济的发展归根到底依靠的是人才，人才培养的关键在于教育。江泽民同志在党的十六大报告中深刻指出，"教育是发展科学技术和培养高素质人才的基础，在现代化的建设中具有先导性全局性作用，必须摆在优先发展的战略地位。"改革开放以来，我国大力实施"科教兴国"和"人才强国"战略，推进了高等教育的快速发展。近几年来，党和国家十分重视大学生工作，陆续颁布了关于大学思想政治教育、心理健康教育、贫困生资助、毕业生就业、工作队伍建设等一系列法规文件。中共中央国务院1999年做出《关于深化教育改革全面推进素质教育的决定》，2001年教育部颁布了《关于加强普通高等学校大学生心理健康教育工作的意见》，2004年颁布《中共中央国务院关于进一步加强和改进大学生思想政治教育的意见》（即16号文件）。中央16号文件的下发，表明了党和国家对加强和改进大学生思想政治教育工作空前的高度重视，它对地方党委和政府及高校加强和改进大学生思想政治教育工作提供了重要依据。胡锦涛同志多次强调，要重视大学生的思想政治教育工作，并于2005年1月在加强和改进大学生思想政治教育工作会议上发表了重要讲话。他强调，切实加强和改进大学生思想政治教育工作，培养造就千千万万具有高尚思想品质和良

好道德修养、掌握现代化建设所需要的丰富知识和扎实本领的优秀人才，使大学生们能够与时代同步伐、与祖国共命运、与人民齐奋斗，这对于确保实现全面建设小康社会，进而实现现代化的宏伟目标，确保实现中华民族的伟大复兴，具有重大而深远的战略意义。教育部 2005 年初又颁布了修订的《高等学校学生管理规范》。该规范不仅体现了学生管理的继承性、创新性、时代性和规范性特征，而且体现了学生教育管理的人本化、民主化、法制化、科学化发展趋势。2012 年，中央宣传部、教育部联合颁发了《全国大学生思想政治教育测评体系（试行）》，这为研究大学生思想政治教育走向可视化评价迈出了重要的一步。这些不仅是我国高校在今后相当长一段时间内学生管理的重要政策依据，而且也是高校学生管理工作制度的创新起点，为做好 21 世纪高校学生工作提供了可靠的法规依据和保证。

二、高等教育改革的日益深化为高校学生工作创造了有利条件

随着社会主义市场经济体制的逐步建立和高等教育改革的不断深入，高等教育出现了前所未有的良好发展局面，高校校园面貌发生了巨大变化，教学设施和条件显著改善。就拿高校基础设施较差的西部来讲，近年来，国家投入大量资金，加强西部高校基础设施建设，校园面貌发生了巨大变化。如西藏大学投入 5.3 亿元改善教学条件，四川大学建设了崭新的校区。大量现代化教学设施投入西部高校使用。多数高校学生宿舍公寓化、社区化，热水器、空调、网络、电视、电话进宿舍，为学生创造了现代化的学习生活条件。各高校认真贯彻落实教育部《关于加强高等学校本科教学工作提高教学质量的若干意见》，积极实施"高等学校教学质量和教学改革工程"，努力构建符合时代和社会发展所需要的人才培养模式、课程体系、教学内容、教学方法、教学手段和质量监控保证体系，在招生不断扩大的情况下，人才培养质量不断提高。大学生一方面深受高等教育改革发展所带来的实惠，另一方面学习的紧迫感和自觉性逐步增强，学习风气也有明显好转。

三、高校学生工作本身有着良好基础

高校学生工作在实践中探索并积累了丰富的经验，逐步形成了一定的优势和特色。突出表现在如下六个方面：

（1）学生工作的重要地位得到了确立。学生工作已从先前学校工作的边缘走向了学校工作的轴心，特别是在生源、就业市场竞争日益激烈的情况下，学生工作的重要性愈来愈引起学校各级领导的共同关注。

（2）学生工作机构得以完善。各高校设立了学生工作部（处），形成了相对独立和稳定的工作体系，培养了一支专兼职相结合的学生管理工作队伍，在学校育人和学校的稳定工作中发挥了重要作用。

（3）建立并不断完善学生管理工作制度。各高校陆续出台包括学生奖惩条例、行为规范、目标管理运行机制、素质评价、学工队伍建设等在内的学生管理规章制度，学生管理日渐科学化、制度化、规范化。

（4）探索出一系列行之有效的素质教育与社会实践活动。例如各高校开展的学风建设、社团建设、文化艺术节、科技展示活动、大学生暑寒假"三下乡"、"带薪实习"系列等社会实践活动，丰富了校园文化生活，提高了大学生的能力素质，营造了良好的育人氛围，促进了学生知识、能力、素质的协调发展。

（5）学生工作服务体系逐渐形成。各高校积极拓展学生工作服务职能，逐步完善贫困生资助体系，开展了一定程度的心理咨询工作，搭建了心灵沟通的桥梁，加强毕业生就业指导。不少学校还为学生办理了保险。

（6）学生工作网站逐步建立。各高校依托校园网建设了学生工作网站，初步实现了网上教育、信息化管理和服务，为今后更好地开展学生工作搭建了方便、快捷、高效的平台，开辟了更多的学习与生活空间。

四、大学生精神面貌主流积极向上

改革开放以来，我国经济快速发展，政治形势稳定，综合国力强大，国际地位逐步提高。特别是近几年来，战胜"非典"，北京圆满举办奥运会，广州成功举办亚运会，"神舟七号""神舟八号""神舟九号"顺利升空，"天宫一号"发射成功，同舟共济克服汶川大地震、玉树大地震、甘肃舟曲特大泥石流等自然灾害的侵袭并完成灾害重建工作、党和政府实施的惠农政策、家庭经济困难学生资助政策、高校学生伙食补贴政策，极大地激发了大学生的爱国热情和民族自豪感。他们从思想上和行动上更加信赖和拥护党和政府，对中国的前途充满信心。广大学生能够认真学习、宣传中国特色社会主义理论，坚信中国特色社会主义道路选择的正确性，践行科学发展观，具有较高的政治觉悟和较强的社会责任感，人生价值取向积极向上，务实进取，有较强的竞争意识和自强精神。随着社会竞争日益加剧以及受社会多样化趋势的影响，大学生更加注重自身素质和个性发展，参与各种社会活动的热情增加，许多学生在重视专业知识学习的同时，乐于从事一定的社会实践活动以提高自己适应社会的能力。大学生对交费上学、毕业后自主择业等高等教育改革举措早已从心理上适应。看到大学生身上出现的这些可喜的新变化，无疑会增强我们做好学生工作的信心。

第二节　新时代下学生工作面临的新挑战

高校学生工作是一项受国内外环境和形势影响较为突显的工作。现实的情况既给高校学生工作带来难得的发展机遇，也使学生工作面临着复杂的新情况、新问题、新选择、新挑战。为此，我们必须清醒地认识到这些问题，并对其不断地认真分析与研究。

一、社会发展宏观环境带来的挑战

大学生的成长与成才离不开社会大环境、社会主义市场经济大背景。因此，我们研究新时期的高校学生工作，不能局限在学生教育和管理的具体问题和具体细节上，更应该从众多变化的社会发展环境中找到对大学生产生影响的最本质的因素。

（一）市场经济的影响

市场经济所遵循的是价值规律，其驱动力是逐利思想。商品进入市场交换，就是为了营利。按照"逐利思想"，只要不违法、不违背职业道德，在市场行为中应该说是合理的、积极的。但若任其蔓延、膨胀，以至于扩大到非经济领域，成为社会的一般价值取向，就会对大学生的思想政治教育产生消极的影响。这种消极影响主要体现在以下几个方面：

（1）自我意识太强。社会行为主体在市场经济建立和发展的过程中，重新认识自然、审视社会，与此同时，更加深刻地认识人生、认识自我，个体意识、自我意识在市场经济运行的过程中不断得以强化、塑造。大学生在这些方面表现得尤为突出，他们在以批判的眼光审视这个社会的同时，更加珍视自我，认为必须凭借自我的主动性、独立性和创造性才能充分实现人生价值，因而尤其重视个体的发展。他们自我意识的不断强化、塑造促进形成独立人格，有利于充分发挥个体创造性。但是，也有一些大学生不能正确处理个人与集体、个人与国家、个人与他人的关系，处处以自我为中心，独来独往，我行我素，甚至不惜以牺牲国家、集体和他人的利益来满足个人的私利。个别学生对身边的先进人物、先进事迹不是感动，不是仿效、学习，而是持讽刺、取乐和消极抵触的态度。

（2）功利主义倾向明显。市场经济固有的特征以及现阶段市场本身发育的不完善，造成人们行为的短期化和功利化，过去那些先公后私、先人后己、无私奉献的精神受到冲击。受其影响，大学生在学习、择业、工作的过程中，更多想到的是自我价值的发挥，把需要能否满足的程度作为价值取向。这种价值取向在一定程度上是以自我为中心向多向辐射，而其核心的部分是"功"和"利"。这种功利性常常表现为：在入党动机上，是为了谋取好职业，或者为了更好地发挥自己的才干；在择业观上，从原来的服从国家需要到今天的强调自我价值，自我实现；在处理人际关系上，从原来的以人情友谊关系为重到今天的以经济利益关系为重，等等。这种看重功利的价值观，固然有利于个人价值的满足，但对社会价值的充分发挥无疑是十分有害的。

（3）道德观念复杂。市场经济利益主体的多元化，使大学生的道德观念出现多元化趋势。道德观念多元化带来了道德评价的宽容性，他们对社会现象不再以单一的眼光来看待，而是多角度地看待、分析和评价，过去那种以是否对社会、对人民、对他人有利作为评判善、恶的道德标准受到了冲击。这既有积极的一面，也有消极的一面。例如：注重自我价值的实现以及开放竞争意识的增强，反映了道德上的进步，但是，基础文明、社会公德方面的削弱则是道德上的退步；思想开放、拥护改革开放是正确的，但个人主义、损人利己则是错误的、有害的。相互矛盾、相互冲突的道德观念复杂而又统一地表现在大学生身上，使大学生的道德观念呈现多样性、复杂性等特点。

（4）心理困境突出。具有竞争特点的市场经济促使人们开展激烈竞争，优胜劣汰，加之大学的扩招导致大学生就业竞争越来越激烈，当代大学生面临着严峻的就业挑战。在如此竞争的环境中，大学生的竞争意识、学习的主动性、积极性都有了一定的提高。但是，面临独生子女占据较多家庭的形势，一些大学生是在家庭条件较宽裕的环境中逐渐成长起来的，遭遇的挫折和困难较少，心理素质较差，抗挫能力低下，一些学生不能客观地评价自我和正确认识社会，往往任意夸大其优点，对择业期望值过高，为此，一旦在学习、生活、择业中受到挫折或遇到困难，他们就会怨天尤人、消极逃避，于是就有了今天在大学生中存在一味依靠父母养活的"啃老族""月光族"一说，有的难以抵御困难和挫折的考验，有的甚至走上犯罪或自杀的道路。

（二）经济全球一体化的影响

随着我国加入世界贸易组织及其经济全球化的快速推进，民族间、国家间的文化交流日益频繁，不同文化、不同思想在交流中融合、碰撞。全球化趋势下，我国高等教育本身也面临着空前的发展机遇，国内高校在与发达资本主义高校的交流与竞争中，其教育思想、教育体制、教育方式、教育产业等均面临着新的机遇与挑战。在此情况下，我国高校学生管理工作必然与世界先进高校学生管理工作接轨，带来学生管理理念和管理方式的变革。同时，全球一体化促使国家间文化交流渠道空前广泛和频繁，开放条件下的交流使得外来文化、外来习俗和观念的影响日益增多，我国的大学生在中外文化的交流碰撞中常常会遇到新问题、新困惑。这就为高校学生管理工作者怎样在纷繁复杂的文化和思想观念中保持主流意识形态价值观，树立正确的、积极的健康文化心态，提出了更高更严的要求。

（三）信息化技术的影响

信息技术的快速发展，促使互联网对大学生的学习、生活乃至思想观念产生广泛而深刻的影响。互联网正在改变大学生的生活方式、学习方法、思维习惯。就高校学生工作而言，网络是一把双刃剑。一方面，网络为高校学生管理工作提供了新的教育阵地和领域，这为加强和改进高校大学生思想政治教育工作带来了新的发展机遇；另一方面，网络也极大地冲击着高校的学生教育管理工作。首先，网络信息的快捷性、丰富性和开放性等特点，使得大学生从学校获取知识的权威性受到质疑。在网络覆盖多数受众的环境下，大学生借助网络，比以往任何时候都能更快捷地获取信息，而高校思想政治教育工作者在获取各种信息的渠道、时间、数量上已不占明显优势。数量巨大的网络信息"淹没"了大学生思想政治教育信息，特别是色情、暴力等不良信息的冲击，让学校教育者所要传达给学生的信息，很难在学生头脑中沉淀，这严重影响着学生思想政治教育积极作用的发挥。其次，网络的虚拟性、隐蔽性、潜伏性使得网络成为有害信息的滋生地和传播地，给学生管理工作带来消极的影响。一部分人利用信息技术干扰社会政治秩序，一些虚假、不健康甚至反动的信息污染了学生思想政治教育的环境，使得大学生很难判断和抵制，时有上当受骗大学生，还有沉溺于网上虚拟世界不能自拔的学生。

二、高等教育改革深化带来的挑战

高等教育是由若干相互联系、相互作用的要素组成的有机系统，高校学生工作是这个系统中的重要组成部分，其他要素的变化与发展必然作用和影响学生工作。随着高等教育的改革与发展，高校学生工作面临着一系列新情况、新问题。

（一）高校扩招使学生工作难度增加

根据美国著名社会学家、教育家马丁·特罗提出的高等教育阶段理论及其"毛入学率15%"的门槛指标衡量，我国从1999年扩大招生开始，到

2009 年高等教育毛入学率达到 30%，我国已经进入高等教育大众化阶段，大学生不再是传统意义上的佼佼者、精英分子。学生工作不仅面广、量大，而且难度增加。高等教育在迈向大众化的过程中，"政府承担的角色发生了转变，市场进入和政府淡出的现象也开始在中国的教育领域浮现"。根据格兰德和罗宾逊的观点，"国家对公共服务的提供、资助和管理的减少，皆可被视为'市场化'和'私有化'的一些表现"。事实上，我国高等教育"市场化"或"社会化"表征正在日益凸现，最明显的两个表现是后勤社会化改革和民办高校的发展。在这种情况下，大学生教育和管理的环境及条件将发生根本性的变化，越来越多的"社会人"参与学生管理和服务，代表和维护学生利益，高校加强与"社会人"的协调与合作成为学生管理工作的一个难题。

（二）学分制和弹性学制的实施使学生工作管理面临新的变革

完全学分制、弹性学分制、自主选课制和主辅修制是高等教育管理实施的新制度，是高校全面推行素质教育的重要举措，也体现了新时期"以人为本"的高校教育发展理念的转变。但是，实施学分制突出了"自主性"，这正好冲击着传统的学生工作管理模式；突出"目标性"，对学生工作严格的过程管理提出了挑战；突出"弹性化"，使学生管理工作的可控性弱化；突出"个性化"，使学生的集体意识、团结协作和进取精神淡化。学分制和弹性学制的实施使高校学生工作面临新的大变革。目前，全国各地高校普遍实施了学分制。学分制实施后，打乱了学年制整齐划一的教学管理模式，学生院（系）、年级、专业、班级观念淡化，形成了以课程为纽带、多变的听课群，使不同专业、不同院系甚至是不同学校的学生在一起学习，这给学生管理工作增加了极大的难度。同时，除对学生进行教学和思想生活管理外，还需指导学生选课，帮助学生构造合理的学科知识结构，并要求学生在老师的指导下，由定向学习变为自主选择性学习，学生管理工作由学年学分制下的指令性管理变为指导性管理。

（三）高校后勤社会化和高校新区建设给学生管理工作带来新的问题

高校后勤社会化，实际上是建立一种教育成本分担机制。目前，我国大多数高校实现了高校后勤社会化。高校按市场经济规律运作，开放学校市场，允许社会上的人员、资金、技术、设备开发校内市场。这些经营者进入高校市场的主要目的是营利，而学生在缴纳各种费用的同时也树立了教育投资意识，对学校教学生活条件有了更多更高的要求。这就容易使二者产生矛盾。比如，学生宿舍管理实行公寓化管理后，不同院（系）、不同年级、不同专业、不同班级的学生混合居住，就给学生管理工作带来了很大难度，以前按班级、院系管理的模式难以取得应有的效果。随着高校招生规模扩大，许多高校原有的校园难以满足学生的学习生活需求，各高校纷纷在原有校园之外建设新校区，造成同一专业学生或者同一院系学生在不同校区接受教育，严重冲击了以前按院系管理的模式。在这种新的形势下，探索新的学生管理模式将是学生管理工作面临的新课题。

（四）就业方式转换和学生就业压力增大对学生工作的新挑战

我国在计划经济时期形成的"统包统分"的大学生就业制度使高校的办学积极性不能得到发挥，毕业生分配计划与社会真正需求之间的矛盾、人才短缺与人才浪费并存的矛盾十分突出。1993 年，国家颁布《中国教育改革和发展纲要》，开始改变高校毕业生"包分配"的做法。大部分学生通过人才劳务市场、单位场所或网络招聘自主择业。通过"双向选择"，力求人尽其才、才尽其用。到 2000 年，高等院校毕业生通过"双向选择"实现就业新体制已经形成。大学生就业制度在世纪之交实现了体制转轨。这一改革，一方面给毕业生提供了更多的可供选择的就业途径和机遇，另一方面，越来越激烈的人才竞争也对大学生就业提出了严峻的挑战。近年来，特别是 2009 年以来，受全球金融危机的影响，大学生就业面临着前所未有的艰难局面。如何采取措施帮助大学生实现就业、创业，如何对大学毕业生采取有效的心理疏导，如何稳定学生情绪，如何确保高校和全社会的安全及稳定，是摆在学生工作者面前的一项艰巨任务。

三、大学生群体的新特点带来的挑战

当前，由于受各种因素的影响，大学生出现了一些值得重视的新变化、新特点。这些新变化和新特点对高校学生工作提出新的挑战。

（一）群体成分复杂化

国家取消高考年龄、婚否等条件的限制，已婚育龄学生越来越多，大学生将由不同年龄结构、成就取向、生活阅历、心理个性等多层次的人员组成。很多高校多层次、多形式、多校区办学，同一学校有本专科生，也有研究生；有公办学生，也有民办二级学院学生；不同校区学习生活条件和校园文化氛围不一样。独生子女成为学生主体，他们中有相当一部分人依赖性强，自理和适应能力差，合作与吃苦精神不足，集体意识淡薄。这些情况表明，学生素质参差不齐，成才需要各异，单一的教育管理模式很难满足他们的需要。

（二）思维模式多元化

随着科技的发展和社会交往范围的扩大及信息渠道的增多，多元化判断的意识显著增强。受其影响，大学生的思维模式也呈现出由"单向思维"转向"多向思维"、由"单一的正向思维"转向"正向与逆向双向互动思维结合"的变化。相应地，价值目标从"理想主义"转向"现实主义"，价值判断从"重义轻利"转为"义利并重"；价值取向呈现多元化，从"依赖组织"转为"注重自我"等。

（三）成长压力集聚

大学生成长压力主要表现在四个方面：一是学习压力。奖学金、评优、入党都以学习成绩为依据，一些学校还严格规定英语四六级水平、补考门数与学位挂钩等，使学生感到巨大的学习压力。二是经济压力。大学生群体中的贫富差距明显，这种贫富矛盾给贫困生造成了一定的压力。三是就业压力。严峻的就业形势和部分歧视性就业规定使部分冷门专业学生、女大学生就业压力明显增加。四是心理压力。由于学习期望的压力、经济拮据的困扰、人际交往的受挫、择业和就业的忧虑、自身生理的缺陷等种种原因，大学生的心理问题十分突出。

（四）活动方式分散化

实施学分制后，高校教学体制改革和后勤管理改革加快步伐，大学生由以前的"班级人"逐步转变为以学生公寓为核心的"社区人"，学生的自由度明显扩大，学生社区成为他们生活、休息、学习和交流活动的重要场所。大学生获取信息的渠道增多，兴趣点增多，对集体活动的兴趣呈下降趋势。

（五）评价功利化

当代大学生不再固守"政治唯上"的思维定式，"实用标准"已被一些大学生奉为人生信条。社会生活的政治化成分在降低弱化，其现象是大学生单纯的政治观念逐渐淡化，更重实际，讲实用、讲享受。在政治与业务、德与才的关系上明显侧重"实用标准"，"规范效应"明显减弱。

四、高校学生工作自身存在的问题和不足带来的挑战

（一）学生教育管理工作表面化

学生工作中的"教育、管理"在我国社会发展过程中起到了统一思想、确立社会主义意识形态与价值观，维护社会稳定等积极的作用。但随着社会的开放进步，国家的长治久安，高等教育的迅猛发展，很多高校还没有及时转变理念，依旧抱着"教育就是主谈学生的思想引导，管理就是侧重约束、控制学生的行为，服务就是全权解决学生的吃住学习问题"的陈旧观念。意识决定理念，理念指导实践。学校的惯有思维是：学校就是管理者和教育者，学生则是受管理和受教育者。然而，学生有自己的思想见解，新时代的学生有了更独立自主的意识，加之学生阵容庞大，学生工作变得千头万绪，全校凡涉及学生的各个部门工作最后的落脚点都要在学生工作上。学校人员众多，思想多元，学生工作内容庞杂，既要保质保量完成上级学工部门下达的工作任务，还要配合相关职能部门做好学生工作，同时还要处理日常学生管理事务及突发事件，导致学工人员无法避免地每日陷入事务堆，疲于应付。学生教育管理工作处于"缺漏补漏""缺样补样"的状况，未能摆脱"消防"式的工作局面，很难有精力研究学生工作规律、学生工作经验教训、当代大学生的特点、思想动态等问题，从而使管理表面化，对大学生行为疏忽缺乏高效益规范的管理，影响了学生综合素质的提高。

（二）学生工作管理缺乏人性化

学生工作管理者的一个主要目标就是把学生彻底管住，管学生的吃、住、学。当然，这种管理方式存在其优势，它能强化学生的有序管理，保证正常的教学秩序。但是，这种管理方式造成了学生与学生管理者"监视"与"被监视"的关系，学生面对多条款的管理制度，束缚太多，很容易产生置之不理或在行为上、心理上的抵触情绪，使得高校与学生之间的关系比较紧张。学生的主体地位没有充分体现出来，束缚了主体作用的发挥，忽略了学生个体的发展，对学生的评价多用传统标准，忽略了学生的内在需求，学生只是被动地接受教育管理，往往被动适应与服从，并且学生管理缺乏人性化的手段与方法。

（三）学生教育管理理念不能适应新形势的需要

随着高等教育的不断改革与快速发展，高校的教育管理理念已经由管

住学生转向怎样更好地服务学生。从当前的学生管理工作来看，学生工作者的管理者、教育者色彩浓厚，导致良师益友的师生关系很难全面建立。一些学生工作者难以站在学生的立场上去想问题，考虑其感受，他们常常把学生中存在的各种性质不同的复杂问题都归因为思想问题，容易针对单个问题而面向所有的学生进行训导，此种教育方式往往是学生所反感的、厌烦的、不愿接受的。长此以往，学生与学生工作者就可能形成矛盾和对立，即使学生工作者倾其全力也难以使大学生们满意、服从。

（四）高校学生管理法治化制度不健全

大学生作为高等教育的消费者，既享有作为公民应享有的一般的法定权利，又享有作为受教育者应享有的特殊的法定权利，他们的合法权益受法律保护。《中华人民共和国教育法》和《中华人民共和国高等教育法》是各个学校制定学生管理规定的主要法律依据，比较详细地规定了学生的权利种类，但是，一些高等学校现行的学生管理规定中，存在着没有严格根据现行法律的精神制定学生管理制度的现象，保障学生具体权利的法律缺位。目前高校的管理制度至少存在两个方面的问题：一是内容不符合相关法律的规定，比如有些高校的图书馆抓住偷书学生后，便依据该馆的规章制度，对学生进行罚款并张榜公布的处理，这样的规章制度显然违背了《中华人民共和国行政处罚法》执法主体的规定；二是对学生权利的规定重视不够，不少高校的学生管理制度，设定学生义务和责任的内容多，关于学生权利的规定较少。近年来不断出现的学生因其权利受到影响和限制而将学校上诉至法院的现象，从侧面反映出高校管理制度法治化程度不高。同时，学生权利救济缺乏有效的法治化途径。高校学生管理过程中，学生权利受到侵害时，可能的救济途径一般是申诉、行政复议和行政诉讼，但实际上，由于制度设计和贯彻问题，申诉和行政复议很难发挥应有的作用，在当前高校管理实践中尤其是高校与学生之间的管理法律关系中，有关对学生进行权利救济的规则较少且模糊不清。因此，多数救济只能向法院提起行政诉讼。由于在受案范围上存在争议，大量案件并不能得到司法救济。

（五）学生工作队伍建设面临的挑战

我国实行教育体制改革以来，高校学生工作队伍建设按照"革命化、年轻化、知识化、专业化"即"四化"要求进行了调整和充实，并取得了很大成绩。不仅素质有了较大的提高，而且在年龄、学历结构上也有较大的改善。但也不可否认，由于各个高校情况各异，重视程度和建设力度不够，这支队伍还存在不少问题。尤其是在新的时期，面对新形势和新情况，高校学生工作队伍无论从数量上，还是质量上，都远远满足不了高等教育事业发展的需要。其中，最为突出并带有普遍性的问题表现在以下几方面。

（1）队伍不稳定。由于学生工作队伍的工作特点和许多具体问题，如职称、工资、学历等未能得到有效解决，多半忙于繁琐事务，缺乏成就感，这就使得他们中不少人不安心本职工作，特别是一些能力强、思想活的学生工作者，由于种种原因离开这项工作，大大影响了这支队伍的质量。

（2）综合素质不过硬。学生教育工作是塑造人的灵魂的工作，不能出"次品""废品"。因此，学生工作要求整个工作队伍必须具有良好的政治思想素质、较高的知识技能素质、多样化的能力素质、健康的身心素质以及开拓创新意识和对教育事业无私奉献的精神。实际上，一些学生工作者不具备这些素质。这恰恰不适应新形势下对学生管理工作队伍的素质要求，也使得他们在工作中难以取得理想的育人效果。

（3）知识面不够宽。随着信息时代的到来，知识更新的速度越来越快。高校学生工作队伍由于长期忙于事务性工作，没有时间给自己"充电"和添加"营养"，这就使得他们的知识较陈旧、知识面狭窄，对新知识利用少，重经验轻创新。如此一支不适应社会发展需要，缺乏相应知识的队伍根本无法承担新世纪的学生工作，而且学生在某些方面形成了明显地超越学生工作者的优势。在这种情况下，师生之间可供交流的语言可能会变得越来越少，同时文化价值观方面的冲突还可能引起二者的角色变化，学生工作者在一定范围内可能会成为文化反哺、知识反哺对象。为此，学生工作者应放下高高在上的架子，紧跟时代步伐虚心学习，努力扩大知识面。

（4）人员结构不合理。高校学生工作队伍普遍存在年龄、学历、职称不合理的问题。有些高校的学生工作队伍年龄老化，"青黄不接"，后继乏人；有些高校的学生工作队伍青年人太多，缺乏有经验的中年骨干；有些高校的学生工作队伍性别结构也不尽合理，女性大大多于男性，有的院系则全部由"娘子军"组成；有些高校的学生工作队伍学历层次偏低，管理水平不高，未形成合理的人力资源配置结构，这也大大影响了学生工作的效果。

第四章　国内外高校学生工作
组织机构的建设与发展

　　高校学生工作组织机构伴随着社会经济和高等教育的改革发展而不断发展变化。新中国成立以来，特别是改革开放以来，高校学生工作组织机构经历了多次调整，组织不断完善、队伍逐渐稳定、内容不断丰富、理念与时俱进，但仍存在一些问题与不足，还不能完全满足高校学生工作的发展需要，不能满足大学生成长成才的实际需求。

第一节　我国高校学生工作组织机构现状

　　为了深入了解全国高校学生工作组织机构设置情况，发现在学生工作组织机构建设中存在的问题与不足，本书采用了问卷调查、访谈和查询文献资料与网络公开信息等方式，对全国部分高校进行了问卷调查和访谈。

　　本次问卷调查覆盖了全国 60 所高校，分布在北京、上海、天津、重庆、黑龙江、浙江、海南、河南、四川、新疆维吾尔自治区等 24 个省、市、自治区，其中有清华大学、上海交通大学、浙江大学等 "985" 高校 38 所，有新疆大学、云南大学等 "211" 大学 16 所，有北京联合大学、海南师范大学等一般院校 6 所，有北京大学、复旦大学等综合性大学，有北京航空航天大学、西北工业大学等军工院校，有北京师范大学、华东师范大学等师范类院校，有中国农业大学、西北农林科技大学、东北林业大学等农林类高校，样本具有较强的代表性，能够反映目前我国高校的总体情况。在问卷调查的基础上，访谈了 20 多所高校的学工部长、研工部长及辅导员 30 多人次。

一、中国高校学生工作组织机构名称

　　目前高校涉及学生工作的组织机构名称有近 20 个，包括：学生工作指导委员会、学工部（学生处/本科生工作处）、武装部、研工部（研究生工作处）、就业指导中心（就业处/招生就业处/就业与创业指导服务中心）、心理咨询中心、学生资助中心、辅导员培训和研修基地、青年研究中心（大学生发展研究中心）、学生宿舍管理中心、团委、留学生服务中心（留学生管理办公室/学生国际教育中心）、本科生招生办公室、研究生招生办

公室、学生活动中心、学生创业指导中心、艺术教育指导中心、社会实践指导中心、公共体育教育办公室、学生技能鉴定中心等，另外还有的成立学生工作党委。在学工部、研工部等部门内，还设有下属机构，如党建思政科、就业指导科、学生事务科、长学制办公室、本科生办公室、硕士办公室、博士办公室、园区办公室、新校区综合办，等等。院系一般设有学生工作办公室。而学生组织层面一般有学生会、研究生会、社团联合会、学生艺术团等。

二、中国高校学生工作组织机构设置

对 60 所高校的问卷调查情况显示，我国高校学生工作组织机构设置还不够规范，各高校的组织机构数量不同，机构名称不同，编制不同，隶属关系不同，职能也不尽相同。

（一）学生工作指导委员会

据调查，有 28.33% 的高校设有学生工作指导委员会（学指委）或学生工作委员会（图 4-1），统筹协调学生工作。有些学生工作指导委员会是实体化的，有人员编制，最多的 61 人，最少的 18 人；有些是虚拟的，只有一个工作协调机制，没有人员编制。参与学生工作委员会的是与学生教育、培养、管理、服务相关的部门，包括党委办公室、校长办公室、宣传部、组织部、研究生院、教务处、外事处、学工部、研工部、团委、心理健康教育中心、就业指导中心、保卫处、后勤处等。

有，17个，
28.33%

无，43个，71.67%

图 4-1　学生工作指导委员会设置情况

（二）主要的学生管理部门设置及其隶属关系

我国高校传统的学生管理部门主要是指学生工作部和团委，武装部一般与学工部合署办公；随着研究生人数的增加，教育部要求成立研究生工作部；而随着高等教育的改革发展，有些高校成立了就业处、招生办等，也归入学生工作。据调查，我国高校中，有96.67%的高校设有学生工作部，100%的高校设有武装部，80%的高校设有研究生工作部，96.67%的高校设有团委，98.3%的高校设有就业处，98.3%的高校设有招生办公室。

（1）学生工作部：绝大多数高校设有学生工作部（图4-2），一般和学生处、武装部合署办公，在有的高校也叫本科生工作处。学工部内设有不同的科室，包括办公室、党建思政科、就业指导科、学生事务管理科、园区办公室、心理咨询中心、本科生办公室、长学制办公室、硕士办公室、博士办公室、校区综合办、学籍管理办公室、学生事务与发展办公室、思想政治教育办公室、辅导员发展研究办公室、普通招生办公室、特殊专业招生办公室、学生信息化办公室、人武部办公室、大学生创业办公室。人员编制最多的55人，最少的5人。

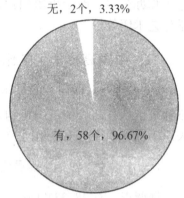

图4-2　学工部设置情况

（2）武装部：我国高校都设有武装部，主要负责军训、军事理论课和国防教育等。一般挂靠学工部（学生处），或合署办公，也有的是挂靠保卫处（图4-3）。

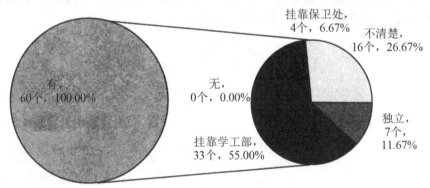

图4-3　武装部设置情况

（3）研工部：目前有80%高校设有研究生工作部，负责研究生的日常教育和管理。在设有研工部的高校中，有些是挂靠研究生院，或与研究生院合署办公（图4-4）。编制最多的11人，最少的2人。

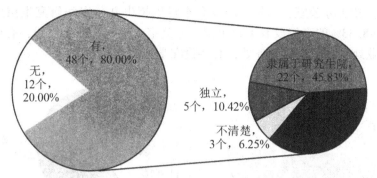

图 4-4　研工部设置情况

（4）团委：有 96.67% 的高校设有团委，其中大部分是独立设置，有个别是挂靠学生工作部（图 4-5）。

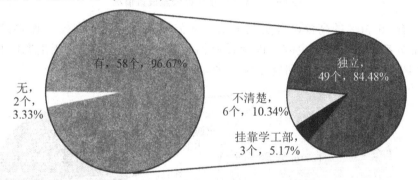

图 4-5　团委设置情况

（5）就业处：有 98.33% 的高校设有就业处，其名称不一，有的叫就业处，有的叫招生就业处，有的叫就业指导中心，有的叫就业与创业指导服务中心。就业处中有 47.46% 是独立设置，有些则是挂靠学生工作部等（图 4-6）。人员编制最多 16 人，最少 1 人。

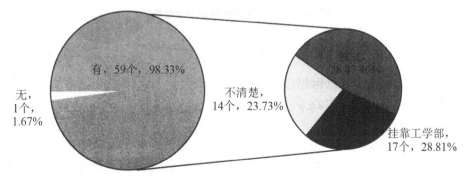

图 4-6　就业处设置情况

（6）招生办公室：高校一般设有本科生招生办公室和研究生招生办公室。有98.33%的高校设有本科生招生办公室，有些是独立设置，有些设在招生就业处，有些隶属教务处，有些设在学工部（图4-7）。

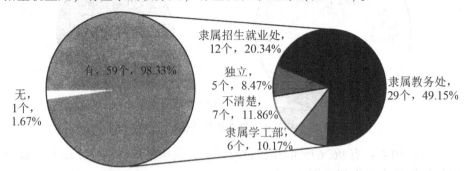

图4-7　本科生招生办公室设置情况

有96.30%的高校设有研究生招生办公室，只有一所高校是独立设置，大部分都隶属于研究生院，即使设有招生就业处，研究生的招生职能也不在招生就业处，而是在研究生院（图4-8）。

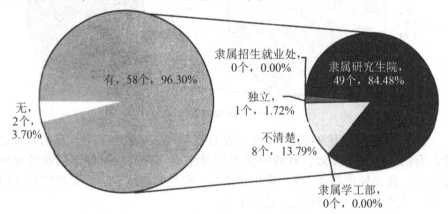

图4-8　研究生招生办公室设置情况

（三）主要学生服务机构设置

主要的学生服务机构包括心理咨询中心、学生资助中心、学生宿舍管理中心、留学生服务中心等。

（1）心理咨询中心：参与调查的高校全部设有心理咨询中心，从一个侧面反映了目前由于学生的学习、生活压力越来越大，以及独生子女等社会因素的影响，导致学生心理问题越来越突出的现实。从教育部、各省市到各高校，从校领导到一线辅导员都非常重视学生的心理健康教育和咨询

服务工作。但只有 13.33% 的高校的心理咨询中心是独立设置，有 63.33%
的高校心理咨询中心是挂靠在学工部，还有 23.33% 的高校在问卷中回答不
清楚该设置的隶属关系（图4-9）。

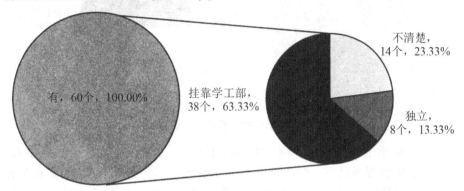

图 4-9　心理咨询中心设置情况

（2）学生资助中心：调查的高校中有 93.33% 设有学生资助中心，可
见，在国家对学生资助工作力度的加大，以及教育部要求高校成立学生资
助中心的情况下，高校比较重视学生资助工作及其机构设置。但只有
5.36% 的高校的学生资助中心是独立设置，有 66.07% 的高校是挂靠在学工
部，还有 28.57% 的高校在问卷中回答不清楚设置的隶属关系（图4-10）。

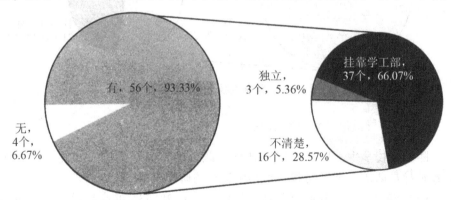

图 4-10　学生资助中心设置情况

（3）学生宿舍管理中心：有 86.67% 的高校设有学生宿舍管理中心，其
中，只有 2 所高校的学生宿舍管理中心是独立设置，大多数高校学生宿舍
管理中心挂靠学工部、后勤处或后勤服务集团（图4-11）。

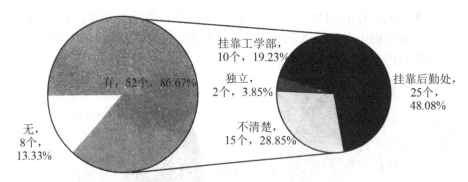

图 4-11　学生宿舍管理中心设置情况

（4）留学生服务中心：调查的高校中有 93.33% 设有留学生服务中心，或称留学生管理办公室、学生国际教育中心等，其中有 21.43% 的高校是独立设置，其他的都是挂靠外事处，或学工部，或国际教育学院等，或受访者表示不清楚具体的隶属关系（图 4-12）。

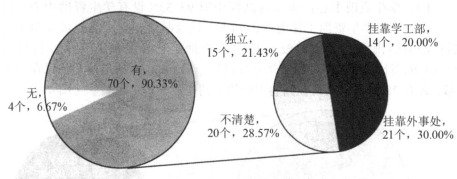

图 4-12　留学生服务中心设置情况

（四）辅导员培训和研究机构

随着高校学生工作的开展和辅导员队伍的不断壮大，一些高校成立了高校辅导员队伍培训机构和高校学生工作的研究机构。

（1）辅导员培训和研究基地。据调查，有 28.33% 的高校设有辅导员培训和研究基地，有的是独立设置，有的是挂靠学工部或某个院系（图 4-13）。

（2）大学生发展研究中心。为了更好地了解大学生的特点，更有针对性地开展学生工作，有 20.00% 的高校设有大学生发展研究中心，或青年研究生中心，有的是独立设置，有的挂靠学工部或团委（图 4-14）。

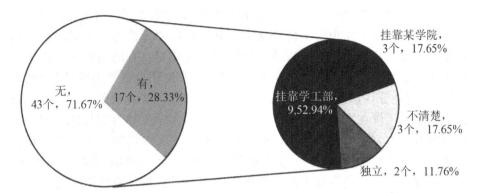

图 4-13　辅导员培训和研究基地设置情况

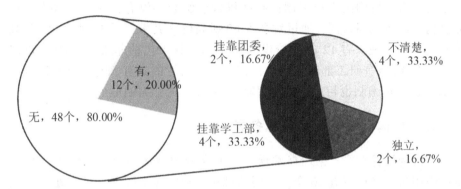

图 4-14　大学生发展研究中心设置情况

第二节　我国高校学生工作组织机构存在的问题

我国高校学生工作组织机构，经过不断改革发展，已经形成一套有中国特色的架构体系和工作模式，在高校人才培养中发挥了不可或缺的重要作用。但由于受高等教育发展状况、制度政策、人员素质以及历史传统等因素影响，在我国高校学生工作组织建设中还存在机构设置不科学、机构名称不统一、职责分工不清晰、人员配备不专业等问题，直接影响了学生工作在人才培养中作用的发挥。

一、思想重视不够、理念落后

一些高校在思想上对大学生思想政治教育、学生工作的认识不到位。尽管中央高度重视大学生思想政治教育工作，强调"育人为本，德育为先"、"要把思想政治教育放在首位"，但一些高校领导始终认为大学生思想政治教育是"虚"的，可有可无，教学科研是"实"的，才是第一位的。一些高校在学生工作理念上比较落后，有的高校领导认为学生工作就是搞点学生活动，甚至认为学生活动会影响学生的学习；有的高校领导认为学生工作就是管学生，只要不出事就行，学生工作队伍就是"消防员""救火队"，没有充分认识到学生工作是高校人才培养的重要组成部分，没有充分认识到学生工作在立德树人中，特别是在培养大学生社会责任感、创新精神和实践能力方面的重要作用。在工作中对学生工作机构设置和队伍建设不能给予足够的重视和支持。上有政策、下有对策，上级要求成立研工部、就业指导中心、心理咨询中心、学生资助中心等机构，有的高校将研工部与研究生院合署办公，有的高校将心理咨询中心、就业指导中心等挂靠在学生处，有些机构给人员编制，有些机构连编制都没有，甚至不成立相应的机构。以研工部为例，通过对全国60所高校（其中包括38所"985"高校）的调查发现：有12所高校没有研工部，其中包括非常著名的"985"大学；在48所有研工部的高校中，完全独立设置的只有5所，所占比例不到10%；人员编制也相差巨大，编制最多的11人，编制最少的2人。

二、机构设置不同、名称各异

从机构设置来看，据调查发现，目前高校中被认为应归为学生工作系统的组织机构名称有近20个，主要的机构有学生（本科生）工作处（部）、研究生工作处（部）、团委、就业指导中心、心理咨询中心、学业辅导中心、学生资助中心、学生宿舍管理中心等部门，以及各学院（系）学生工作办公室、院团委等，也有学者将高校学生群众组织如学生会、研究生会和社团等纳入其中。但目前，高校学生工作组织机构设置没有统一的标准，名字各异。有些高校只有一个大的学生工作指导委员会，有些高校各部门相对独立；有些高校研究生工作部和本科生工作部分别设置，有些则合二为一；有些高校团委是独立的，有些高校团委挂靠学工部；就业指导机构，有些高校叫就业处，有些高校叫就业指导中心，有的叫就业与创新指导服务中心，而有些高校把就业和招生职能合并一起，叫招生就业处，等等。

三、工作职责不清、交叉重复

从工作职责来看，高校学生工作的基本职责在于立德树人，促进学生的全面成才与发展，包括大学生思想政治教育、党建、学业辅导、校园文化活动、社会实践、生涯规划与就业指导、创新创业教育、心理健康教育与心理咨询、奖助、违纪处分、宿舍管理、安全稳定、危机干预与处理等。

但目前各高校的学生工作内容也不尽相同，有些高校的学籍管理在学生口，有些则在教务部门；有些高校的大学生党员发展和党员教育管理在学生口，有些则在组织部；有些高校的宿舍管理在学生口，有些则在后勤管理部门。各部门的职责分工也不尽相同，有些高校研究生和本科生分开管理，有些则统一管理；有些高校学生处既管学生的奖惩，还管就业和心理，甚至宿舍管理，有些则相对单一。各部门也存在职能交叉问题，如有些高校的团委、学工部、研工部、就业指导中心、教务处、研究生院都组织开展实习实践、社会实践等；有些高校的研究生奖学金、"三助"岗位管理则涉及研究生院、研工部、资助中心、教务处等部门。

第三节　国外高校学生工作组织机构建设与发展启示

一、苏联高校学生事务管理组织结构对我国高校的启示

苏联的高等教育是为苏联的国家和社会服务的，其高校学生工作体系在客观上与苏联政治、经济、文化、教育体制相适应，在相当长的历史时期内为苏联高等教育人才培养、高等教育事业发展发挥了积极能动的作用。然而从发展与对比的角度，站在今人的视角审视苏联高校学生工作体系，则不难发现其诸多局限，过于强调政治的教育理念、过于僵化的思维模式影响了高校思想政治教育的科学发展和效果，对我国具有一定的借鉴和反思意义。

（一）过分强调高校学生工作的思想教育职能，具有泛政治化倾向

一方面，过分强调将政治教育覆盖学生工作的全部内容和整个过程，导致学生工作缺乏科学合理定位，掩盖了学生工作事务本质。另一方面，虽然前苏联党和政府与各高校反复强调思想政治教育的重要性，也进行了一系列改革尝试，但由于苏联共产党自身理论创新不足，执政能力趋于弱化，使高校思想政治教育丧失理论基础，内容僵化教条，成效大打折扣，这与前苏联国内整体的政治形势密切相关。因此，我国高校要顺应时代变化，创新学生工作的教育理念和内容，用生动活泼的语言，坚持用马克思主义中国化的最新理论成果武装学生头脑，用社会主义核心价值观引领大学生思潮，共筑中华民族伟大复兴的中国梦。

（二）放松了党对高校学生工作的坚强领导，党组织涣散薄弱

一方面，前苏联高校内的各级党组织对教育行政管理没有领导权和决

策权，只具有监督建议职能。针对高校学生工作，党组织只对原则性问题进行监督，如工作计划与政策制度的确定等，而对大量具体工作则并不介入，都由行政负责人管理。严格的一长制管理与党政分离，使苏联共产党放松以致最终被迫放弃了对高校的领导。另一方面，苏联高校中的学生党员力量相对有限，党组织力量十分薄弱，长期单纯依靠共青团组织开展青年工作，过分强调"学生自治"，当80年代中后期苏联共青团日趋腐化、高校"学生自治"运动风起云涌变质之际，高校学生工作忽视党的后备军建设，特别是高校学生党员队伍建设，使得前苏联在同西方的高校和平演变争夺战中败下阵来，最终走向了全面崩溃。因此，我们要始终加强高校党团组织建设，发挥党团组织的战斗堡垒作用，发挥学生党员、团员的先锋模范作用，发挥学生党建在高校学生思想政治教育中的龙头作用。

（三）学工队伍建设滞后，管理机制不畅

前苏联高校在发展过程中，学生工作队伍建设相对滞后，轻视高校学生工作专业化、职业化建设，管理机制不畅。一方面，高校学生工作历来由担负教学科研任务的在岗教师负责，无论是担负领导职责的校长、系主任、教研室主任，还是学生辅导员、政治指导员，均为兼职身份，多无法全身心投入学生教育管理工作，加之个人能力水平和思想认识的差异，令工作成效良莠不齐，无法满足高等教育发展对学生工作的精细化、专业化的要求。另一方面，前苏联高校学生工作体系适用于分科细化、精英化培养的高校办学体制，在学生人数相对较少的专门学院运行较为顺畅，而在学生人数众多的多科性大学则存在较大弊端，由于缺乏独立的学生工作管理部门，降低了教育管理效力。因此要加强高校辅导员队伍建设和学生工作队伍建设，为高校学生工作提供有力的组织保障；要大力加强辅导员的能力培养、学历学习和业务培训，推进专业化建设、职业化发展。

二、美国高校学生事务管理组织机构对我国高校的启示

由于国情和校情的差异，国内高校很难完全模仿美国高校学生事务管理的机构设置和职能划分，但是其明确的职责定位分工、健全的管理体系、规范的制度和专业化的服务，值得我们学习和借鉴。

（一）进一步明确高校学生工作职责定位

高校学生事务是一门科学、一门学科，是一项具有很强专业性的职业。美国高校的学生事务部门机构独立设置，功能高度分化，分工明确，职责具体。我国高校要进一步明确学生事务工作的行业职责，明确工作范畴。

改变以往认为学生事务是"万金油""对学生的事统统包办"的传统观念。学生事务在自己的工作定位基础上，有所为有所不为，该是教学部门负责的，学生工作部门就不要抢活抢功，应该由社会负责的就不要统包统揽，该通过法律解决的就应按照司法程序办理。

（二）进一步完善高校学生工作管理体系

美国高校学生事务管理体系完善，实行学校集中管理的体制，学生事务管理的机构由学校统筹设置，职责权限在学校一级进行分配。学生事务机构设置扁平化、条块化，学校学生事务办公室下设的学生服务中心，分工细化，职责单一，职责不重叠，业务不交叉。学生事务工作运行机制为垂直化，根据职责分工，各学生事务服务组织各自开展工作，多头并进，呈条块状，并直接面对学生开展服务和指导。我国高校学生工作要进一步明确职责分工，做到专业而清晰，各司其职，避免部门职能重叠，人员任务分工不交叉，加强学校职能部门之间的协调配合，查缺补漏，避免工作重复布置；加强学校院系的协调沟通，避免校院脱节。根据学生需求，多头并进，直接面对学生进行服务。

（三）进一步推进高校学生工作制度化

美国高校学生事务制度完备、管理规范。学校严格按照法律和学校制度的规定和程序处理发生的各种事件。其制度和规定内容丰富，条例明确，执行程序严格，可操作性强，透明度高，覆盖面广，如饮酒制度、会客制度、留宿制度、课外活动申请制度等。依法管理，维护学生权利，美国高校一般都提供法律援助服务，涉及艾滋病、性暴力等各个方面，为学生提供完善的法律咨询服务。在美国学生因为违纪违法事务需要援助，高校的相关部门一定会提供非常周到的服务，并且确确实实是站在学生的立场上去和学校及相关的法律部门进行交涉，使学生真正信任他们。由于美国这些业务的费用昂贵，学校为学生提供服务是免费的，并且是在学生真正需要的时候提供帮助，所以不仅能帮助学生，还让学生相信学校、真正地感谢学校。我国高校学生工作要进一步推进依法管理，推进学生管理的制度化、规范化，做到制度和规定内容丰富、条例明确、透明度高；要进一步严格执行程序，学校做到严格按照法律和学校制度的规定、程序处理发生的各种事件；要进一步细化一些日常行为规范和制度，使其具有可操作性，如饮酒制度、会客制度、外出请假制度等。

(四) 进一步推进职员专业化

高校学生事务，自20世纪初与学术事务分离以后，在高校人才培养中发挥了自己应有的作用，各项工作不断分化，逐渐成为一种具有较高专业技能要求的职业。研究者发现，学生社团和各种学生事务服务项目有助于提高学生对学校的认同感和归属感，从而可以提高学生学习的积极性，促进学生多方面能力的发展。同时，研究者也发现，学生事务管理的成效不是简单的体力操作服务所能奏效的，实际中，学生事务的运作大有学问，学生事务管理已经成为一门学科。美国大学学生事务工作队伍已呈专业化、职业化趋势。专业化并非指从事学生事务工作的人员都是学生事务专业出身，因为学生事务涉及方面较多，需要大批多种专业或者复合型专业的人员。明尼苏达大学、托马斯私立大学等学校的心理咨询、生涯规划、法律援助等学生事务，对从业人员都有专业的要求和资格认证，如心理咨询要有心理咨询师资格、法律援助要求有律师资格等。要做好学生事务工作，职员的素质很重要，只有专业的职员才能提供专业的服务，才能满足学生的实际需求。而中国高校的学生事务工作人员的专业化程度比较低，这已经成为学生事务工作发展的最大瓶颈。另一方面，不是所从业人员的学位越高越好，而是要看岗位需求，根据实际需要，分不同层次的岗位需求录用不同层次学历的人员。

第五章 高校学生招生与就业工作研究

招生是人才培养的重要组成部分，是学生工作的重要内容。招生工作认真贯彻落实国家政策，严格过程管理，创新工作方法，生源质量稳步提高，为学校持续提高人才培养质量做出了重要贡献。就业也是高校人才培养的一项重要内容。

本章主要中国地质大学为例加以叙述。

第一节 大学招生与新生入学管理

一、招生工作的探索与创新

招生工作政策性强、影响面广，一头牵着广大考生的切身利益，一头连着学校的事业发展，历来备受社会关注，直接影响社会和谐稳定。近十年来，学校高度重视招生工作，不断完善招生制度体系，加强对招生工作的领导和管理，按照教育部"阳光招生工程"的要求，以公开促进公平、公正，精确管理、精细服务。招生工作赢得了广大考生的充分信任，生源质量逐年提高，为实现学校"一流本科"人才培养目标、实现办人民满意教育的目标做出积极的贡献。招生工作围绕制度体系建设、"教授选才"自主招生、招生宣传及信息公开等方面不断探索与创新，积累了一定的经验，取得了一定的成绩，同时对招生工作的持续推进提出了一些想法和建议。

（一）加强组织及制度建设，规范工作运行

组织是推进工作的重要基础。教育部 2003 年印发了《教育部关于普通高等学校招生录取工作监督办法》（教监〔2003〕3 号）的通知，要求高等学校应成立由主管招生工作的校领导、纪委书记和有关部门负责人参加的招生领导小组，统一领导学校的招生管理和监督工作。组长由主管招生工作的校领导担任，副组长由纪委书记担任。2005 年印发《教育部关于实行高等学校招生工作责任制及责任追究暂行办法》的通知（教监〔2005〕4 号），进一步明确了高校监察部门在招生工作中的职责。按照要求，学校成立以校长为组长，分管学工、教务、纪检的副书记、副校长为副组长，校办、教务处、纪检监察处、学工处等相关职能部门主要负责人为成员的本科招生工作领导小组，全面组织领导学校本科招生工作。领导小组根据需要，采取不定期召开会议的方式，对招生政策、招生计划、考试方案、录取方案以及招生中重要事项进行集体研究、集体决策；领导小组成员对自主招生、小科类招生等重要考试亲临现场组织部署、巡视考场监督检查。学校招生领导小组下设招生办公室（设在学生工作处）和招生监察办公室（设在监察处），招生办公室负责本科招生业务工作，招生监察办公室全程跟踪监督，重要招生活动共同协商制定政策、制度和相关规定，共同负责招生工作的实施。

制度是推进工作的重要保障。学校十分重视招生工作的制度建设，分别制定了计划管理、宣传管理、考试管理、录取管理、信息管理等制度，形成了较为完善的招生管理制度体系，切实保障了各项招考工作公平公正。一是认真学习上级部门出台的各项政策、规定，积极领会各项政策、规定的精神实质和具体要求，在各类招考方案的制定和高招录取的过程中，严格贯彻执行，确保工作中时刻有准绳。二是完善细化已有规章制度。每年修订《全日制普通本科招生章程》，并及时上报教育部审核；出台《学校本科招生计划编制和管理办法》，以学校红头文件形式下发《分学院分专业招生计划》，规范招生计划的管理；及时上报并公布各类《招生简章》，公开招生计划、报名条件、考试方式、录取原则；编制《自主选拔录取招生笔试工作手册》《自主选拔录取招生面试工作手册》《艺术类招生工作手册》《美术阅卷工作手册》《高水平运动员评委工作手册》《评委承诺书》等，对招生考试做出全面安排和规定；在高招录取过程中，为规范录取工作人员行为，严格现场管理，编制《高招录取工作手册》；在招生宣传过程中，为规范招生宣传人员行为，编制《招生宣传培训手册》等。这些手册详细规范了招考操作流程，让每位参与招考工作的人员能按照程序办事，使得各类招考工作有较好的程序控制，保障了招考工作的公平公正。

（二）强化政策执行和程序管理，规范录取行为

学校按照"坚决执行政策、坚持公平公正、提高生源质量、有利学生成才"的思路，坚持教育部"六公开，六不准"的工作原则，在学校招生工作领导小组和学工处的正确领导下，招生办公室不断完善工作流程，形成了成熟、高效的高招录取工作模式。

在高招录取期间，通过设立综合组、录检组和信息组，明确责任和分工，秉承"政策性原则""公平性原则""公开性原则""有利于选才的原则""有利于满足学生意愿的原则"和"集体决策原则"等，确保了录取过程的公开透明，录取信息的准确无误，录取流程的严格规范。综合组的

工作职责是核对各省计划、计划调整、做好计划执行情况统计，负责《招生日记》《招生简报》的编发和《生源质量报告》的编写，负责录取期间的接待、咨询和后勤服务保障，负责录取通知书的寄发和文件来信收发等；录检组的工作职责是阅看考生电子档案，根据招生政策提出录取意见并报招生办公室审核；信息组的工作职责是负责各类录取信息汇总、分发和通报，负责了解各省市特殊类型招生情况、统计模拟投档情况及录取系统数据备份，负责新生录取名册的整理和登记等。

总体来说我校高招录取工作呈现以下六个特点：

（1）流程清晰化。根据每年编制的《录取工作手册》，录检员可以清晰认识到自己的工作职责，每一项工作都有章可循。主要流程为录检员进入录取场所后，从综合组组长获取对应省份录取文件，并认真阅读文件，特别是录取时间安排、模拟投档安排、降分加分政策、体检要求、特殊类型投档办法以及本省特殊类型的学生名单等；登陆各省信息交互系统了解我校生源情况，提出投档比例建议；省招办投档后，登陆录取系统下载考生信息，并要求信息组备份数据；录检员阅读考生档案，注意体检受限专业，按照录取原则分配专业，并打印预录方案报录检组组长审批；录检组组长初审预录方案，确认符合录取要求后报招生办公室、招生监察办公室审批；招生办公室、招生监察办公室审核录取组提交的方案，确认后报招生工作领导小组审批；经招生工作领导小组确认后，录检员要求信息组再次备份数据并向省招办提交正式录取意见；省招办审核学校录取意见并同意录取结束；信息组导出录取数据并发布录取信息。综合组按照招生录取信息公开原则，公布录取信息，并做好咨询解释工作；信息组收集省招办寄发的录取名册。

（2）数据完备化。高招录取期间，信息组将统计各省模拟投档情况、计划使用情况、录取进程、各省份各科类录取分数线等，使数据更加完备，为决策提供科学依据，为信息公开提供数据支持，同时让录检员能够清晰把握实时录取进程。

（3）监督多样化。录取工作开始之前，招生办公室组织全体录取工作人员召开招考动员会，校领导及纪检监察部门进一步强调录取规范和纪律、招生办公室培训录取流程；录取工作期间，招生监察办公室全程参与，同时，招生办公室对录取各个环节进行规范和检查、对各类数据进行核实和统计，确保零失误，零差错。

（4）录取制度化。录取人员做的每项工作都有相应的制度和措施，做到有章可循，有文可依。一方面，充分明确了录取人员的责任和义务，另一方面，让招生工作更加公正、公开、透明。目前，我校招生录取已经形成科学的"信息公开制度""学院广泛参与制度""一岗双责制度""招生工作与招生监察并行制度"和"报批制度"。

（5）信息发布及时，以公开促进公平。目前学校采取多种途径，全方位向社会展现招生录取过程。对校内，通过短信平台，每天向各级领导传达招生录取最新进展；对校外，通过招生网，发布每天招生录取进程及录取分数线，及时更新招生录取查询系统，每日发表招生日记，供全社会监督；对录取人员，每日更新录取现场的录取进程，发布录取分数；此外，每年邀请各学院领导亲临录取现场监督工作、让其感受录取全过程。

（6）及时总结分析，做好后续工作。招生录检工作结束后，招生办公室及时进行数据录取备份、整理各类招录文档、编制生源质量分析报告，通过总结不断完善、促进招生录取工作。

（三）科学编制招生计划，满足人才培养需求

为深入贯彻落实全国教育工作会议精神和教育规划纲要，科学规范地编制和管理招生计划，促进教育公平和提高生源质量，更好地适应学校高水平特色大学建设的需要，选拔适合学校办学特色和办学目标的优秀学生，根据教育部招生计划编制的有关精神，学校于2012年制定了《中国地质大学（武汉）本科招生计划编制和管理办法》（以下简称《办法》）。

根据《办法》，招生办公室严格按照以下步骤开展年度招生计划的编制，即：调查研究，信息收集，情况预测，计划决策，计划实施。整个过程不断变化，不断分析，统筹兼顾。在制定招生计划时，既要强调宏观调控，实行招生总量的控制，又要注意微观盘活，给学院一定范围的自主权；既要考虑社会的需要，又要考虑学校的承受能力；既要考虑经济效益，更应注重社会效益，为国家培养高素质的专门人才。同时注重培养理论型、应用型、复合型、外向型等多种模式的人才；做好理工结合、文理交叉、学科相互渗透，拓宽专业口径，淡化专业界限，培养厚基础、宽口径、适应强、后劲足的各种专门人才，以适应社会和市场的需求。

招生办公室每年会提前向学院下发年度计划编制办法，汇总分析后，提交学校领导小组审批，同时，将修改意见发至各学院，学院再次提交计划编制，不断统筹汇总，最终形成学校年度招生计划。

一直以来，招生办公室都是在遵循教育部对于高校制定招生计划的方针和原则的基础上，结合社会需求和专业发展，听取专业权威人士的意见和建议，将高校的招生"入口"与就业"出口"相联系，建立较为科学的判断标准，寻找关键制约因素，提高制定招生计划的合理性和科学性。

（四）构建"教授选才"模式，选拔学科特长学生

我校从 2006 年开始成为自主招生录取改革试点高校之一（教学司函 [2005] 140 号），至今已连续十年在全国范围内开展自主招生工作。长期以来，学校积极研究高等教育发展规律，分析判断当前学校在创建地球科学领域世界一流大学过程中学校招生工作所面临的形势和任务，特别是《国家中长期教育改革和发展规划纲要（2010—2020 年）》颁布以后，学校进行了深入的分析研究，通过调研、讨论、查阅文献等多种方式，在全面总结近几年自主招生录取工作的基础上，充分认识到教授在选才中的重要作用。按照教育部关于高校开展自主招生录取试点工作有关精神，学校在 2011 年自主招生中明确提出了"教授选才"的自主招生模式，突出教授在学校人才选拔与培养中的主体地位，充分调动教授参与学校人才选拔培养的积极性，发挥教授对学生考核、评价的专业优势，发现和选拔有创新潜质、有学科特长、适合特定专业学习的优秀学生，切实将人才选拔与人才培养紧密结合起来，回答好"选什么人"和"如何选"的问题。2013 年教育部出台了《关于进一步深化高校自主招生录取改革试点工作的指导意见》，要求高校考核要结合本校专业特色，注重对考生学科特长、创新潜质的考查，注重以面试为主考查学生的素质和能力，注重为考生减轻备考负担；要充分发挥学科专家的作用等。根据《指导意见》，学校更加坚定了教授选才的自主招生探索方向，并于 2015 年取消了自主招生笔试考核。

（1）明确将具有创新潜质、学科特长、浓厚专业兴趣的优秀学生作为自主招生对象。几年来的自主招生实践，使我们越来越清晰认识到，自主招生作为高考招生录取的有益补充，选拔对象应为具有学科特长、创新潜质或专业兴趣特别浓厚的优秀学生，报名时要求考生除提供相关特质的证明材料外，还需要有特长学科的中学任课教师的推荐信和 3000 字左右的个人自荐报告，详细介绍自身成长经历及体会、个人对于所报考学科专业的认识、自身对于学习该专业的优势及取得的成果、进入大学的努力方向等。

为更好地吸引和选拔到具有学科特长和创新潜质的学生，学校 2014 年首次要求考生撰写《专业兴趣研究报告》（以下简称兴趣报告）。兴趣报告要求考生围绕学科特长选择研究主题，在老师的指导下，从课题的背景与意义、研究内容与目标、研究结论与成果等方面进行独立的调查与研究。此举大大提升了考核的有效性，学生自己给自己出题、自己调研及解答，充分体现学生的自主性、学科特长水平及解决问题的能力；同时，也为教授提问和评判提供了依据。此项改革受到校内教师及校外同行的一致好评。

对于特长特别突出或创新潜质特别明显的考生，学校积极争取优录政

策，经面试组一致推荐，报学校招生工作领导小组审批，商请考生所在地省级招办同意后，可在第一批本科控制线下适当降分录取，真正做到不拘一格降人才。

（2）突出教授在自主招生中的主体地位，构建"教授选才"模式。一是报名资格由教授代表审查确定。教授通过查阅考生高中任课教师的推荐信、个人自荐报告以及其他证明材料，结合本学科专业的特点，确定考生是否具备学科特长和创新潜质。二是初试命题工作由教授承担。结合学校主要学科特点，初试着重考查学生逻辑思维能力和对快速变化世界的反应能力。三是面试考核及评分工作由教授担纲。以考生自主选择的专业为依据，以专业所对应学院、学科为单位进行分组面试，每位学生面试时间不少于20分钟。每个面试组由5～8名具有副教授以上职称的教师组成，其中教授职称的专业教师不少于面试评委的三分之一。四是考核目标、内容及评分由教授裁定：学校只制定总体的面试流程和评分标准，具体考核内容和评分由各学科专业面试评委组根据考生的表现、结合本学科特点自行讨论确定，给评委以充分的自主裁量权。五是合格学生名单由教授确定。学校自主招生入围名单完全依据面试组各教授评分均值从高到低确定。教授选才自主招生模式的实施，发现了一批适合在相关专业培养的好苗子，同时促使考生及早了解学校、了解学科专业，得到考生及家长的普遍认可。

（3）营造良好选才氛围，以公开促进公平公正。学校积极营造良好的选才氛围，充分信赖并依靠教授独立选才，同时强化招考的程序管理。学校自主招生工作采取由学校招生工作领导小组统一领导，学校招生办公室牵头实施，学校教务处全程参与，纪检监察处全程监督。对于招生简章的制定和合格线划定等重大事项，均由学校招生工作领导小组集体讨论确定；考试环节采取招考分离，学校教务处负责出题、印卷，招生办公室负责组织实施和录取；面试考核每组除5名以上学科专家组成评委进行集中评议、独立评分外，还为每个评委组安排一名面试秘书，详细记录面试过程；评委组通过抽签确定考场、考生通过抽签决定面试顺序。对于可降至批次线下录取的考生，学校要求面试组给出明确的书面推荐意见，且全体评委签名确认，招生办公室将推荐表连同教授签名原样向社会公示。同时，学校还通过招生网、官方微信、官方微博等渠道及时主动公布报名条件、选拔办法和录取结果等信息，促进招考公开、公平、公正。

十年以来，学校不断完善自主招生考试制度、优化考试形式和内容、规范招考流程，在以上方面形成了行之有效的经验做法，也将在未来的实践中继续探索，切实做好选拔学科特长优秀学生的自主招生工作。

（五）创新宣传方式方法，增强招生宣传实效性

近几年来，考生填报志愿、选择专业更趋理性，不再盲目跟风，就业状况、可持续发展空间以及兴趣爱好成为重要影响因素。如何开展招生宣传工作，也就是招生宣传讲什么、怎么讲、谁去讲、通过什么渠道等十分关键。因此，构建有效的招生宣传体系十分重要。十年来，学校在巩固传统宣传途径的基础上，探索更有效、影响面更广泛的招生宣传形式，不断拓宽招生宣传方式，以吸引更多优质生源报考我校。

在宣传内容上，要介绍学校和学科专业特色、水平，介绍毕业生发展前景。在宣传方式上，要公共媒体与自有媒体、平面媒体与电视网络手机媒体联动，要大会宣讲与小范围宣讲、个别交流结合。在交流"语境"的选择上要贴近中学生偏好，在交流手段的选择上要尊重青年学生的习惯，用学生喜闻乐见的方式，比如运用新媒体，效果更佳。在宣传队伍上，要充分发挥教师的积极性，组织精干的"教授宣传团队"联系中学、联系学生、到中学去，建立互动交流机制。主要做法有以下几点。

1. 多媒体结合制作宣传资料

（1）宣传资料内容丰富、层面分明。学校每年制作当年宣传资料，根据多年的经验和实际宣传效果，传统的招生宣传海报、折页以及专业介绍用书必不可少。

海报内容不断完善，由早几年的陈列学校介绍、专业介绍等资料的形式，改变为现在的从校友情怀、学科联盟、创新平台、国际视野、精品文化、英才辈出等几个板块重点突出学校特色，通过图文并茂的方式增加了海报的吸引力，也有效弥补了以前海报上文字太多、内容生硬的不足。

宣传折页的内容也有所创新。2014年以前，折页的内容主要为专业介绍、文字较多、内容单一。经过不断调查及总结，近两年，折页上的内容拓展为特色培养、填报志愿关键词、近四年分省录取分数线及分省分专业招生计划。此项改革，极大地扩充了折页的内容、增强了折页的宣传功能。

招生章程暨专业介绍用书内容全面，包括学校简介、专业介绍、招生章程、招生计划、历年分数线以及学校奖励资助、就业创业、学历学位等重要信息。

中学生通过这三类宣传资料，从不同的层面、全方位了解学校：从海报上可以了解学校大体情况及特色，折页上了解当年招生各项重要信息，如果中学生想深入了解学校学院情况、专业情况等，招生章程暨专业介绍用书即可满足其需求。

（2）宣传资料多样化。学校按学院制作了招生宣传视频及"百名教授讲专业"宣传视频，视频从学科特色、校园生活等不同的角度，生动展现学校风貌，中学生通过视频了解学校，效果更好；学校制作了校友版、中学生版等不同版本的 PPT，用于宣讲；同时还制作了学校介绍、专业介绍的音频资料，制作了招生宣传图册，多媒体结合、不断扩充宣传资料的种类和内容。

利用这些资料，在招生宣传季，我们在本科招生网开辟"视解地大""声动地大""图说地大"等专栏广泛宣传，起到了很好的宣传效果。

2. 网格化布点、广泛建立生源基地

一直以来，学校积极倡导"教授回母校"开展招生宣传工作。所谓网格化布点，即一个老师负责一个中学或者一个地区，采取"一对一"的形式，旨在鼓励老师回自己母校或家乡所在地区的中学开展招生宣传活动，担任中学（或地区）与学校之间的宣传联络员，促进高中与高校的互动，广泛建立生源基地，指导优质生源志愿填报和咨询等，形成"定点定人"的长期固定的宣传模式。

根据网格化推进的工作要求，我们建立了《招生宣传专家库》，主动构建专家、教授与中学的联系，定期发送招生讯息，使专家、教授明确自身作为招生宣传队伍中一员的角色定位。自 2006 年以来，我校已有 500 余名专业教师与全国 676 所重点中学建立了"点对点"的联系，与 248 所省级重点中学建立了生源基地，不仅加强了与中学的联系、吸引了优质生源，还极大地扩充了招生宣传队伍、增加了这支队伍的权威性和专业性。

3. 深化"教授讲座进中学"，开展"大学先修课"

"教授讲座进中学"是学校积极推进"网格化"招生宣传的一项重要举措。每年邀请学校知名专家、教授回中学母校或家乡学校开展讲座，扩大学校在中学的影响，让中学师生了解地球科学、了解地质大学，吸引更多有志从事地球科学的中学生报考我校。

4. 开展"中学生地球科学夏令营"，普及地学知识

2012 年至今，在高考结束后两天，学校面向全国重点中学高一、高二学生开展地学夏令营活动。夏令营采取主营与分营相结合、学生参与与教师评价于一体的方式开展。中学生通过参加专家讲座、教授访谈、参观博物馆和国家重点实验室、观看宣传视频及各种实践活动，充分了解学校特色、普及地学知识。此外，中学生在报名环节选填自己感兴趣的学院，还

将参与这个学院的特色活动。学生在活动期间需要完成学习手册，以加深学习效果；学校还会邀请教授对营员进行评价，以服务于我校"教授选才"自主招生的大局。

5. 感恩于心，开展"我把地大带回家"学生宣传活动

2014年面向全体新生的问卷调查结果显示，有76.9%的新生愿意参与招生宣传活动，有66.3%的新生表示愿意为学校设计宣传品。根据这一结果，学校从2014年开始启动"我把地大带回家"学生招生宣传活动。学生通过立项策划招生宣传方案、经招生办公室审批通过后赴中学母校开展宣传活动，活动结束后提交结题报告。目前，此项活动已开展两届，有108个团队300余名在校本科生参与了此项活动。大学生们将我们的宣传海报张贴在中学校园；通过PPT宣讲，让中学生了解地质大学，通过学科小活动提高中学生的兴趣，还为中学带去了手绘明信片、地质锤小挂件等具有地大特色的小礼品。这项活动产生的宣传效果非常好，是"网格化招生宣传"的重要补充，不仅提高了学校在中学生中的知名度，还培养了学生的感恩之情、充分发挥学生作为学校"主人翁"的作用；同时，收集了贴近中学生的宣传品，补充了招生宣传资料库。

学校还开展了在校生感恩中学母校活动。通过获得国家奖学金的优秀在校生给中学母校写一封信，一方面表达对中学母校的怀念与感激之情，另一方面通过学生本人向中学介绍地大，让中学觉得更亲切，更具有感染力和吸引力。中学收到学校的贺信，通常将贺信公布在官方网站上，这对于学校而言，也起到了很好的宣传效果。

除了以上几种特色宣传方式，学校还在每年6月，派出全校百余名招生宣传老师，陆续深入全省百余所重点中学开展宣传工作；参加全国各省市官方咨询会；参加兄弟高校举办的校园开放日；同时，参与制作了主流电视媒体的招生访谈节目，接受了主流纸媒体的采访和电话咨询；学校热情接待中学来访，也积极参加中学校庆，与中学建立良好的联系；学校积极参与了教育部阳光高考平台以及各省教育厅举办的"网上咨询周"活动。

学校招生宣传工作是全年、全员参与的一项工作。通过多种方式、全方位、多层次的开展宣传工作，对提高学校知名度、吸引优质生源报考我校，不断提升学校生源质量起到了关键性作用。

（六）以公开促进公平，深入推进招生阳光工程

教育部2005年发布了《关于高等学校招生工作实施阳光工程的通知》（教学〔2005〕4号）和《关于进一步推进高校招生信息公开工作的通知》

（教学函〔2013〕9号），要求高校将招生政策公开、招生资格及有关考生资格公开、招生计划公开、录取信息公开、考生咨询及申诉渠道公开、重大违规事件及处理结果公开等。

我校一直以来严格按照教育部招生"阳光工程"实施要求开展各项招生录取工作，坚持教育部"六公开""六不准"原则，强化信息公开，以公开促进公平、公正。

1. 不断完善信息公开的方式、方法

（1）完善监督机制，深入实施"阳光工程"。学校制定了《中国地质大学（武汉）招生监察工作实施办法》（中地大纪字〔2013〕05号）和《中国地质大学（武汉）招生工作责任制及责任追究办法》（中地大纪字〔2013〕06号），建立了完善的招生监察制度和措施，成立了招生监察办公室，确保监督管理到位。在招生录取工作中，分管领导坚持到现场强调政策和相关纪律要求，同时积极巡视；招生监察办公室全程跟踪监督各个环节，对每个关键环节设置监督步骤，逐一实行签字手续。建立了完善的信息公开制度，以公开促进公平公正。

（2）促进招生工作阳光化，关键在于能及时准确地公布招考的过程信息和结果信息，保障社会特别是考生的知情权，主动接受监督。招生办公室积极依托现代信息技术，多渠道及时准确、详实地公布各类招考的过程信息和结果信息。一是建立官方微博，大大扩展了信息的有效、及时传播，发布内容包括招生宣传视频和各类动态。二是短信平台，目前短信平台发布对象涵盖到学校领导、各二级单位领导、各学院招生工作小组成员、学校部分知名教授、考务人员、生源基地联系人、各往来单位联系人约400余人，内容包括最新招生动态、录取动态、宣传信息等。三是网站平台，我们充分认识到网站平台目前已成为高中毕业生获取相关信息的第一渠道，招生办公室积极加强网站信息发布，发布内容主要为各类招生政策、公示名单、宣传资料等。

2. 不断拓宽信息公开的内容

（1）招生政策公开。每年11月到次年6月，学校对招生章程及各类小科类招生简章包括保送生、自主招生、艺术类专业、高水平运动队、高水平艺术团、第二学士学位等公布在教育部阳光高考平台和本科招生网上，供相关科类的考生查阅；同时将招生条件，工作程序，日程安排及录取办法都公布在学校本科生招生网上并印刷成册、以实地招生宣传等形式向社会进行公布。

（2）考生资格公开。每年 2—5 月，学校对自主招生、保送生、艺术类专业、高水平运动队、高水平艺术团、第二学士学位的测试结果以及获得资格的考生名单在学校招生网及阳光高考平台上进行公示，以接受社会的监督。

（3）招生计划公开。学校将分学院招生计划、分省市分专业招生计划以及艺术类、高水平运动队等小科类的招生计划在本科招生网上及时公布，并及时通过媒体、报刊向社会公布。同时将招生计划印制在宣传资料上，以供实地宣传所用。

（4）招生进程及录取信息公开。在高招录取期间，招生办公室第一时间将各省市的投档线、小科类录取线、计划执行情况通过短信平台发送给学校领导、各二级单位领导及各学院招生工作小组成员，受到一致好评。通过招生网站，每天一篇招生日记，生动、详细记载当天录取现场的情况，让广大考生和家长及时了解招生全过程，得到广大考生的欢迎和认可。此外，在招生网上公布的《高招录取进程表》《各省普通文理录取分数线》让考生第一时间了解录取进程和录取分数，其浏览量在短短两周内超过 10 万人次。同时，我校考生录取信息传递快速、公开透明，每个省市、每一科类的考生录取名单经各省级招办审核确定后，立即传送到学校本科生招生网上的"高考录取查询系统"，考生可以自行查阅，并通过接听咨询电话和现场接待等方式让考生知晓自己的录取情况。

（5）考生咨询及申诉渠道公开。招生工作一开始，学校就在校园网和各类宣传资料上公布了招生咨询、信访和申诉投诉的电话、地点和时间，随时接受来电来访，并必定给予答复。同时通过招生网留言板和官方邮箱实时解答考生疑问。

（6）生源质量公开。每年 8 月，及时总结招生工作，向全校详细公布分省份、分专业招生计划完成情况，学校在各省录取最低分，各专业第一志愿率情况以及录取新生基本情况，形成生源质量报告，并印刷成册发放给各学院。

（7）新生入学资格复查结果公开。根据教育部相关要求，学校每年都会开展新生入学资格复查工作、通过查询新生档案详细了解新生信息。2014 年起，针对艺术类专业、高水平运动队、高水平艺术团等特殊类型录取新生，还开展了专业测试复核。根据复查结果，将对查出的问题调查落实，并及时公布相关结果。

通过以上信息公开的方法，促进招生工作规范有序进行，实现了多年"零差错、零投诉、零纠纷"，赢得了良好的社会声誉。

二、新生入学教育与"新生引导周"活动

新生入学引导是大学新生认识学校和学院、树立专业思想、转变角色定位、适应大学生活、开启专业认知及学业规划、迅速适应大学等重要途径之一。学校始终高度重视新生入学教育工作,在不断加强总结经验和探索创新的基础上,逐步建立了新生"入学教育引导月"制度,加强新生入学教育,增强入学教育实效。

(一)指导思想和基本原则

将新生入学教育引导纳入学校思想政治教育工作总体系,纳入学生服务和管理工作的全过程,坚持"立足新生特点,服务学生发展"的理念,以"识读地大,适应大学,规划未来,做追求卓越的地大人"为主题,以"认知、适应、安顿"为主线,开展主题鲜明、内容丰富、形式多样的教育引导活动,帮助学生尽快熟悉校园环境,调适心理状态,了解所学专业,掌握教育资源,确立奋斗目标,规划学业职业,树立正确的人生观、价值观、世界观,促进学生全面发展。

新生入学教育以新生入校后急需了解或解决的问题为主,坚持学校普适性教育引导与学院特色教育引导相结合,坚持学校集中引导与学院自主安排相结合,坚持专职教育管理人员与兼职教育人员协同施教相结合,坚持普遍宏观指导与个体需求微观辅导相结合,坚持专题宣讲与其他教育引导形式相结合,力求让全体新生尽快了解学校、了解专业、了解大学生活的主要任务。

(二)新生入学教育主要内容

新生入学教育主要内容涉及以下七个方面:

(1)大学适应教育。进行全面的生活指导,帮助新生了解校园生活常识,熟悉校园周边环境及学校生活、文体活动、学习等场所和设施,掌握医疗健康基本知识,善于使用各种生活资源,以健康的身心和良好的精神状态顺利投入大学生活。引导新生正确认识大学与中学学习生活的差异,学会远离家庭后独立自主的驾驭生活;学会科学合理的消费、理财,用中华民族勤俭节约的美德教育新生养成良好的生活习惯。引导新生积极参加健康有益的课余活动,如社会实践、科技创新、文艺创作等各种竞赛活动,使他们在活动中拓展素质,陶冶情操。

(2)专业思想教育。入学教育是专业思想教育启动的最佳时机,没有牢固的专业思想就没有学习的兴趣和效果。以入学教育为契机,帮助新生

了解所学专业的基本情况和行业发展态势，了解学校促进学生专业学习与发展的各类资源并学会利用资源，培养学生对学院和专业的认同感，激发他们对探索真理和科学研究的兴趣，树立优良学风，刻苦学习，发奋成才。

（3）校史校情教育：积极开展校史校情及校训精神教育。加强对新生进行校史校情（包括院史院情）教育，帮助其了解校训、校史、校情、校貌及学校教育理念和发展目标，培养热爱学校的思想感情和对学校的认同感、荣誉感、自豪感，继承和发扬"艰苦朴素、求真务实"的校训精神。

（4）思想政治教育。帮助新生养成良好的行为习惯，结合军事训练，加强纪律教育与爱国主义教育，培养艰苦奋斗的作风和团结拼搏的团队精神，磨炼意志，强健体魄，提高抗挫折能力；积极开展网络思想教育，引导新生正确认识网络虚拟世界和现实的关系，教育新生遵守网络道德和国家法律，积极传播正能量，自觉抵制不良网络文化，有效利用网络资源，开阔对客观世界的认知范围，解决一些学习成长中的实质性问题。

（5）法纪安全教育。组织新生认真学习学校学生教育管理的各项规章制度，教育新生自觉遵纪守法，把各种规章规范转化为自觉的行为，使自律和他律有机结合起来。有针对性地开展安全教育，积极开展防火、防盗、防骗、防病、交通等方面的安全规定和紧急事故处理常识，指导他们提高自己的安全意识和自我保护能力。同时引导学生在公共场所要自觉保护环境、遵守秩序，有效地防范安全事故的发生，营造一个和谐的学习环境。

（6）身心健康教育。引导新生正确评价与定位自己，培养健康向上的情感和欲望，建立和谐的人际关系。通过心理咨询、心理讲座、团体辅导、心理学课等多种形式，帮助新生尽快完成心理上的过渡，学会正确认识自己、评价自己、定位自己，适应大学的生活环境和人际交往，提高自我心理调适能力，增强心理承受能力及抗挫折应变能力等。实施新生心理测评，建立新生心理档案，并进一步做好特殊个体学生的心理评估和辅导工作。

（7）学业与职业规划教育。帮助新生学会学习，掌握适合自己的学习方法，具备触类旁通的自学能力。在新生入学之初开展相应的学业与职业生涯规划教育，帮助学生树立职业目标，提高综合素质和能力，培养良好的就业观念。让新生提前了解社会对大学生整体素质的要求，引发新生对自身的发展、职业的选择进行积极的思考，指导他们根据自己的志趣和个性特点确定自己的奋斗目标，并拟订详细的个人发展规划。

（三）新生"入学教育引导月"活动

新生"入学教育引导月"活动是在前期新生入学教育活动和"新生引导周"活动基础上，不断实践探索出的新模式。新生"入学教育引导月"

以入学第一个月集中引导为主，前伸至寄发录取通知书及温馨提醒，后延至第一学年末，学校集中教育引导与分散安排相结合，采取课程教学、视频观看、仪式观礼、自主学习、座谈会与实地参观等多种形式，积极鼓励开展学生参与式、体验式、融入式活动。

以 2015 年新生"入学教育引导月"活动为例，学校集中教育讲座主题有"地大历史与地大精神""开启大学之门——点燃梦想之光""拓展国际视野——树立世界眼光""大学生安全教育""大学生疾病预防及卫生保健知识""图书馆资源介绍及使用"等，学院自主教育的形式包括学院开学典礼、专题讲座、主题班会、师生见面会、新老生交流会、家长见面会宿舍走访、踏勘参观等方式；同时依托大学生学习支持中心开展新生学习与适应方面的讲座。

通过入学教育，新生增强了集体归属感和组织纪律意识，对学校、学院有了初步的印象，了解了有关学习生活等各方面的规章制度和政策，增强了在新环境中生活的安全意识和其他基本的生活常识，对所学的学科和专业有了初步的认识，帮助他们迅速成为"地大人"。

第二节　大学毕业生就业创业管理与服务

一、就业工作探索与创新

十年来，学校加大力度推行校院两级就业工作"一把手工程"，不断深化教育教学改革，完善人才培养模式，强化学生创新能力和综合素质培养，加大对就业指导、就业资源拓展等环节的投入，充分调动各方面资源和力量，开展全员、全过程、全方位促进毕业生充分就业，形成了学校、学院、系（所）、校友"四位一体"的就业联动体系；开展"就业促进行"，加强就业市场建设，稳固重点行业（地矿行业等）、重点区域（珠三角、长三角等）、重点企业（500 强企业）的核心市场，逐步形成了就业市场的"圈层结构模式"，毕业生就业率和就业质量得到有效提升。

（一）立足国土资源领域，服务国家战略，引导毕业生基层就业

（1）引导学生赴西部就业。充分发挥"就业工作协作会"的平台作用，采取校企就业协作形式，巩固输送毕业生到行业基层与西部就业渠道。自 2003 年设立"西部地矿人才培养基地"的基础上，学校大力实施"西部高水平人才计划"、采取"订单式人才培养"、落实"大学生志愿服务西部计划"和"三支一扶计划"等措施，到基层和西部就业的毕业生人数逐年增

加。自2012年开始，每年10月，学校组织举办了西部矿业、中核集团地矿事业部、新疆地矿局等近30家西部地区用人单位参会的专场招聘会。十年来毕业生到西部就业总人数4099人，占协议就业人数的19.05%。

（2）拓宽学生基层就业渠道。学校深入开展毕业生到基层就业宣传教育活动，鼓励学生积极报考选调生、村干部计划、应征入伍，参加湖北省农村教师资教行动计划。2007年起，多次组织学校领导、老师看望农村资教毕业生，关心慰问学校资教生工作生活情况。组织优秀资教生代表回学校做报告，与在校生座谈，引导毕业生面向基层就业。2014年，学校依托行业市场对特色人才的需求，以战略合作等形式拓展毕业生就业渠道，与湖北鄂州、广东佛山签订校地人才培养合作的实质协议，同时积极邀请黄冈、宜昌、荆州等市委市政府组织机关事业单位和规模企业进校开展校园招聘活动，宣讲赴当地基层单位实习就业的政策措施，使更多的毕业生自愿投身到基层就业大军中去。

（二）积极拓展500强企业就业市场，形成多元化的就业市场格局

（1）建设通用专业就业市场。为了缓解非行业特色专业就业压力，提高就业质量，就业中心2006年启动了通用专业就业市场开拓工作，每年暑期分组分别赴江浙、广东等东南沿海经济发达地区，走访当地人才市场、知名企事业单位，先后与厦门、天津、苏州、无锡、广州、深圳等地人才机构合作，与东部沿海地区的企业建立就业（实习）基地。通用专业特别是通用理工类专业就业市场建设初具规模。

（2）深入拓展就业市场。2013年起，学校加大就业市场拓展的力度，积极抢占就业高端市场。学校领导先后多次带领专业教师和学工系统老师，分赴全国各地，开展"就业促进行"，重点开发500强就业市场。针对每一届毕业生的不同特点，学校新拓展了500强企业和非传统优势学科就业单位，形成了多元化的就业市场格局，拓宽了学生就业渠道。特别是2013年以来，中国石化、国家电网、中国黄金、工商银行、华为等500强企业吸纳了学校毕业生1550余人，占协议就业人数的23.40%。

（3）稳固传统行业就业市场。2006年学校举办了首届"地学人才培养高峰论坛"，研讨地矿人才培养模式，提高人才培养的针对性。2007年第二届高峰论坛专题讨论了地调、矿调人才培养方案，就两个专业学生的招生、培养、就业达成共识。学校先后与江西地矿局、福建地矿局等用人单位签订地调、矿调班培养协议，有效地巩固了毕业生面向行业的就业渠道。

（三）完善就业指导课程体系，提高就业指导质量

（1）不断完善就业课程支撑体系。学校自2007年起将"大学生职业发展与就业指导"列为学生必选的公选课，经过大约5年时间，构建了"一年级'大学生涯规划'+二年级'生涯团体辅导'+三年级'大学生职业发展与职业规划'+四年级'求职面试技巧'"的全程就业指导课程体系，总学时达46学时，计2个学分，使就业指导贯穿大学培养全过程。组织编写了教材"大学生职业发展"和多媒体光盘，并根据要求制定了教学大纲。通过集体备课、听课检查、开展就业指导多媒体课件大赛，提高教学质量。学院设有"日常就业指导教师"，专职教师达22人。自2013年起，就业指导课程归口学习支持中心统筹安排。

（2）构筑多维咨询测评体系，提供专业化就业辅导。大学生就业中心建有咨询会谈室、资料室，并设有专职的就业咨询人员；开通了日常咨询热线电话和网络日常咨询；建立了"湖北省人才评价中心地大测评基地"；校园教学楼内安装了"易就业传媒"系统；定期向学生发放《大学生职业生涯报》；向新生发放《生涯启航——新生职业生涯引导手册》；向毕业生发放《启程——毕业生求职指南》。学校为学生构筑了多维咨询与测评体系，满足了学生的需要，受到学生的好评。

（四）加强组织领导，完善就业服务保障体系

（1）继续实施"一把手"工程，健全管理保障机制。学校领导高度重视就业工作，2006年成立了以校长为组长的就业工作领导小组，各学院成立以院长为组长的就业工作小组，全员投入，将就业工作层层分解，逐个落实。十年来坚持实施"全员就业工程"，充分发挥专业教师、校友等资源优势，推进就业工作。2010年以来，学校领导多次召开专题会议研究部署推进就业工作。2014年学校开始执行就业工作两级教代会报告制度，保证就业经费、场地、人员三到位，建设了一支专业就业指导教师队伍，保障就业工作顺利有效开展。

（2）进一步规范工作流程，提供精细化就业服务。学校在紧抓市场拓展的同时，精心做好校园招聘服务工作，为招聘单位提供场地、人员、宣传等多方组织保障，提高用人单位的满意度。2008年启用"一站式"服务大厅以来，不断完善服务毕业生的功能，面向全校学生提供就业咨询、信息查询、就业推荐、协议书发放等一站式的柜台服务，即时、规范、高效办理学生推荐、签约、改派等手续，为学生提供贴心的就业服务。2012年起学校每年专门招募90余名学生为"校园招聘大使"，全程为用人单位服

务，配合用人单位做好招聘工作。十年来，学校每年组织校园专场招聘会400余场，举办大中型综合招聘会 8 场；每年进校招聘毕业生的用人单位600余家；每年通过各种渠道获取并发布有效岗位信息 3000 余条。

（3）全力构建多元化服务体系，提供"一对一"就业帮扶。学校整合就业指导中心、学院、系所和导师等多方力量，力争为有需要的学生提供全方位的"一对一"帮扶。通过微信、微博等新媒体向全校学生发布就业温馨提示，印发《就业指导手册》；各学院建立就业困难学生的工作台账，对离校未就业的学生进行跟踪服务，提供"一对一"的帮扶指导；发挥专业教师的作用，为毕业生推荐工作，并做好职业规划指导；邀请社会机构为报考公务员的学生进行讲座辅导；开辟就业支持心理咨询绿色通道，积极推荐困难学生到企事业单位实习实训就业；为家庭经济困难毕业生到外地求职发放路费补贴，近年来家庭经济困难毕业生就业率远高于学校平均水平。

当前高校毕业生数量庞大且逐年增长，同时我国经济下行，经济结构调整，传统行业面临困境。我校作为行业特色型高校，毕业生就业工作将面临更加严峻的挑战。今后，学校将进一步完善专业设置、招生、公共资源配置与就业工作的联动机制，根据就业形势和市场需求的变化，逐步优化本科专业设置和培养方案；以实施《提高生源质量与就业质量行动计划》为契机，按照招生、培养、就业三位一体，"供给侧"与"需求侧"两端发力的思路，进一步凝聚协同共识、创新运行模式，加强就业指导教师队伍建设，提升就业服务水平，深入推进就业市场建设，着力形成毕业生就业工作协调提质长效机制。

二、创新创业教育体系的系统构建

学校全力推进大学生创新创业教育工作，七大方面打造大学生创新创业教育体系。

（一）完善组织管理制度体系

为进一步加强大学生创新创业教育的组织领导，学校 2014 年 4 月 29 日成立了大学生创新创业教育领导小组，拟定发布"地大版青桐计划"《大学生创新创业教育发展规划（2014—2020）》（地大发〔2014〕48 号）和《中国地质大学（武汉）深化创新创业教育改革实施方案》（地大发〔2015〕45 号），从课程体系、师资队伍、实践活动、基地平台、服务体系、资金支持、创新能力、创业团队等全面规划学校创新创业发展，为学校创新创业教育纵深发展指明方向。参与组织召开以创新创业教育为主题的年度教育教学会议，全校展开创新创业大讨论，进一步解放思想，凝聚力量。

学校大力加强创业基地的日常管理，出台了《中国地质大学教学实验室开放管理办法（试行）》《中国地质大学（武汉）关于李四光本科创新培养计划的实施意见》《中国地质大学（武汉）大学生创新性实验计划实施办法》《中国地质大学（武汉）本科生自主创新研究基金项目实施细则》及《中国地质大学（武汉）震旦创新创业教育计划》等，进一步规范创新创业教育。自 2011 年国家大学生创新创业训练计划项目启动开始，学校颁发了《中国地质大学（武汉）"国家级大学生创新创业训练计划"实施工作方案》《中国地质大学（武汉）"国家级大学生创新创业训练计划"项目管理办法》，学校成立了由主管教学工作的副校长任组长，主管学生工作的副书记任副组长，由教务处、科技处、财务处、实验室设备处、学工处、团委等职能部门负责人和相关学院负责人任组员的三位一体的大学生创新创业训练计划工作领导小组，并设立了专门的"实验项目管理办公室"，由教务处处长兼任办公室主任，并由专职人员负责大学生创新创业训练计划的日常事务工作。2015 年学校颁发《中国地质大学（武汉）大学生创新创业基金管理办法》和《大学生创业学分认定管理办法》（地大校办发〔2015〕33 号）等文件，积极筹措资金为创业学生提供资助扶持，进一步完善各项配套政策。

（二）完备基地场所基础设施

在校级场地建设方面，学校建设面积超过 2000 平方米的大学生创新创业教育实践（孵化）基地（以下简称"基地"）暨创业基地总部，基地坚持准公益、半开放、企业化运作模式，为初创学生企业提供物理平台支撑。基地以大学生创新创业教育中心（以下简称"中心"）、武汉地质资源环境工业技术研究院（以下简称"工研院"）、武汉华铭聚创科技管理有限公司、大学生创业俱乐部、商业实战俱乐部等为依托，以各学院（课部）创新创业教育实践（孵化）分基地为支撑，以国家、省、市、区等关于"大众创业、万众创新"和"高等学校创新创业教育改革"的相关文件精神为指导，以提高学生创新精神、创业意识和创业能力为目标，努力搭建学校、政府、企业、金融机构、中介服务机构等在内的多方合作平台，着力建立完善大学生创新创业教育的长效机制，打造校园创新创业教育生态圈。

在校企（地）合作基地建设方面，在学校创新创业教育总部和创业指导中心的统一部署下，在学校有关部门的支持下，积极联合企业、单位，充分挖掘社会资源，逐步建立一批包括地矿、石油企事业单位、大型企业和新农村建设示范点在内的若干创业就业实践基地，依托定向就业单位、订单式人才培养委托单位和"地调、矿调班"培养合作单位，建立各类校企（地）合作基地，有针对性、有计划地组织学生团队开展创业实践。

在院系场所建设方面，根据全校的统一布置，配足物力财力，推进各学院积极筹建具有学院和专业特色的创新创业教育实践（孵化）分基地，为学生校内创业实践活动，尤其是初创团队的萌芽壮大与发展提供支撑。此外，依托各学院（课部）和重点实验室（工程中心）的学科专业优势，建成一批大学生科技创新活动综合实践平台和开放实验室，建设北戴河、周口店、秭归、龙泉山、大冶铁山等多个实习基地，每年组织数百名教师参与教学实习指导，形成了集教学实践、实习、创业及就业为一体的创新创业基地。

（三）健全创新创业教学体系

学校构建了以创业精神教育为核心的创业教育教学体系。一是创业类公共课程教学。学校开设了《创业管理学》《大学生 KAB 创业基础》《创业心理训练》《大学生创新创业导论》等公共选修课，供学生自主选修。在教学过程中，全体授课老师坚持体验式教学模式，坚持随堂满意度测试，通过课堂破冰活动、创业游戏、模拟训练等方式详细讲解创业精神、商业机会、创业者、企业建立、企业经营、创业计划书等各个模块，深受广大学生欢迎，截至 2015 年 12 月，共有 600 余人参加 KAB 创业培训。2013 年KAB 全国推广办公室在我校设立大学生 KAB 创业俱乐部，进一步推动了创业教育基础课程在我校的深入推广。二是必选课教学。学校将《大学生职业生涯规划与就业指导》列为学生必选的公共选修课，创业教育被作为课程教学中的一个重要内容。三是创业讲坛。学校将"创业讲坛"作为大学生素质教育的重要依托，注重讲坛质量，邀请微软终生荣誉总裁、新华都总裁兼 CEO 唐骏等创业成功企业家和社会名流来校为学生畅谈创业经验与体会。为加强朋辈引导，学校还有计划地安排成功创业的在校大学生与学生面对面交流。同时，与创新创业相结合的实验实践课程也在积极筹备中。

（四）丰富创新创业实践活动

学校大力鼓励和支持各类学生创业社团发展，创建创业模拟实验室，给学生提供创业实践机会，打造参与企业经营管理活动和模拟商业活动的平台，推动学生不断积累经营管理经验。每年开展创业实战模拟竞赛，并邀请相关企业老总和专家教授，为学生的创业意识的培养、创业技能的提高和创业精神的培养提供了良好的平台，并由此诞生了不少创业典型，如

"中国最牛大学生"学校珠宝学院 2007 级本科生张俊青等。每年参与创业计划竞赛的学生团队近百支,参与同学近 2000 名。学生在历次全国和湖北省"挑战杯"等各类创业计划大赛中均取得了优异成绩。

此外,2012 年,根据《教育部关于做好"本科教学工程"国家级大学生创新创业训练计划实施工作的通知》(教高函〔2012〕5 号)文件精神,在"全国大学主创新创业训练计划计划"项目开展的基础之上,学校将国家级大学生创新创业训练计划作为培养创新实践能力拔尖人才,推进传统人才培养模式的重要工作。学校从项目运行平台的搭建、经费支持、指导教师选拔配备、创新创业类教育教学条件保障、项目实施效果监管以及激励机制等多方面入手,构建了全方位创新创业服务体系,为学生及时开展项目研究、培养创新创业精神和能力创造了有利条件,旨在促进高等学校转变教育思想观念,改革人才培养模式,强化创新创业能力训练,增强高校学生的创新能力和在创新基础上的创业能力,培养适应创新型国家建设需要的高水平创新人才。

(五)强化创新创业资金支持

学校尽可能地为创业学生和创业校友提供支持和帮助。近来,学校先后投入学生科技专项基金逾 200 万元,各学院投入配套基金和奖励基金超过 500 万元。通过设立震旦创新创业基金,积极吸引社会资本、校友捐赠资金支持大学生创新、投资大学生创业。校友与社会合作处在学校教育发展基金中专门设立创新创业基金,用于开展对我校师生创新创业团队的各类创业投资,2015 年设立"无极道大学生创新创业基金"。2014—2015 年度大学生创新创业基金共资助 36 支团队,直接资助总金额 29 万元。支持建设创新创业基地、学生实习实训基地,资助创新创业队伍参与各类赛事,开展创新创业周、科技节和校园创新创业竞赛等活动,鼓励在校师生、校友以及校外人士参与创新创业活动,增强创新创业意识和能力。学校工研院 2014 年、2015 年对武汉中地水石环保科技有限公司和武汉中地南望晶生珠宝有限公司分别提供了 100 万和 30 万的创业股权投资,下一步还将继续为大学生创业优秀项目提供低息贷款、种子资金等融资便利。依托校友资源拓宽创业团队对外融资渠道,学校 2011 级学生高辉创办的武汉迅牛科技有限公司完成千万级融资。

(六)提升创新创业教育成效

创业团队是形成创业孵化项目的基础和前提,注重创业团队的培育和发展,对于促进创业教育的成效有重要意义。几年来,我校创业团队呈现良好发展态势。目前，学校有 200 多支创业团队，覆盖全校各个学院、各个年级和绝大部分专业，参加人数超过 1000 人。根据创业状况统计，全校 200 多个创业（计划）项目中，有专业特色或依据专业背景的项目超过 80%，科技类、产品类、发明制造类项目数超过 70%。

（七）构建创新创业综合服务体系

建立完善"学院创业联络员+中心创业辅导员+校外创业导师"的创业服务体系。各学院（课部）明确一名辅导员兼任创新创业教育专员，各个班级设立"创新创业委员"，打造"专员+委员"的学院创业联络员队伍；大学生创新创业教育中心安排专人负责创业辅导和创业服务工作。积极争取政府部门支持建立"大学生创业工作服务站"，开展创业意愿调查、创业环境评价，提供创业政策咨询、创业流程指导和跟踪服务，组织编写《大学生创业指导手册》，解决大学生创业"最初一公里"的各种瓶颈。对有创业意愿的学生，根据需要，组织企业家、专家学者或政府公务人员开展"一对一"的跟踪指导服务。建设开发大学生创业服务网，在线提供法律、工商、税务、财务、人事代理、管理咨询、项目推荐、项目融资等方面的创业咨询和服务；广泛收集创业项目、创业政策、创业实训等信息，建立创业项目数据库、创业政策数据库、创业导师数据库、创业专家数据库、创业校友数据库、创业先锋数据库等。

第六章　高校学生党建工作研究

回顾近十年的学生工作，学生工作处（部）持续深入贯彻中共中央、国务院《关于进一步加强和改进大学生思想政治教育的意见》文件精神，高举中国特色社会主义伟大旗帜，坚持社会主义办学方向，践行"以人为本、求实创新"工作理念，以学生党建为龙头，切实加强学生思想政治教育，进一步完善大德育体系，发挥德育课程、学科教学、社会实践和校园文化建设的协同作用，发挥网络思想政治教育功能。构建以学生成长发展为中心，以思想政治理论课为主渠道、主阵地，理论课课堂教学与日常思想政治工作有效衔接、解决学生思想问题与实际困难紧密结合、教育引导与实践感悟相互作用、线下工作与在线活动统筹互动的思想政治教育体系。

本章以中国地质大学为例加以叙述。

第一节　学生党建与支部工程建设

一、积极推进基层党组织建设，加强党员队伍建设

为了加强基党层组织和党员队伍建设，学校相继出台了《中共中国地质大学（武汉）委员会关于进一步加强和改进党支部建设的意见》《党员党性分析和民主评议制度》《关于党支部开展分类定级和晋位升级的实施办法》《中国地质大学（武汉）党员发展和教育管理工作实施办法》《中国地质大学（武汉）流动党员管理规定》等文件。严格贯彻落实《中国共产党发展党员工作细则》和学校《党员发展和教育管理工作实施办法》等文件精神，始终按照"坚持标准，保证质量，改善结构、慎重发展"的发展方针指导学校党员发展工作。近年党员发展情况良好（表6-1），各学院把发展重心移至低年级，努力做到把支部建在班上。

表 6-1　近年党员人数统计情况

年份	本科生情况			毕业生情况		
	学生数	学生党员数	学生党员比例/%	毕业生数	毕业生党员数	毕业生党员比例/%
2006	16676	2908	17.44	4319	1471	34.10
2007	16655	3139	18.84	3805	1526	40.1
2008	17339	3364	19.4	4050	1685	41.6
2010	17850	3811	21.4	4049	1830	45.2
2011	18136	4056	22.4	4120	1956	48.2
2012	18052	3764	20.85	4505	1950	46.15
2013	17985	3872	21.53	3492	1957	44.32
2014	18067	3023	16.73	4486	1565	34.89
2015	17972	2610	14.52	4508	1104	24.49

（一）切实抓好党校建设和教育培训工作

党委党校围绕教育培训职能，理顺了各分党校机构设置及人员组成，坚持抓好入党积极分子培训，每年开展两期入党积极分子培训班，指导分党校举办党员、党支部书记等各类培训。近年来重新修编了《大学生入党培训教程》并及时编印党校学习资料。为进一步改进入党积极分子培训的方式方法，集中研讨入党积极分子教育培训工作，发放党校工作调查问卷，调查问卷统计结果在一定范围内进行通报。

（二）积极探索学生党建工作模式

各学院德育工作组探索出一系列具有学院特色的党建工作模式，形成了一些好做法，不仅推进了学生政治理论学习，推动了学生主体性发展，更在学生中推崇了实践育人和奉献社会的精神。

（1）深入推进政治理论学习的做法。马克思主义学院发挥学生所学专业特长，组建"红色之声"宣讲团，到各党团支部进行理论学习宣讲活动。地球科学学院组织学生党员"地学之光"政治理论宣讲队，党员骨干谈政治理论学习和社会热点关注的体会，带领该学院各个班级开展政治理论学习活动。材料与化学学院制作党课微视频，用学生乐于接受的形式将党章党史等基本知识制作成微视频，供学生党团支部和班级学习。公共管理学院利用学院微信平台定期向学生推送时事政治学习内容，激发学生学习政治理论的热情；该院还成立政治理论学习兴趣小组，将对某一内容感兴趣的学生组建成一个兴趣小组，共同对某一内容进行关注和研讨，一个周期结束后各兴趣小组到各班级进行宣讲，共享学习研究成果。地球物理与空间信息学院开展"时事我来评"活动，每逢政治理论学习时间，由驻班党员向班级学生评述当时国际国内的重大事件。计算机学院开展"支部书记讲党史"活动，要求每位学生党支部书记深入各班级讲述党的历史。工程学院等多数学院举行党的基本知识竞赛和知识测试活动，敦促学生学习政治理论。

（2）深入推动学生主体性发展的做法。一是各学院加强学生党支部的思想建设、组织建设、制度建设等自身建设，不断提高支部引领广大同学主体性发展的能力。各学院成立学生党建工作办公室，多数学院探索学生党建四级工作模式。二是通过学生党支部和学生党员的"七个带动"，引领广大同学主体性发展。"七个带动"即"支部带动校风学风建设""支部带动学业发展""支部带动科学精神的培育""支部带动团组织建设""支部带动班级建设""支部带动宿舍文明建设""支部带动创新创业"。另外，各学院各支部还有各具特色的做法，如：环境学院施行学生党员发展"三行一禁"制度；外国语学院低年级党支部面向一二年级各班级开展通识教育活动；李四光学院本科生党支部施行流动图书馆，将每位党员的自购图书让学生共享，该支部还实施"五个一工程"；自动化学院党支部成立专业技能与科研指导小组，形成技能提升和科学研究等班级共同体。

（3）深入推崇实践育人和奉献社会的做法。各学生党支部和班级成立学习帮扶小组，实行结对帮扶；数理学院组织基础课辅导志愿服务活动，面向全校数学物理基础较差的学生进行一对一辅导；资源学院党员红星志愿服务队，目前已成立33个小分队，使志愿服务常态化；艺术与传媒学院2013级党支部、珠宝学院设计专业党支部、体育课部学生党支部结合专业特点开展志愿服务活动。这些做法彰显了实践育人的效果，提升了学生的社会责任感。

二、以"工程"建设为载体，扎实推进大学生思想政治教育工作

为进一步加强学校学生党建工作，增强大学生思想政治教育的针对性和实效性，学校党委实施了以学生党建为龙头的思想政治教育整装工程——"党徽照我行——支部引领"工程（下简称"工程"），先后制定《关于进一步加强和改进大学生思想政治教育的实施意见》《中国地质大学（武汉）学生党建"党徽照我行——支部引领"工程实施方案》《中国地质

大学（武汉）学生党建"党徽照我行——支部引领"工程指导手册》，通过各类主题教育加强学生理论学习，加强思想引领；通过支部建设和党员教育推进学生主体发展，强化思想引领；通过社会调查活动促进实践育人，巩固思想引领，不断完善思想政治教育工作体系，取得显著成效。

整个工程以"党徽闪耀"为核心，三大主题促进学生全面发展。明确以党建带团建，以党建促校风学风建设的工作思路，紧紧围绕"品德高尚、基础厚实、专业精深、知行合一"的人才培养目标，结合"照""我""行"之写（字）意，实现三个目标任务，贯穿学生党员自身发展、提高和先锋作用发挥的全过程，系统地推进学生党建和思想政治教育工作。工程建设三个目标是：理论武装取得实效；自我教育形成长效；实践活动富有成效。工程围绕思想政治教育目标，确定了三个主要实施内容。

（一）"党徽耀我心"，学生政治理论学习计划

以党的基本理论知识学习为核心，以"新苗培育活动"和"党员领航活动"为载体，夯实新生思想理论学习的基石；以爱国主义、党史党章教育为主线，依托课堂教育与思政网络两大阵地，坚持党建工作与主题教育相结合，努力拓宽思想理论学习的有效渠道；在坚持"三会一课"的基础上，有计划有步骤地推进"红色师资""系统教育""创新特色"等工作，采取多种形式拓展理论学习的方式方法，加强理论学习的深度和广度，增强学习的实效性，提高学生党员的党性修养。

（二）"党徽聚我力"，学生自我教育推进计划

通过开展"树好一面旗子，带好一班同学"活动，实现一个支部带动一个班级，创立支部建设与班级建设双赢局面；通过建立党员示范宿舍，实现学生党员辐射全体学生，形成良好的宿舍氛围。通过加强学生党支部建设，增强党支部的凝聚力、战斗力和吸引力，进一步扩大基层党组织的工作覆盖面和党的影响力。

（三）"党徽励我行"，学生服务社会行动计划

结合学院特色开展学生党建工作，各学院扎根本院文化，充分发挥创造性和主动性，传承优良，整合特色，形成学校学生党建工作的品牌成果。加强学生党员服务社会的意识，开展学生社会实践活动和志愿服务活动，增长学生党员综合素质和社会责任意识，努力践行为人民服务的宗旨。强化学生扎根基层、服务西部的意识。激励广大的学生党员树立远大志向，投身社会实践，在实践中报效祖国、成就事业。

三、"工程"推进项目化，注重发挥党支部和党员的引领作用

工程建设以学生班级为基本单位，以"驻班党员"为实施主体，以建设好、发挥好支部引领作用为重点，采取"项目制"运行方式，以立项建设为基本途径，推动学生党支部在实现项目目标任务中成长锻炼。主要围绕支部引领政治理论学习、支部引领学生主体性发展、支部引领实践育人与奉献社会三大类，结合"党徽照我心""党徽聚我力"和"党徽励我行"三大主题进行设计，通过加强学生政治理论学习和社会实践锻炼，推动学生党支部自身建设。2011年起，学校在全体学生党员中开展了"党员设岗定责"活动，学生党员根据自身实际，主动到校内各学生组织中任职，发挥党员的模范带头作用。在创先争优活动中，学生宿舍区设立了党员责任区制度、党员服务岗等党员实践平台，为广大学生服务；在建党九十周年纪念活动中，各学生支部广泛开展一系列理论宣讲和学习活动，让广大学生进一步深入认识党的先进性。

通过项目化手段，学生支部建设自己独特的党建活动品牌，以"学生党支部书记风采大赛""理论学习兴趣小组"和"红色之声"学生党员宣讲团为载体，深化马克思主义中国化最新成果宣传教育。"学生党支部书记风采大赛"对各学院学生党支部书记从政治素质、业务能力及"党徽照我行——支部引领"工程班级建设情况等方面进行交流展示，广大学生一同参与，既帮助各学生党支部改进工作方式、提高服务学生质量，又增进了广大学生对党建工作和党史党章知识的学习理解，同时也推进了"党徽照我行——支部引领"工程的建设，扩大了支部的示范引领作用。"理论学习兴趣小组"开展理论研讨学习活动，以学员研讨、辩论为主，通过研究探讨马克思主义理论原理、国际政治环境与国际关系、国内政治形势与政策，不断提高广大学生辨析不良社会思潮的能力，坚定永远跟党走的决心，加深对中国特色社会主义理论体系的理解和认同。"红色之声"宣讲团面向全校各班级宣讲我党在中国特色社会主义伟大进程中所形成的理论成果，学生党员谈体会谈见解、学生讲学生听，学生更易接受，目前"红色之声"宣讲团更扩大了宣讲范围，多次受邀到兄弟高校进行宣讲，已成为学生自主理论学习的重要方式和活动品牌。

第二节　主题教育工作开展

学生工作处（部）将社会主义核心价值体系宣传教育融入大学生思想政治教育的全过程，紧紧围绕立德树人根本任务，深入开展社会主义核心

价值观教育、"我的中国梦"系列主题教育活动，不断增强学生的三个自信，引导学生自觉培育和践行社会主义核心价值观，进一步加强思想引领的体系化、长效化、特色化建设。

一、主题教育实施主体

班级集体是主题教育活动的实施主体（与学生党支部、团支部和其他学生组织有机结合），学院（课部）负责主题教育督导落实和统筹推进，党委学生工作部和校团委负责主题教育活动的统一部署和效果评价。辅导员、班主任充分发挥学生骨干和学生组织的创造力、凝聚力与影响力，引导班级集体自主设计、筹划、开展和宣传主题教育活动。

二、主题教育具体设计

近年来，学校大学生主题教育主要围绕社会主义核心价值观个人层面"爱国、敬业、诚信、友善"的价值准则，结合"党徽照我行——支部引领"工程、大学生素质能力提升"摇篮"工程和"学党章党规、学系列讲话、做合格党员"教育活动对大学生提出的思想道德素质要求，开展主题教育系列活动，丰富思想政治教育内容和载体，强化思想引领。

（一）开展中国梦教育，加强政治认同

（1）教育目标。通过开展形式多样、内容丰富的"中国梦"学习实践活动，将爱国主义和理想信念教育融入育人全过程，引导学生筑梦、逐梦，增强学生政治认同。

（2）办法举措。抓住重要时间节点和重大纪念活动等教育契机，开展"中国梦"主题演讲比赛，引导学生树立远大理想，不断坚定信念；以国庆节为契机开展爱国主义教育，使学生励志为实现中华民族伟大复兴的中国梦而奋斗；开展"政治纪律与政治规矩""三严三实""两学一做"等学习教育活动，促进大学生党员领梦助梦；发挥"党徽照我行——支部引领"工程载体作用，提高理论学习和志愿服务实效，不断提升政治认同；利用"第二课堂"做好"千名学子寻梦行"主题社会调查活动。

（二）开展学业卓越教育，加强典型选树

（1）教育目标。以"学风建设年""追求学术卓越""大学生创新创业促进年"等为契机，不断激发学生自觉追求学术卓越的思想意识，促使学生潜心学习钻研，探求科学真知，将追求学术卓越作为自己的崇高理想和自觉行为；不断提升学生就业竞争力，培养学生爱岗敬业精神。

（2）办法举措。加强典型选树，形成"学霸画像""创业先锋""励志模范""红旗班级"等一批身边的典型系列；开展"课堂氛围大讨论"主题班会，引导学生分析课堂氛围不活跃的原因，自觉认识活跃课堂氛围的重要性，不断凝聚共识；举办"问题意识、质疑精神"座谈会、研讨会和培训班，引导学生在课堂上"手举起来、问提出来、话对起来"；开展内容丰富、形式多样的学习支持、创新创业支持活动，落实"卓越十条"，引导和带动学风建设；以五四青年科技节为契机，开展学业职业生涯规划大赛、创业大赛等活动，培养学生敢于挑战、勇于创新、严谨求实的科学精神。开办"助理学校"，开展学生职业礼仪培训，提升职业素养。

（三）开展诚信友善教育，提升道德品质

（1）教育目标。引导学生领会诚信友善的内涵，正确认识诚信友善与道德、大学生成长成才的关系；引导学生自我教育，自我完善，自觉加强诚信建设，牢固树立诚信为本，操守为重，守信光荣的信用意识和道德观念，养成诚信学习、诚信待人、诚信处事、诚信立身的良好习惯；加强诚信与社会责任教育及志愿精神教育，充分利用社会服务、公益活动等平台培育大学生公民层面价值观，提升大学生的思想道德素质，指导大学生的日常行为。

（2）办法举措。进行主题宣讲、学习研讨等活动深入推进诚信法治教育；建立学生成长档案，将学生诚信表现记入成长档案；支持学校公益社团等组织，充分利用社会服务、公益活动等平台培育大学生公民层面价值观，勉励学生结合专业特色服务人民、奉献社会；利用媒体，加大诚信、廉洁、志愿教育宣传力度，讲好优秀大学生群体故事，让诚信友善深入人心；开展诚信考试、诚信受助、诚信就业等诚信教育，引导学生扎实学习，以实际行动践行诚实守信的做人准则。

（四）开展传统文化教育，提升人文素养

（1）教育目标。汲取中华优秀传统文化营养，发挥传统文化在思想政治教育中的作用，引导学生树立民族自尊心、自信心、自豪感，从中国传统文化中挖掘和汲取精神营养，不断继承和发扬传统的美德、良好的风范、高雅的情趣、昂扬的气概、坚韧的意志、顽强的追求，帮助大学生树立正确的世界观、人生观、价值观。用传统文化滋养具有地大特色的学校文化。

（2）办法举措。开展民俗文化展、中国传统文化专题讲座、经典书籍品读会等传统文化学习活动；开展以爱国主义为核心的传统美德教育活动、传统节日教育活动、传统礼仪教育活动、传统文艺、体育活动等；开展高雅艺术进校园活动、做好"大地之光"排演工作；利用假期学生与家人团聚的时机，开展孝敬父母教育，弘扬德孝价值观理念。

（五）开展校训精神教育，促进知校爱校荣校

（1）教育目标。把校训精神贯穿于学生校园生活学习的全过程，引导学生认真学习校训精神，主动了解"地大故事"、荣于宣传"我的地大精彩"、勇于践行"地大精神"。

（2）办法举措。从新生入学教育抓起，邀请学校领导、知名教授、优秀校友等以不同方式向新生讲述地大传统和地大文化，进行校史和校训精神教育；编纂《地大故事》，宣传地大精彩，鼓励学生学校史、知校情、做传人；开展"地大·我的故事"主题演讲比赛，将地大精神教育融入学生成长点滴；围绕学院特色形成"一院一品"的学院人文特色和育人文化；在毕业生中开展"赴基层，入主流，让青春在祖国需要的地方闪光"主题教育，开展"母校伴我成长"等爱校荣校教育活动，引导学生感恩母校、感恩社会、励志报国。

三、2016 年主题教育重点活动安排

（一）建党 95 周年主题教育活动

抓住建党 95 周年教育契机，开展主题教育系列活动，着力增强学生宗旨意识、政治意识，提高党性修养。结合"两学一做"主题教育活动，6月份在全校范围内开展党章党史知识竞赛，在全体师生中掀起学党章、知党史的热潮；开展学生党员"两学一做"专题网络培训学习成果分享交流会；开展十佳党支部和党员评选活动，7 月初举行"学生党员学党史感党恩跟党走"主题党日活动暨"党徽照我行——支部引领工程"总结和表彰活动；组织全体师生观看《建党伟业》，引导学生坚定理想信念。

（二）纪念长征胜利 80 周年主题教育活动

红军两万五千里长征锻造了牺牲与奋斗的长征精神，升华了百折不挠、自强不息的伟大民族精神，利用长征胜利 80 周年契机开展主题教育活动是对学生进行社会主义核心价值观教育的生动教材。由学生工作部统筹策划，各国防生培养学院承办，组织全体学生在 10 月份开展纪念长征胜利 80 周年主题教育活动；组织开展纪念长征胜利征文比赛；动员学生组队开展"长征故事我来讲"主题宣讲活动；开展"重走长征路"为主题的校园内远距

离走路锻炼活动，在浓厚的氛围中潜移默化，将长征精神内化为学生的精神需求。

（三）五四青年节主题教育活动

以五四青年节为契机，持续开展好"我的中国梦"和"四进四信"主题教育。通过"五月的鲜花"五四评优系列活动，选树"五四红旗团委、五四红旗团支部（标兵）、标兵学生会、十大标兵社团"等集体典型，以及"十大杰出青年、十大标兵学生、优秀共青团干部、优秀共青团员、百名好支书/好班长、大学生创新创业先锋"等先进个人。以"与信仰对话"报告会、"奋斗的青春最美丽"故事分享会等为载体，大力开展理想信念教育；依托"寻找感动"计划，通过网络访谈、视频录播等方式选树核心价值观代言人；尝试设立"我的第三只眼"成长特训营，鼓励青年学生开展思辨、增强合作、学以致用。

（四）金秋诗词大会

为提高学生人文素养和对传统文化的传承，在 11 月份开展校园金秋诗词大会。金秋诗词大会由学院组织初赛，推荐优秀学生参加学校比赛，分为诗词拼写和诗词创作两个相互独立的竞赛版块，诗词拼写采取现场竞答的方式决出优胜者，诗词创作由全体师生投票方式决定高低。以趣味竞技的方式激发学生学习古诗词、了解传统文化的热情，以投票互动的方式带动全体师生学习鉴赏诗词、培养高雅情趣，增强学生文化自信心和自豪感。

（五）社会实践主题教育活动

利用寒暑假时间引导鼓励学生根据兴趣爱好、时政热点和社会需求开展"三下乡"、社会调查、志愿服务等实践活动，在实践中了解社会、提升自我、接受锻炼，培养学生社会责任感和实践创新精神。

第三节　社会调查与实践育人

实践育人是大学生思想政治教育的有效途径。学校充分发挥实践育人在学生品质养成、科研创新等方面的积极作用，将社会实践和教育教学相衔接，形成"大教学观""大实践观"。扎实推进实践育人工作，引导学生深刻理解社会主义核心价值观在国家、社会、个人等层面的基本要求，深刻领会中国梦的内涵，并掌握其丰富内涵和精神实质，让学生在实践过程中"受教育、长才干、做贡献"，培育和践行社会主义核心价值观，将个人发展融入实现中国梦的伟大进程中，坚定对中国特色社会主义的道路自信、理论自信、制度自信和文化自信。

一、广泛实施社会调查，构建实践育人工作机制

学生工作处（部）认真贯彻落实教育主管部门关于实践育人相关文件精神，积极推进实践育人工作的制度创新、方法创新。从 2007 级本科生开始全面推进"社会调查"实践教学工作，2009 年学校印发《中国地质大学（武汉）开展"社会调查"实践教学工作的意见》，要求全体二年级学生参与社会调查，建立了课堂教学与实践教学的对接机制。

实施"社会调查"实践教学，极大动员和引导学生积极参加社会实践，有效延伸思想政治教育理论课课堂教学活动，创新了大学生思想政治教育活动的形式和内容，不断增强了大学生思想政治教育的针对性、有效性。"社会调查"实施过程中，实现了实践教学课与暑期三下乡社会实践活动、企业走访、"励志圆梦行"活动有机结合，暑期主题实践活动与"党徽照我行——支部引领"工程建设有机结合，学院副书记、辅导员指导与马克思主义学院专业教师指导有机结合，不断完善社会调查的组织领导机制、协调运行机制、考核评价机制和保障机制，推进实践育人工作。

二、明确社会调查主题，突出学科专业特色

为深入推进实践育人工作，近年来学生工作处（部）制定实施暑期"千名学子寻梦行"大型社会调查品牌活动，形成八个实践主题。

（1）"地学强国梦"教学实践活动。结合暑期专业教学实践活动，在实践中发现新知，运用真知，在解决实际问题的过程中增长才干、提高能力、锻炼专业技能，培育科学素养，切实掌握建设国家、服务人民的过硬本领，为走上社会、成就事业打下坚实基础，构筑"地学强国梦"。

（2）"西部建功梦"走访调研活动。通过寻访长期坚守西部基层、默默奉献西部建设的优秀校友活动，深度挖掘不同时期、不同领域地大学子的"西部人生故事"和感人事迹，深刻领会地大精神的魅力和丰富内涵，从而激发广大同学的自豪感和归属感，自觉弘扬艰苦奋斗精神，以优秀校友为榜样，树立服务西部、建功西部的意识，构筑"西部建功立业梦"。

（3）"自主创业梦"调查研究活动。通过深入企事业单位基层一线开展实地调查，进一步了解社会、企事业单位对人才需求的状况，以及对毕业生特质的要求，促使自身提前做好职业生涯规划，增强职业体验，提高就业能力。广泛了解各行各业企业发展状况，走近和接触企业家，寻访创业

经历，体会创业艰辛，学习创业精神，激发创业欲望和动力，构筑"自主创业梦"。

（4）"新农村发展梦"走访调研活动。通过深入农村开展政策宣讲、实地调查、专业服务等活动，宣传党的十八大精神和中央惠农政策，实地观察农村改革发展的可喜变化，将所学专业知识与新农村建设、农村发展、新型农民成长等热点问题及农村发展切实需要解决的问题相结合，使暑期社会调查体现时代性、富于创造性，并具有实际的意义和价值，为新农村建设做贡献，畅想改革创新时代的"新农村发展梦"。

（5）"美丽中国梦"调查研究活动。通过对环境和生态保护等相关问题的实地调查，发现在生态文明建设中存在的问题，利用所学专业知识为地方政府、企业提出合理化建议，为区域经济发展、产业结构调整、企业转型升级、环境综合治理等提供智力支持，为经济发展与环境保护的协调、和谐、可持续发展做贡献。同时，通过切身的感受和体会，增强环保意识，畅想生态文明建设进程中的"美丽中国梦"。

（6）"双百励志圆梦行"学生家庭走访活动。通过对经济困难学生家庭走访，宣传党和政府的惠民政策，提升资助成效，完善资助体系，确保资助工作的公正公平；深入了解贫困学生家庭真实状况，增进辅导员对家庭经济困难学生的了解，加强学校和家庭的沟通交流，为学校学生教育管理工作赢得有效的社会支持；帮助家庭经济困难学生树立克服困难的信心。

（7）"成才立业梦"百强企业面对面活动。通过对企业基本情况调研、员工访谈、工作助理体验等多项综合实践内容，充分了解企事业单位发展历史、组织架构、人才结构、用人需求、主营业务、经营状况、发展趋势等基本情况，了解单位选聘毕业生的基本要求、毕业生入职后的发展路径、单位对学校人才培养的要求和建议。帮助学生树立正确的就业观和职业观，激发学生提高学习热情、自觉培养过硬本领，为实现成才立业梦想积蓄能力。

（8）"繁荣复兴梦"民族地区走访活动。走访民族学生家庭，了解民族地区经济社会发展现状，了解民族学生成长的环境及经历，了解各民族优秀文化传统。提高学生社会交往和表达能力，培育学生服务民族地区的意识和本领，强化政治意识和责任感，增强民族教育管理服务工作的针对性和实效性。

三、社会调查影响广泛，凸显实践育人成效

自"千名学子寻梦行"活动开展以来，学生广泛参与，每年约有700多个团队，3000多余人次参加。近年来，在湖北省社会实践表彰评比中，

学校均获得"优秀组织单位"荣誉称号；2014年和2015年学校被评为"全国大学生暑期社会实践活动先进单位"，李四光学院《恩施市含硒地层与富硒茶种植区域调查——以芭蕉侗族乡为例》获评2014年全国重点团队，"'夏心续梦'赴山西爱心支教团"获评"2015年全国优秀团队"，"赴舟山'渔我同行'社会实践团"获评"2015年全国百强实践团队"。

学校注重发挥典型示范作用。优秀实践成果汇编成册，并在全校做宣传展示。利用门户网站、广播台、微博微信、海报、橱窗等宣传阵地广泛宣传实践育人活动中涌现出的典型人物和团队，发掘报道学生身边的实践典型和感人事迹，定期开展交流会、座谈会的实践成果报告会等，在全校范围内营造出实践育人的浓厚氛围，形成社会调查与思想教育、实践教学、就业创业、资助关怀相关联的五位一体实践育人格局。

第七章　高校学生学习和生活管理工作研究

学习是学生的第一要务。随着高等教育教学改革的深入，伴随着学分制的推进实施，广大学生产生了多样化、个性化的学习和发展需求，学习过程中也伴随着诸多学习问题，学校学生工作始终围绕学术知识、职业知识的学习和职业道德伦理的养成，以学生学习为中心，布局和开展本科生德育工作，着力服务支持学生学习。根据当代大学生特点，加强大学生教育引导，强化学生日常管理，提高安全防范能力，对保障学生健康成长至关重要。

本章以中国地质大学为例加以叙述。

第一节　大学生学习指导与管理

一、不断探索学生学习与发展支持新举措

十年来，围绕促进学生刻苦学习、卓越成才的中心任务，我校学生工作不断探索实践并总结出诸多举措。一是新生入学后首抓学习动机，强调学习的必要性，讲清讲透为什么、学什么、怎么学的问题。让学生明白大学必须以学为主，掌握学习要求和学习方式。开展大学生涯教育，激发学生的生涯规划意识，通过学业生涯设计、职业生涯规划等方面的授课与训练，引导大学生科学客观分析自己，明确自身"兴趣、性格、能力和价值观"。二是经常开展学风大讨论，夯实学习心理基础。把班级作为学习的重要组织，营造良好的班级学习氛围，通过班级动员大会讨论学风问题，从高等教育的目的和意义、学生个人职责、人才培养基本要求、家庭和社会期待等多方面进行积极的讨论，加强思想教育，引导学生的学习兴趣，让学生自主的学习、自由的探索。三是注意抓好学生骨干培训，强化骨干学生起到模范带头作用，规范学习生活秩序，督促班级同学积极投入学习，建设学习型班集体，带领班级互帮互助，共同进步。四是与社会单位对人才的基本要求相结合，引导学生注重培养专业兴趣，不断明确学习的方向，加强学习的针对性，提高专业技能及综合能力，增强学习动力。五是强化激励措施促进学风建设。为促进学生专注学习、专注学业，实施大学生日常学习学术奖励办法。在整个资助体系中，实施发展型资助，变结果考评

为过程支持。加强学习实践、科技创新的奖励力度，激励学生开展探索性学习。在对学生的评价中，实施综合测评，综合测评中学业成绩比重不能低于65%。六是开展学习支持帮扶促进学生学习，大力开展科技活动，帮助同学进行探究式学习，激发学习兴趣，拓展学习成果。成立了学习支持中心，选拔优秀的学生来帮助有学习困难的同学。在学生生活园区，建立学园辅导中心，实行"阵地化辅导，门诊式作业"，让每一个需要学习帮助的学生获得支持。同时，积极利用党支部的力量加强学习支持，在"党徽照我行——支部引领工程"实施中，以支部建设为核心，学生党员为先锋，开展"一帮一"学习辅导活动，带动整个班级、整个年级的同学投入到积极学习的行动当中来，加强了学风，促进了全体学生的学习。

十年来，学风建设始终作为年度学生工作的重点，时刻努力把学生的注意力转移到学习上来，注重从新生入学开始抓，协同校团委和研究生工作部调整了学生社团招新时间，并组织指导各学院开展了学风建设动员会、学习困难学生摸底调查，狠抓考风考纪，促进学生专注学业，营造良好学习氛围。各学院形成了丰富多彩、成效明显的学风建设活动，如地学院"赛恩师"系列学术活动、资源学院"寻找李四光"卓越工程师活动、材化学院"身边的化学"、环境学院开展"环境艺术节"、地空学院开展"伙伴计划"一帮一帮扶活动、经管学院"经济管理论坛"、外语学院中西文化月活动、数理学院建设学习辅导支持中心、计算机学院召开的基础课教师座谈会、公管学院两会论坛、珠宝学院学风建设"十个一"工程、传媒学院学生签订《学风建设承诺书》等活动，这些有利于培养学生学习兴趣和引导学生积极投入研究性学习的活动极大地激发了广大学生学习的热情，学生热爱学习之风逐步养成，学习氛围日益浓厚，各学院学生不及格率普遍降低。

二、目前本科学生学习状况分析

学校在2015年面向全校19个学院各年级本科学生开展学风状况调查，问卷主体部分由25道客观题构成，主要涉及学习目标、学习投入、学习方法等维度，采取定性分析与定量分析相结合，上述维度调查结果分析如下：

（1）学习目标维度。学习目标维度主要调查学生在大学阶段学习的主要目标、学业规划情况。从整体情况看，学生学习目标较为明确，大部分同学有学业规划。但在学生的学习目标引领和学业规划指导方面仍有较大的改进提升空间。

调查显示，在学习目标方面，大部分同学有明确学习目标，其中有45.8%的同学选择了"全面提升自身素质"，35%的同学选择"为找到好工作做准备"，选择"为今后深造做准备"的占 11%，选择"完成学业获得文凭"的占 6.6%，另外还有 1.3% 的同学选择"从未想过"。

调查显示，在学业规划方面，有 60.81% 的同学选择"有大致的规划"，11.98% 的同学选择"有详细的规划"，22.15% 的同学选择"偶尔制定规划"，还有 5.06% 的同学选择"没有规划"。

（2）学习投入维度。学习投入维度主要考察学生学习态度（积极程度）、课余时间活动安排、课余学习时长、独立完成作业情况和参加学术活动情况。从整体情况看，大部分学生能够较主动学习，大部分同学课余学习时间在 1～3 小时之间。调查结果显示，学生课余活动中安排学习的占比偏低，有近三成的同学作业偶尔抄袭或经常抄袭，学生参加学术活动的积极性不高，这些问题亟待解决。

在学生学习主动性方面，调查显示，有 17.24% 的同学选择学习状况"积极主动"，57.44% 的同学选择"较主动"，21.7% 的同学选择"被动应付"，还有 3.62% 的同学选择"基本没学"。

在学生课余学习时间安排方面，调查显示，选择课余学习时间为"2～3 小时"的同学占 40.3%，选择"1～2 小时"的同学占 31.5%，选择"4 小时以上"的同学占 17.7%，还有 10.7% 的同学选择课余学习时间为"1 小时以内"。

在学生参加学术活动方面，调查显示，选择"偶尔参加学术活动"的同学占 69.41%，选择"经常参加"的同学占 15.64%，选择"从不参加"的同学占 14.95%。

（3）学习方法维度。学习方法维度主要考察学生做笔记情况、考试备考情况、课堂行为状况以及与任课老师沟通情况等内容。从整体情况看，大部分学生在课堂中以听讲为主，相当一部分同学经常做学习笔记，课程考试准备较为积极主动。但也反映出部分学生考试准备以临考突击复习为主、学生与任课老师沟通交流不足等问题。

在学生做学习笔记方面，调查结果显示，有 49.32% 的同学选择了"偶尔记录"，40.55% 的同学选择"经常记录"，另外还有 10.13% 的同学选择"从不记录"。

在学生考试复习准备情况方面，调查结果显示，有 51.81% 的同学选择"临考突击复习"，有 39.31% 的同学选择"平时一直很认真"，选择"临考简单应付"的同学占 7.64%，另外还有 1.25% 的同学选择"从不复习准备"。

将做学习笔记情况与考试准备情况进行关联分析发现，经常记录笔记的同学考试准备最为充分，偶尔记录笔记的同学准备情况次之，从不记录的同学考试准备情况较差。

在学生与任课老师沟通方面，调查结果显示，有 60.09% 的同学选择"偶尔沟通"，24.72% 的同学选择"从不沟通"，仅有 15.19% 的同学选择"经常沟通"。具体分析各学科学生与任课老师沟通情况发现，体育艺术类学生沟通情况最好，其次是人文社科类学生，理工科学生与任课老师沟通相对较少。

三、存在的问题及对策

在不断加强学风建设、进一步服务支持学生学习与发展、促进学生成长的过程中，仍然存在着诸多问题。从学生学习涉及的具体方面来看，影响学生学习质量与效益的问题，主要表现如下：

（1）专业认同直接影响学生的学习兴趣与投入。学生对所学专业的认可度不高，也就是说学习志愿和专业没有很好地匹配，这影响着学生学习兴趣、学习投入和学习积极性。从源头来看，虽然学校报考第一志愿率很高，但是专业适配度并不高。因此，对专业兴趣影响学习问题须高度重视。

（2）课堂教学和师生沟通影响着学习的质量。教师的教学直接影响他们的学习投入与深入，师生交流对于学生来讲是不可替代、不可或缺的，能对学生学习、生活产生直接影响，带给他们实实在在的变化。

（3）学生的学习行为和学习责任需要引导和加强。学生应该自主承担学习责任，自主安排好学习生活。但从现实状况来看，学生学业规划仍需科学指导，须进一步明确并具体化。如何引导学生学习行为，特别在吸引学生参加学习、学术活动，提高学习质量等方面需要进一步加强。

（4）学习规范、管理制度须严格执行。调查显示，不少学生认为导致迟到早退的重要原因是相关惩戒制度没有落实到位。关于考试作弊问题，有 1/3 同学认为作弊现象之所以屡禁不止主要是监管力度不够、处罚措施不严。不少学生认为对多门次不及格的，应该按学校管理规定清理，强化学业管理制度的严肃性，这对其他同学既是一种震慑也是一种保护，最终促进大家在学业制度框架内负责任的开展学习。

为了培养学生规矩意识，严格教育管理，引导学生明确学习目的，端正学习态度，养成良好学习习惯，主动参加专业学习、科技竞赛和创新实践活动，努力消除上课迟到、早退、旷课等不良现象，促使学风明显好转并显著提升，形成学风建设长效机制，党委学生工作部联合学校团委实施"本科生学风建设行动计划"。在学生工作层面，主要应对措施有：

（1）召开动员大会，统一思想认识。组织召开班长、团支部书记、党员干部、班主任、辅导员老师参加的学风建设动员大会，明确工作目的与要求。广泛动员广大同学，调动班级、年级、学生组织，以及党员干部、全体同学的积极性，形成"我知晓、我参与、我受益"的良好学习氛围，共同加强学风建设。

（2）开展学风讨论，查摆剖析突出问题。围绕不良学风现象和"为何学、学什么、怎么学"等问题开展大讨论，明确学习目的。召开任课老师和辅导员、班主任、学务指导老师座谈会，围绕如何加强课堂管理、改进教学方法、激发学习动力、专注学业发展等问题进行讨论，引导学生树立正确的学习观、成才观。

（3）加强课堂管理，严肃课堂纪律。完善和制定班级课堂管理办法，对上课情况进行不定期检查，及时通报课堂违纪违规行为。发挥任课教师课堂管理主体作用，维持课堂教学秩序，约束上课玩手机、看课外书、不听讲等行为；各级学生组织积极参与上课检查，班级党员、干部要发挥示范作用，带头遵守课堂纪律，做好上课考勤。

（4）组织考前动员，严肃考风考纪。根据考试安排，组织召开年级、班级考风考纪动员大会，督促广大学生认真备考，诚信应考；辅导员、班主任积极参与班级考试工作。学工处会同教务部门主动安排工作人员巡考，协调考试中出现的问题，及时通报考试违纪行为，净化考试环境，严肃考风考纪。

（5）开展学习帮扶，促进自主学习。充分发挥大学生学习支持中心作用，支持广大同学开展自主学习、互助学习，交流学习心得，分享学习方法；组织开展升学考研、出国学习交流活动。动员任课教师和成绩优秀学生进行数学、英语、物理、化学等基础课学习辅导。根据《学分制实施办法》积极配合开展学分清查，组织开展"一帮一""多助一"学习结对帮扶活动，帮助学习困难学生实现学习进步，提高学习成绩。

（6）抓好入学教育，筑牢学风基础。在全校新生入学教育方案中，强化校风学风、学术诚信等教育内容安排，强化新生自主学习意识。各学院（课部）重点做好院风学风教育、行为规范教育，以及学习资源利用和学习方法引导，帮助新生养成良好的学习习惯；组织教授学者开设讲座、论坛，介绍学科特点、课程体系、发展方向等，拓展新生学习视野，培养专业兴趣。

（7）开展生涯规划，明确发展目标。学工处会同教务部门面向大一新生开设生涯规划课程，开展职业规划大赛，引导学生认识自我，并结合社会发展需要和自身兴趣特长，确定未来发展目标，进行正确的生涯设计。辅导员、班主任、学务指导老师指导学生制定科学的学业规划，积极管理大学学业，激发学习动力。

（8）落实创新教育，培育卓越人才。学工处会同教务部门完善创新课程体系，创新课程建设，传播创新文化，培养创新意识；支持创新论坛、创新讲座、创新实践，为有创新能力的同学提供项目、资金、政策、场地支持。各学院（课部）将创新理念融入专业培养体系，组织学生参加学术讲座、科技竞赛和实习实践，指导学生进行科研训练，有组织、有计划支持学生科技创新，培育卓越人才。

（9）做好毕业教育，砥砺互学共进。在毕业生教育方案中强化"学以立业、学以成才、学以报国"宣传教育，激励毕业生爱岗敬业，发展进步。通过座谈交流、征文等活动了解毕业生学习成就、学习体会，收集对母校加强教育教学、加强校风学风的意见和建议。通过报告会、毕业典礼活动宣传褒奖学习进步、成绩优异的毕业生，引导广大学生反思在校学习情况，鼓励互学共进，弘扬学习进步好传统。

（10）严格签到注册，强化制度执行。严格执行《中国地质大学本科生学籍注册管理办法》。各班班长在学校规定的返校时间内向班主任、辅导员报告班级同学返校情况，落实"学期签到、学年注册"制度。班主任、年级辅导员深入班级、宿舍了解班级学生返校情况，提醒返校学生做好上课准备，强化规矩意识。

（11）开展学情研究，努力精准实施。成立大学生学情调研中心，通过问卷、访谈、网络调查等方式开展学情调研，了解学风状况；组织高等教育研究所、马克思主义学院专业教师、学院辅导员等成立学情研究小组，对学风状况进行分析研究，定期发布我校大学生学风调研报告，为学校加强学风建设、学院（课部）有针对性加强管理提供参考。

（12）及时总结成效，促进学风向好。定期召开学风建设交流大会，总结学风建设成效，明确改进方向。选树一批学风建设先进典型，并通过校园媒体、网络平台进行高频度宣传，摒弃影响学风建设不良行为，传递学风建设正能量，促进学风建设不断深入，保持学风稳步向好。

四、大学生学习支持中心建设与成效

随着高等教育改革的深入，高校人才培养质量比以往任何时候都更受到社会的关注和重视，国家、社会、家庭和学生本人都对学校提出更高的要求和期望。十年来，学校学生工作坚守立德树人根本任务，不断探索大学生成才教育规律，不断创新服务支持学生学习与发展的思路举措，坚持服务支持学生学习与发展、促进学生追求卓越为主线，持续构建并完善学生学习支持体系，搭建平台营造校园学习氛围，促进学生自主学习、交流探讨、创新学习以及素质能力提升。

面对广大学生日益多样化、个性化学习与发展需求，以及学生在学习过程中伴随的学习问题和对未来就业前景的担忧等问题，学生产生了对学习咨询辅导、学习质量提升、素质能力发展等方面的大量诉求，学生工作处在前期服务支持学生学习发展的工作基础上，2013年成立大学生学习支持中心实体机构，进一步整合学生课外学习资源，优化学习支持与服务，积极构建学生与老师之间、学生与学生之间、学生与社会之间的更广泛的交流平台，切实提高学生学习质量，为广大学生学习发展及成长成才精心服务。

大学生学习支持中心以"追求学术卓越"为理念，以"帮助学生完成学业、促进卓越成才"为根本使命，精心构建了学习帮辅、学业促进和能力提升三个工作体系，搭建咨询辅导、学习交流、探索研究和意见反馈四个平台，提供成长咨询辅导、学习促进帮扶、综合素质拓展、思想政治教育、学习资讯汇聚五项功能，努力实现营造学习氛围，激发学习兴趣，优化学习方法，提高学习能力，拓展学习视野，提升学习质量六项主要任务。

第二节　大学生心理咨询与心理危机干预

心理健康教育是大学生思想政治教育的重要组成部分，加强大学生心理健康教育是新形势下落实立德树人根本任务、提升高等教育质量的重要途径。学校历来高度重视高校大学生的成长发展与心理健康，从1986年在全国高校中较早成立心理咨询室，为学生提供心理健康服务至今，经过30多年不断的探索与发展，学校不断强化顶层设计、出台有力措施、加大投入力度，在完善工作体系、创新工作理念、拓展工作载体、健全工作机制等方面取得了一些经验。

一、学生心理健康状况变化与发展

学校始终把培养学生乐观开朗、积极向上的个性作为大学生心理健康教育的终极目标，为全体学生的健康成长、全面发展服务。根据人本主义心理学家马斯洛的需要层次理论，心理健康的一项重要标志就是本人感到幸福（主观幸福感）。根据学校大学生思想状况调查结果显示：我校学生具有较强的幸福感，并且呈稳步提升之势，其中，学生对学习的满足感提升尤为明显，说明我校大学生总体心理健康状况良好。

（一）心理压力呈逐年上升趋势

贾丽娟等研究发现：与"80后"大学生相比，在心理应激方面，"90

后"大学生在学习、生活、发展、社交、家庭方面的压力及压力总体水平上均显著高于"80后"大学生;在心理弹性方面,除在社交能力上不存在显著差异外,"90后"大学生在自我效能、组织计划风格、家庭凝聚力、社会支持方面的心理弹性总体水平上均显著高于"80后"大学生,说明"90后"大学生比"80后"大学生感受到了更大的心理压力,但显然他们也发展了适应和处理压力的心理能力,所以他们并没有表现出明显的对家庭、学校、社会的不适应。学校一项关于大学生心理压力的调查结果显示,近三年大学生心理压力的主要来源依次是:择业压力、学业压力、学校环境压力及情绪压力。各种压力在性别间的比较表明,男生的压力水平总体上要高于女生。从压力的年级分布来看,大四是压力最高的群体,在学习压力、学校环境压力与情绪压力年级发展趋势较为相似,均表现为大一压力较大,大二压力下降、出现拐点,大三、大四两年压力逐年上升。另一项针对地学类学生学习压力的调查也显示出相似结果,并更加明确显示拐点出现在大一下学期。说明刚刚入学的大一新生对大学生活充满了憧憬,学习动机较强,感受到了较大的心理压力;经过一学期的努力,大部分学生逐渐适应了大学的学习和生活,甚至有部分学生产生了"大学也就是那么一回事"的想法,开始沉迷于网络,放松了对自己的严格要求,心理压力达到极低值;随着年级的升高,学生在面对专业课、英语和计算机等课程学习时感受到的压力越来越大,特别是在考试前后,部分学生出现焦虑、抑郁等较为强烈的负性情绪,在理工科专业为主的学院尤为明显;进入大四,部分学生对自己四年的大学生活感到不满意,就业单位不理想,对未来充满了彷徨和恐惧,感受到了极大的心理压力。

(二) 人际敏感和强迫是学生面临的主要心理问题

陈顺森等人利用横断历史研究元分析方法,选取1991—2010年间采用SCL-90测量大学生心理健康的514篇研究报告,分析了564127名大学生在该量表9个因子上得分随年代变化情况,发现强迫、人际敏感、敌对、偏执等6个因子均分呈现出随年代的发展逐年显著下降的趋势,即大学生心理健康水平逐年上升。学校自2012年起开始采用SCL-90测量大学生心理健康状况,通过对量表的逐年跟踪调查,我们发现,人际敏感、强迫、抑郁、焦虑、偏执五个因子的得分比较高。结合后期的"一对一访谈"发现:人际关系敏感是大部分访谈学生表现出的共同特点。在访谈的学生中,有超过四分之一的学生谈到了人际交往方面存在各种烦恼和问题,例如人际交往技巧的缺乏、交往中的冲突和矛盾、孤独、无法融入新的团体等,成为影响自己情绪的重要原因。人际关系敏感又常常伴随着其他的问题,如性格内向、自卑、孤独感等，同时也有可能伴随着学生对于人际交往中的各种琐事的过度关注和反复思考，导致学生存在一定程度的强迫性思维、精力不集中、学习效率低下等一系列问题。学生干部的心理压力更加需要关注。这部分学生适应良好，主动担任班级、学院、学校等各类组织的组织者，积极参加各类社会活动，与同学相处融洽。但是这部分学生对自己有着较高的期许，具有一定的强迫性人格，在学习或处理新问题时总是希望自己能够表现得更好，给自己带来了较大的心理压力，当结果未达到自己预期时，会产生较强的失落感和挫败感。

（三）心理咨询是学生有效求助方式

从学生的求助方式上来看，当学生出现压力或情绪不佳时，在最可能求助的对象中，他们首选找其好朋友倾诉或解决问题，其次是找其家人，再次是找其同学，最后才是辅导员和班主任，能够主动到心理咨询中心寻求帮助的同学比较少。而刘陈陵主持的一项调查显示，我校大学新生对心理咨询的需求强烈，呈上升趋势，但由于学生对心理咨询的误解和内心强烈的耻辱感，阻碍了学生走进咨询室。近年来，随着手机和网络的普及，网络求助成为大学生心理求助的新方式。李艳红的研究表明网络、电话咨询是当代大学生首选的专业服务方式，学生通过网络聊天、网络心理测试、在线网络心理咨询等方式寻求心理帮助。

（四）咨询服务科学规范、成效显著

大学生咨询中心每年接待来访者人数大约在 800 人次左右，2010 年至 2013 年咨询量逐渐下降，2014 年通过开通微信、微博、网络建设等方式加大心理咨询宣传力度，提高咨询服务质量，咨询量有所上升，2014 年咨询量 806 人次，2015 年咨询量 924 人次。年级分布情况，大一、大二咨询的学生较多，大四咨询的人数最少；学院分布情况，理工科学院的学生求助的需求相对文科学院更大一些，工程学院和经管学院咨询的人数最多；从咨询的类型来看，自我发展、人际关系、情绪问题是我校大学生咨询的主要问题。统计数据显示：对自我发展问题产生困惑的学生逐年增多，很多学生咨询目标即为生涯规划，这与大学生面临较大的就业、择业压力有关；学生因情绪问题、学习问题和恋爱问题前来咨询的人数显著下降，这与学校自 2011 级起开设了《心理学与自我成长》这门课程有关，情绪、学习、恋爱均作为重点内容在课堂上进行讲授。每年大约有 30 名左右学生因为心理障碍需要常年持续在中心接受心理咨询服务，直至大学毕业，主要为抑郁症、精神分裂症患者，或者是存在着明显的社会适应不良。中心每年直接参与危机干预 40 余起，重点关注 100 余人，抑郁症患者占据了较大比例，还有部分学生是由于失恋、人际关系紧张等应激事件导致情绪失控。曾经有过自杀、自残行为的学生比例不到 1%，但更多的学生在面对较大压力时有过自杀意念。

二、心理健康教育"六全"模式与省级示范中心建设

学校大学生心理健康教育工作从 1986 年开始，经历了起步探索、规范发展、深化提高三个阶段，逐步探索出"六全"心理健康教育新模式，教育部简报［2012］第 168 期全文刊登了学校着力构建心理健康教育新模式的典型做法。

（一）学校心理健康教育的发展阶段

学校心理健康教育工作始于 1986 年，迄今已走过近三十个春秋，是湖北乃至全国最早开展心理健康教育工作的高校之一。学校心理健康教育共经历了三个发展阶段：①起步探索阶段（1986—1999 年）。1986 年成立大学生心理咨询室，开展心理咨询服务，负责大学生心理危机评估与干预工作。1995 成立大学生咨询中心，承担全校大学生心理健康教育、心理普查、心理危机评估与干预。②规范发展阶段（2000—2005 年）。2000 年，成立大学生心理健康教育与研究中心，2004 年成立应用心理学研究所，将学科建设与心理危机干预的实践紧密结合，加强了心理健康教育的学术研究与人才培养的工作。2004 年成立研究生心理咨询室，开展研究生心理咨询服务，专门负责研究生心理危机评估与干预工作。③深化提高阶段（2006 年至今）。2007 年至今，学校先后出台了相关文件和措施，强有力地推动了学校大学生心理健康教育工作，心理咨询和危机干预工作成效显著，开设了心理健康教育必修课《心理学与自我成长》，校园心理文化活动积极阳光。2008 年我校投入 24 万成立了心理创伤干预与评估实验室，2013 年、2015 年大学生咨询中心分别获批湖北省首批心理健康教育示范中心立项建设和2010—2015 年度大学生心理健康教育工作优秀机构。

（二）心理健康教育"六全模式"典型做法

（1）课程教学全覆盖。大学生心理健康教育课程是大学生获得心理健康知识的主渠道，加强对大学生心理健康教育课程建设研究对丰富大学生心理健康教育课程、落实大学生心理健康教育目标、有效完成心理健康教育任务、提高大学生的心理素质、增强大学生在社会上的竞争能力和适应能力，具有重要的意义。大学生咨询中心从 2011 级开始，面向大一新生开

设必修课《心理学与自我成长》，课程安排 16 学时，教学内容涵盖自我认识、自主学习、人际交往、情绪管理、生命教育等方面的课程内容，通过理论讲授与案例分析相结合的形式，引导学生关注心理健康，提高了心理健康的认知水平和心理调控能力。郭兰、吴和鸣、隋红等 10 余位教授、副教授一直承担该课程的教学任务。2014 年，中心仔细研讨了过去三年上课期间存在的问题，结合大学生日常咨询暴露的问题和危机干预情况，参考其他高校课程建设经验，调整了课程体系。调整后的课程体系以"自我成长"为主线，结构更具科学性、系统性。中心重新制作了课件，召开集体备课会，对任课教师进行了系统培训，仔细讲授了每节课的教学目标、教学重点、教学难点。2015 年，中心依据团体辅导等相关理论，编制了《心理学与自我成长课教学活动手册》，按照八讲内容准备了 18 个适合在课堂上开展、具有一定教育意义的活动供任课教师在教学过程中使用。对课程教学效果的调查结果显示：学生对心理健康教育课程的内容、教学方法和总体教学效果比较满意，每年总体满意率基本上在 85% 左右。

同时，鼓励中心老师开设心理健康选修课，利用课外实践、互动讨论等多种形式保障课程效果，确保全体大学生能系统全面地接触到心理健康知识。近十年，中心面向全校本科生开设了《普通心理学》《社会心理学》《心理学与生活》《人格心理学》《成功心理学》等心理学选修课。中心也承担了部分学院开设的和心理学相关的课程，如思想政治教育专业的《思想政治教育心理学》、数学专业的《教育心理学》、广播电视与新闻专业的《普通心理学》。

（2）心理普查全过程。每年 10 月对大一、大二、大三三个年级开展心理普查和跟踪测查。近十年，大一新生普查覆盖率基本上保持在 95% 以上，2014 年，咨询中心通过加强宣传，在各学院的配合下，普查覆盖率更是达到 100%。对于没有参加普查的学生直接列为访谈对象。心理普查一般选用的量表有症状自评量表（简称 SCL-90）、抑郁自评量表（简称 SDS）、青少年生活事件量表（ASLEC）、总体幸福感量表（中国版）和网络成瘾量表（简称 IAD）。通过心理测试，查找出疑似有心理问题或心理问题易感人群，进行一对一访谈。心理访谈的主要目标是：①确认学生是否有适应问题，评估心理普查的准确性；②评估学生是否有辅导需求，并推荐有咨询需求的学生前去大学生咨询中心咨询；③宣传大学生咨询中心，心理普查是心理健康教育的一项活动。访谈员均为大学生咨询中心咨询员，在访谈前经过系统培训，每个学生访谈大约 20～30 分钟。在访谈过程发现有心理问题的学生及时预约心理咨询，部分有严重心理危机或精神障碍的学生通知院系，及时联系医院进行入院治疗。每年大约有 10%～15% 的学生进入筛查名单，500多人需要访谈，通过访谈确定需要重点关注的学生大约200人左右。

根据普查和访谈结果，结合日常工作，学校逐步建立"大学生心理状况关键数据库"和《大学生心理档案》。"大学生心理状况关键数据库"的字段除学生的基本信息外，还有普查程度、跟踪测试结果、学籍异动情况、父母是否离异、是否住过院、获奖情况、学习情况、家庭经济情况、是否单独住宿（在本班或本学院之外住宿）、是否有网瘾等内容，并对这些字段赋值，按最后结果确定重点关注对象。《大学生心理档案》主要依据普查和跟踪测试结果进行建档，编写相关程序将各个测试量表结果转化为表格或描述性的语言，形成学生各自的心理档案。

（3）咨询服务全天候。除节假日之外，心理咨询室为全校学生提供全天候咨询服务。依据学生的作息时间，上午开放一个咨询室，安排专职教师值班，采取教师轮班制；下午和晚上同时开放三个咨询室，由专兼职咨询员与学生约谈咨询。2014年，为方便北校区学生接受心理咨询服务，学校在北一楼新建两间咨询室，目前全校本科生心理咨询室共有5间，团体辅导室2间，沙盘室和宣泄室1间，较好地满足了日常咨询和开展心理健康教育活动的需要。咨询中心现有专职咨询员9人，均为心理学专业博士或硕士毕业，其中教授1人、副教授5人、讲师3人。聘请兼职心理咨询员3人，每学期招收实习咨询员16人左右，均为应用心理学专业硕士研究生。每年上半年"5.25心理健康教育月"和下半年的心理健康教育周，咨询中心走出咨询室、延伸到学生宿舍、延伸到学生活动场所开展室外咨询活动，让学生感受到心理咨询就是那回事。

为提高心理咨询服务质量，在每周一上午9点到10点，咨询中心全体咨询员在会议室进行一个小时的督导。每次督导由中心专职咨询员轮流主持二督导分为两个部分，第一部分是危机个案情况处理的汇报，针对上周所接危机个案的情况及其处理情况进行汇报，其他咨询员和督导师给予反馈和建议；第二部分是普通个案汇报，每周1～2名实习咨询员汇报自己所接个案情况并提出督导问题，其他咨询员和督导师一起讨论并提出建议。通过督导，中心较为全面的了解了每周咨询员咨询情况，咨询员也较好地解决了咨询中的盲点。

2009年，学校还组建了心理联络员队伍，每个学院由一名工作经验丰富或者有心理学专业背景的辅导员负责本院学生心理健康教育工作，及时为学生提供心理咨询服务。每月召开学院心理健康联络员会议，加强对联络员心理健康教育技能的培训，缓解联络员的工作压力和职业倦怠，培训内容包括"大学生常见心理问题及识别""如何缓解考试焦虑""学习品质的心理学解读""哀伤辅导"等。

（4）日常活动全渗透。分学校、学院、班级三个层面开展日常心理健康教育活动，保证每一名学生每年至少都能亲身参与过一次心理健康教育活动。学校层面：每年以"5.25心理健康教育月"为契机，组织全校性主题活动，形成了以"亲亲论语"讲座、"心理沙龙"、"团体辅导训练"为代表的一系列品牌活动。中心每年面向全校学生开展"亲亲论语"讲座20场，讲座内容紧贴大学生日常学习生活中面临的心理困扰，如6月份针对毕业生即将走上工作岗位，中心安排讲座"谈谈入职心理"，10月份针对大一新生刚刚入学不适应学校学习生活状况，安排讲座"大学新生心理适应"。每年开展心理沙龙活动16场。沙龙活动除了系统介绍心理健康知识以外，克服了传统教学的弊端，更注重实践教学，强调学生的亲身体验，引用了团体心理辅导的一些技巧，如讨论、分享、意向对话、冥想等，学习环境更加安全温馨，学生更愿意分享自己的切身感受。每次沙龙人数控制在30人以内，更适合学生对一个问题进行细致深入的探讨。中心针对前来咨询的学生的共同问题，人际关系问题、自我成长及自我认识问题、学业适应问题等，开展团体咨询和辅导训练。每年开设8个团体。人际关系、爱情是学生最为喜欢的团体辅导主题。团体辅导一方面增强了心理咨询的针对性和时效性，另一方面受到团体动力的积极影响，能更有效地帮助学生体验成长、发展能力。

学院层面：各学院组建了本学院的谈心室，深入开展谈心谈话活动，部分学院邀请中心咨询员对每一名学习困难学生都进行了一次深入谈话，以确定该生是否存在心理问题。依据本院学生特点积极开展形式多样的心理健康教育活动。如材化学院开通了"绿色树洞"邮箱，以"把你的心事讲给树洞听，看它蔓延青春的未来"为目的，着力解决学生情绪管理以及压力释放等方面的心理问题；地学院建立了网络"石鉴"平台，用以接收学生的心理咨询；机电学院组建了本院的心理协会，每年举办"为青春、更勇敢"心理健康教育系列活动，其中"穿越照片遇见你"活动深受学生喜爱；外语学院组织开展"给一年后的自己一封信"活动，鼓励学生关注自身的成长与发展。

班级层面：分春秋两个学期开展"成长与发展"主题班会，咨询中心全体老师和学院心理联络员积极开展相关培训活动，教会班级骨干如何组织主题班会；每年选取一些班级，中心老师直接参与到班级中去指导他们开展主题班会。主题班会分为三个系列：心理健康教育系列、学业规划系列和职业规划系列，其中心理健康教育系列包括新生适应、促进了解、人际交往、增强班级凝聚力、学会学习、情绪管理、珍惜生命等内容。学期末中心组织对各班级开展的主题班会进行评选和表彰，每年大约有 40 个班集体受到奖励。

（5）心理状况调查全方位。每年坚持以问卷调查的方式，对全校学生进行"心理状况调查"，重点考察三项指标：心理压力来源、学业自我效能感和择业自我效能感，分别采用的是张林等编制的《大学生心理压力感量表》、梁宇颂等编制的《大学生学业自我效能量表》、石轩等修订的《大学生择业自我效能感量表》；同时，中心自编量表了解学生家庭经济状况、消费状况、宗教信仰、情感、应对方式等情况，查找影响学生心理问题的重要因素，着力提高大学生心理健康教育实效性。通过调查发现：我校大学生的学业自我效能感和择业自我效能感处于中上水平，对学习和未来的工作有较高的信心和信念；大学生的心理压力与学业自我效能感、择业自我效能感有显著性的负相关。

（6）危机事件全员参与。心理危机事件的发生是可防可控的，危机干预能够有效降低学生自杀、自残等不良事件的发生。学校制定并印发了《中国地质大学（武汉）大学生心理危机实施方案》（地大校办字〔2005〕67 号），明确了危机干预工作制度、操作流程和各单位工作职责。建立健全了五项危机干预系统。一是四级预警系统，囊括了学生宿舍、班级、学院、学校在内的四个层面，学生宿舍、学生骨干、学院辅导员、学院、学校党政领导都被纳入到预警体系中来。二是心理咨询与治疗系统。咨询中心每一位专职咨询员定点负责 2～3 个学院的心理健康教育工作，随时为学生提供日常心理辅导与咨询服务，根据学生心理危机程度的不同采取不同调试和治疗措施。三是阻控系统，学校大学生心理健康教育工作领导小组督促有关部门及时阻断对学校范围内能诱发学生心理危机的人、事、情景等刺激源，对高危个体遭遇刺激后可能攻击的对象，由学院采取保护或隔离措施；心理咨询教师和医护人员在接待有严重心理危机的学生时，要求不得随意让学生离开，应立即报告领导小组或学生所在学院，以便有效监控和及时处理，减少学生因心理危机造成的生命损失。四是监控保护系统，根据学生心理危机程度的不同，建立宿舍同学、学院辅导员、学生家长三方共建的危机监护系统，对危机对象进行关怀和引导，在危机状态下给予必要的特别监护，以有效防止自杀自残事件的发生。五是后期跟踪系统，即根据心理问题治疗的情况给予全面跟踪关注，遇到问题即时反馈。在危机干预中，咨询中心全程参与，密切保持与辅导员、学生党员骨干、家长及医院医生之间的协同合作，并重点做好专业评估、个案管理、后期咨询辅导等工作。

学校定期对全体教职工进行心理健康教育的培训，分为学生工作者系列和其他人员两大系列，前者是全面培训，通过相关考查进行晋级培训，后者则是进行基本知识培训，以讲座为主。鼓励辅导员报考心理咨询师二级、三级考试。选派优秀辅导员参加全国、湖北省组织的各种心理健康教育培训班。

(三) 省级首批示范中心立项建设进展

自立项建设湖北省高校心理健康教育示范中心以来，学校按照省级示范中心建设要求，不断加大人力、财务和物力投入，逐步构建了健全的工作制度体系、扎实的队伍建设体系、完善的教育教学体系、丰富的课外活动体系、全面的咨询服务体系、快速的危机干预体系、科学的心理研判体系和充足的条件保障体系，取得了明显进展。

(1) 具备充足资源能够承担湖北省相关工作任务。能够提供心理创伤评估与干预服务。学校大学生心理咨询工作与应用心理学研究所教学、科研工作相互促进，成立了"心理创伤评估与干预实验室"，针对大学生常见的心理创伤开展研究和应用工作，目前实验室已形成研究团队，配备相关设备，引进评估工具，为省内高校提供心理创伤评估与干预服务。具备承担省内高校督导工作的相关条件。学校一直重视心理咨询的督导工作，已形成包括工作督导、教学督导、个别督导及团体督导等督导工作体系，取得了一定成绩，获得了"湖北省大学生心理健康教育先进成果一等奖"。成功举办6期由湖北省高校专兼职心理辅导教师参加的"湖北省高校连续临床督导班"。吴和鸣是中国心理学会注册督导师，常在省内外开展督导工作。具备为高校心理咨询人员开展评估技能专项培训的条件。学校一贯重视专兼职咨询师在咨询过程中的评估，有从事心理测评及案例解析的师资队伍，能在非医学诊断的前提下，开展基础评估工作，为危机处置创造条件。

(2) 产生了良好辐射作用与社会影响。学校深入推进"六全"心理健康教育模式，接待十多所高校的考察交流。大学生咨询中心派出四名专职教师参与"东方之星"沉船事件心理援助工作。郭兰、吴和鸣和刘陈陵等专家被聘请到省内辅导员培训研修基地讲学，深受辅导员的欢迎，每期培训班均被学员评为"讲授最精彩的教师"之一，所承担的课程被学员评为"最有帮助的课程"之一。学校每年面向武汉地区高校举办心理咨询教师督导班，近6年，每年督导10次以上，为相关高校专职教师提供专业支持与发展服务；近3年吴和鸣受邀为武汉大学、武汉理工大学华夏学院、武汉职业技术学院等多个学校咨询中心举办连续的专业督导。郭兰和吴和鸣在省外有较大影响，他们经常受邀到深圳、新疆、石家庄等地区和高校讲学。

（3）其他较为突出的特色、成绩、创新情况。坚持深入开展"成长与发展"为主题的班级活动，着重培养学生健康人格。坚持进行心理状况跟踪筛查，建立"重点关注对象数据库"和"大学生心理状况关键数据库"。坚持开展大学生心理健康状况滚动调查，准确把握学生心理状况，增强心理健康教育的针对性和有效性。坚持研究与实务有机融合，咨询中心与应用心理研究所互为一体，有效地将理论研究、学科建设和大学生心理健康教育的具体实践有机融合，达到了相互促进的良好局面。

三、危机干预

危机干预是指采取某些措施来干预或改善危机情境，以防止伤害处于危机情境中的个人及周围的人们，它是一种短程帮助过程，是对处于困境或遭受挫折的人予以关怀和帮助的一种方式，有时也被称为情绪急救。

危机干预可以帮助有严重心理问题的学生渡过心理难关，及早预防、及时疏导、有效干预、快速控制学生中可能出现的心理危机事件，它能最大限度地降低学生心理危机事件的发生率，减少学生因心理危机带来的生命损失，促进学生健康成长。

（一）危机干预的一般步骤

（1）确定问题：从求助者的角度，确定和理解求助者个人所认识的问题。

（2）保证求助者安全：在危机干预过程中，保证求助者安全是首要目标，如果必要的话，保证求助者知道代替冲动和自我毁灭行动的解决方法。

（3）提供支持：强调与求助者沟通与交流，让求助者认识到危机干预工作者是能够给其关心帮助的人。

（4）检查替代解决方法：多数情况下，求助者处于思维不灵活的状态，不能恰当地判断什么是最佳的选择。应帮助求助者认识到，有许多可变通的应对方式可供选择，帮助求助者探索他可以利用的解决方法，通过帮助使求助者知道有哪些人现在或过去能关心自己；找到求助者可以用来战胜目前危机的行动、行为或环境资源；使求助者用积极的思维来改变自己对问题的看法并减轻应激与焦虑水平。

（5）制订计划：危机干预工作者与求助者共同制定行动步骤来矫正其情绪的失衡状态。计划包括：①确定有另外的个人、组织团体和有关机构能够提供及时的支持；②提供求助者现在能够采用的、积极的应付机制，确定求助者能够把握的行动步骤。

（6）得到承诺：帮助求助者向自己承诺采取确定的、积极的行动步骤，这些行动步骤必须是求助者自己的，从实现的角度看是可以完成的或是可以接受的。结束危机干预前，危机干预工作者应该从求助者那里得到诚实、直接和适当的承诺。在这一步中，危机干预工作者要明确，在实施计划时是否达成同意合作的协议。

（二）自杀或他杀危机干预程序

（1）及时发现问题：各系应建立通畅的学生心理危机信息反馈机制，做到在第一时间内掌握学生心理危机动态，对有心理障碍的同学，周围同学应予以理解、关心和帮助，并及时向辅导员反馈情况。

（2）及时汇报情况：当自杀或他杀事件发生后，紧急情况下应先拨打110、120等紧急救援电话求助。相关人员应立即赶赴现场采取救助措施，辅导员、系分管领导应立即向学院学生心理健康教育工作指导小组组长汇报。班主任、辅导员在24小时内将相关信息以书面的形式报告给学生心理健康教育工作指导小组。

（3）实施监护：学院心理健康教育工作指导小组通知学生所在教学系立即派专人对危机学生进行24小时监护，保护学生的生命安全。

（4）制订方案：学生心理健康教育工作指导小组成员商议、制订危机干预实施方案，协调涉及事件的各部门开展相关工作。

（5）联系亲属：在实施监护的同时，辅导员和系领导应以最快的速度通知家长来校，如果家长确实无法尽快赶到学校，在家长以传真、电话等方式的授权下，可以对学生采取治疗措施。在紧急情况下，可采取直接送至专业卫生机构进行治疗等相应处理措施。对没有监护能力或不配合学校的家长，教学系应对学生强制采取治疗措施或派人将学生遣送回家。

（6）事故处理：在学生心理健康教育工作指导小组组长的直接领导下，学生处负责现场的指挥协调；保卫处负责保护、勘察、处理现场，防止事态扩散和对其他学生的影响，配合教学系及医疗部门对当事人实施生命救护和安全监护，协助有关部门对事故进行调查取证；学校医务所负责对当事人实施紧急救治，或配合相关人员护送转院治疗或配合专业卫生机构对当事人实施生命救护；教学系负责对学生进行安全监护，协助有关部门对事故进行调查取证，安排相关人员配合医务所工作人员对当事人实施救助或护送当事人到最近的医疗机构实施紧急救治；心理健康教育中心负责从第一发现者、班级同学、辅导员那里了解学生情况，制订心理救助方案，实施心理救助，稳定当事人情绪。

（7）愈后跟踪干预：因自杀或他杀事件治疗的学生，心理健康教育中心会同相关专家进行风险评估，对不适合继续在学校完成学业的，应根据学校学生管理规定为其办理休学或退学手续；能够坚持在学校完成学业的学生，辅导员、心理健康教育中心应做好学生的长期跟踪服务，对学生进行心理辅导。

（8）成因分析：事故处理结束后，心理健康教育中心负责事件的成因分析，对事前征兆、事发状态、事中干预、事后疏导等情况进行认真梳理，尤其对那些行之有效、操作性强的手段和措施要认真总结，以备今后参考。

（三）心理危机干预的工作要求

（1）信息畅通。参与危机干预的工作人员要做到快速反应，确保信息畅通。

（2）工作到位。危机发生时，相关人员要立即赶赴现场，迅速果断地采取有效措施。

（3）协调配合。相关人员在现场指挥的调度下，主动配合，服从指挥。

（4）记录备案。在危机处理过程中，相关人员要做好书面文字记录，必要时做好音像资料的收集，确保资料详细完整。

（5）责任追究。因违反工作原则、延误时间、知情不报等造成严重后果的，追究相关单位或个人的责任。

（四）心理危机干预的注意事项

（1）明确心理危机干预对象，尤其对于近期发出警示讯号的学生，应作为心理危机干预的重点对象，及时进行危机评估与干预。

（2）建立心理危机的预警干预机制，要对各班级辅导员和心理观察员进行定期培训，保证他们能做到对于有心理危机的同学的早期识别和及时汇报。

（3）对符合心理危机的对象，心理健康教育中心要与相关精神科专家对学生的心理健康状况进行评估或会诊后，提出书面意见和初步的治疗建议。

（4）经过评估，某生需要回家休养并配合药物治疗或需要住院治疗有利于心理康复的，其学生所在教学系须派专人，确保其人身安全后，通知学生家长将其带回家休养治疗或将其送至专业精神卫生机构治疗。

（5）学生因心理问题休学后复学后，心理健康教育中心应指派专人对其定期进行心理辅导，了解其思想、学习、生活等方面的情况。

第三节　学生日常行为变化与发展

大学生日常行为是指大学生在校园内日常生活、学习等过程中表现出的一系列言语、行为的总和，是一定社会时期政治、经济、文化等分化重组、递升跃迁在学生身上的反映。随着世界经济全球化、文化多元化、网络信息化进程不断推进，大学生直面西方文化价值观念的巨大冲击；改革开放的深入进行所带来的社会结构的转型，大学生家庭贫富差距和家庭教育中存在的偏差以及大学生心理问题等因素，也都对大学生日常行为变化产生巨大影响。因此，根据当代大学生特点，加强大学生教育引导，强化学生日常管理，提高安全防范能力，对保障学生健康成长至关重要。

一、生活习惯的变化

受国家计划生育政策影响，当前在校大学生多为独生子女，与父辈相比虽然成长环境和经济条件有较大改善，但缺乏独立生活和自我保护的技能，不少学生在洗衣做饭整理内务等日常生活技能方面严重欠缺，维护宿舍公共卫生意识不强；近十年，学校所在的光谷地区有着突飞猛进的发展变化，原来的农田、平房变成了高楼和商业街，大学生日常生活也呈现多元化趋势，学生上网、电子游戏、看电影、逛街等娱乐活动明显增多，不少学生就餐地点从以往的食堂转变为校外摊点或手机订餐，从自己手洗衣物转变为去洗衣房洗衣，北区部分标准间宿舍甚至自行购置了洗衣机和饮水机，学生作息时间更倾向于晚睡晚起，甚至个别学生作息日夜颠倒。

二、学习方式的变化

当前学生学习方式呈现个性化发展趋势，以往的大学生更多是被动的依据专业需求和学校设计安排去学习，而近年来，大学生学习方式逐渐向主动的自我学业发展转变，即有选择的根据个人兴趣和未来职业定位在学校选修其他专业课程内容，相当一部分学生选择辅修武汉七校联合办学的双学位课程，部分学生还根据考证考级需要在社会培训机构进行专门学习。学生学习渠道进一步拓宽，课堂之外还可以通过网络课程、手机 APP 学习软件等渠道进一步学习。但他们缺乏有效的识别选择能力，容易淹没在"信息的海洋"中，对一些理论知识和热点事件往往缺乏全面评价和辨别，也容易受到一些不良信息、不良理论观点、不正确价值观的影响。

三、人际交往的变化

随着社会信息化的不断发展，大学生人际交往方式呈现多元化趋势，面对面交往仍是大学生校园人际交往的主流方式，但在非面对面交往中短信、电话、微信、QQ 等现代通讯方式基本取代了传统的书信交往。部分学生习惯"宅"在宿舍里，据统计，目前宿舍已经取代教室成为大学生最主要的交往场所，同学之间的交往非常紧密，但是与任课老师、辅导员的交往严重不足。宿舍中因性格习惯、作息时间等问题容易引发矛盾冲突，部分学生不会恰当处理这些矛盾冲突。

四、心理情感的变化

当前大学生以 80 后和 90 后为主，日常行为从生活习惯、学习方式、交往方式和情感心理等方面呈现出较大变化。大学生们越来越习惯于将自己的心理作为隐私保护起来，在现实生活中不轻易向外吐露真实想法，同学与同学之间、同学与老师之间心理情感沟通日渐减少，不少学生即便同班四年，相互之间的了解和沟通也非常匮乏。在网络平台上，学生往往展现自己更真实的一面，平时不愿与人分享的秘密可以在网络上轻易地向陌生人倾诉，能够畅所欲言与人交流，并且逐步形成了一些特定且活跃的圈子（如人人网、侏罗纪 BBS、地大人网络平台、南望山贴吧等）。

第四节　大学生宿舍管理

学生宿舍是大学生学习和生活的重要场所，也是高校对学生进行思想教育、实现管理育人的重要阵地。只有妥善解决大学生"住"的问题，才能保证他们有充沛的精力和良好的状态投身学习。

宿舍管理顾名思义：教师及宿舍管理员、宿管委对学生在寝室生活进行有条不紊的管理。而宿舍既是大学生休息、学习、生活的综合场所，也是反映学生文化追求、理想追求等思想动态的重要场所。通过有效管理，完善监督和引导机制，以至于达到增强学生的集体观念、养成良好的日常行为习惯、提高学生的人格魅力的目的，从而对学生的世界观、人生观的形成起到潜移默化的作用。

一、住宿的安排与调整

（1）为了更科学合理地安排新生入住和管理，首先，以系、班级为单位，对老生进行集中住宿调整，统计好空寝室及空床位；其次，根据学校年度招生计划，制订出新生预分配方案；最后，依据新生预分配方案及宿舍房源情况进行统筹安排。

（2）新生到校报到后，由学生处宿管科现场办理学生住宿手续，新生持《新生住宿报到单》，到所安排的学生公寓楼宿管员处登记入住手续。

（3）入住者应按宿管科安排的公寓寝室及床号入住，未经允许不得私自调换宿舍和床位。

（4）学生宿舍及床位原则上不随意变更。学生因特殊情况需要调整宿舍的，须由本人提出书面申请，写明原因，经辅导员同意并签字后，报宿管科审核，根据实际情况进行安排。

（5）宿舍调整流程：由个人书面申请→辅导员签字→宿管科审核→填写《学生宿舍调整申请表》→持《学生宿舍调整申请表》到所调整的公寓宿管员处办理入住登记。

二、宿舍的安全与卫生

（一）人身安全

很多学生可能认为，学校的宿舍还是比较安全的，所以自己就可以放心大胆、肆无忌惮地活动。其实不然，在宿舍内产生的人身安全事件屡有发生。所以对待大学生的人身安全问题，绝对不能掉以轻心。

一是提醒学生提高警惕，如睡觉前检查关好寝室门窗，女生夜间最好不要单独出门；二是宿管员认真履行大门检查登记制度，做好该楼栋的巡逻检查工作；三是由辅导员、宿管员、宿管委定期联合查寝，切实保证学生的人身安全。

（二）财产安全

现在许多的学生都有笔记本电脑、手机、数码照相机等贵重物品，所以学生应时刻注重个人的财产保管。

一是发现宿舍楼内有可疑人员时及时向宿管员报告或拨打学校保卫处的报警电话；二是警惕楼层出现的陌生人员以及外来的推销人员；三是贵重物品及大量现金不要放在寝室，应存入银行或交给信得过的老师或亲人保管；四是要提醒学生，在财产安全和人身安全同时受到威胁时，应该首先确保人身安全，"追窃"应量力而行。

（三）用电安全

（1）学生要牢固树立安全用电意识，自觉做到安全用电，防止违章用电而引发触电伤人或发生火灾等事故。

（2）严禁私接电源，私接电源造成的设备损坏加倍赔偿，造成伤人事故者，自行承担一切责任。

（3）严禁在宿舍使用热得快、电饭煲、电磁炉、电炒锅、微波炉等大功率电器。

（4）安装有空调、电热水器的宿舍严格遵守用电操作规程，有电热水器的学生宿舍，洗浴时先切断电源，防止发生触电伤人。

（5）学生宿舍允许使用台灯、充电器、收放机、电脑、电吹风、电风扇，但必须放置于自己学习台的安全范围内使用。

（6）养成人离关灯、关闭电源的良好习惯，各种用电器使用完毕后及时切断电源，宿舍停电后，要关闭所有电源后才能离开：

（7）严禁在宿舍使用"三无"（无中文标识、无厂名，无地址、无"3C"认证）电器。

（四）宿舍卫生

大学生宿舍的卫生向来是比较让宿舍管理员头疼的问题，是小问题，也是大问题。一方面是学生的自理能力差，另一方面是学生的卫生习惯不好。比如袜子不洗，衣服乱放等。宿舍管理的重点是培养学生的卫生意识，养成良好的卫生习惯辅助以监管。

三、宿舍水电保修及流程

（1）学生宿舍是学生学习和生活的重要场所，宿舍的设施得不到及时的维修，将会直接影响学生的学习和生活。做法是：学生宿舍财产报修需先报宿管员处进行登记，由宿管科进行核实，并报总务处进行维修。认定是人为损坏或自然损坏，人为损坏的维修费由学生本人承担。

（2）报修流程图如图7-1、图7-2所示。

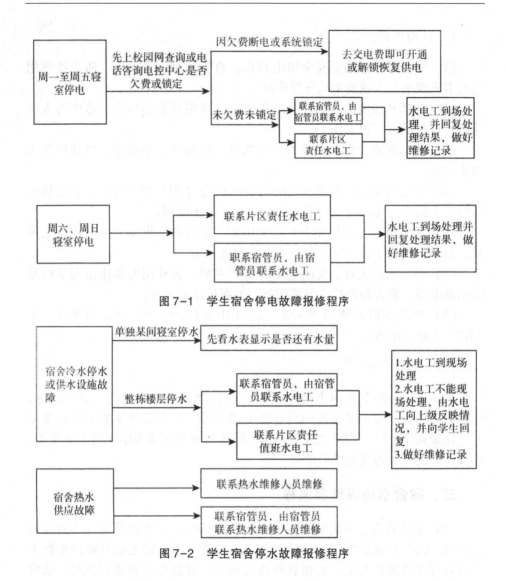

图 7-1　学生宿舍停电故障报修程序

图 7-2　学生宿舍停水故障报修程序

四、宿舍检查制度

为加强学生宿舍的管理，充分调动各方面参与学生管理的工作积极性、主动性和创造性，切实提高学生宿舍的管理水平，实施以下制度。

（一）周日必查制度

每周日晚 9：30—11：00，由教学系值周组领导组织，辅导员、班主任、班级助理、宿管老师和宿舍管理小组成员参加，对学生的就寝情况、卫生内务、就寝纪律、安全状况、违禁物品、大功率电器、设备设施等进行认真细致的检查。

（二）周一至周四必查制度

周一至周四每晚 9：30—11：00，由值班的辅导员组织，宿管老师和宿舍管理小组成员参加，对学生的就寝情况、卫生内务、就寝纪律、安全状况、违禁物品、大功率电器、设备设施等进行认真细致的检查。

（三）周内下午必查制度

在周一至周五的五天时间内，安排一个下午，对所属系所属班级的学生宿舍普遍检查一次。由教学系分管学生工作的副主任组织，辅导员、班主任、班级助理、宿管老师和宿舍管理小组成员参加，主要对学生的卫生内务、安全状况、违禁物品、大功率电器、设备设施等进行认真细致的检查。

五、宿管员工作

宿管员肩负着宿舍楼所有学生的生命、财产、安全的重任，应保证学生有良好的生活休息环境，防止宿舍内严重违纪事件的发生，保证消防安全，确保公物的正常使用，督促学生按时作息，协助学校及各班把宿舍管理落到实处：

（一）宿管员岗位职责

（1）在学生处宿管科的领导下，认真做好本楼栋的管理工作，实行 24 小时值班制，不得脱岗离岗，并做好值班记录。

（2）负责整栋楼的财产管理工作。做好公共财产、公共设施的管理，做好门窗、房屋、配套设施及寝室内部财产的检查工作，发现问题及时汇报或联系相关人员进行维修，负责转达学生的维修信息，对本公寓学生携带物品外出要进行询问，贵重物品出入公寓楼必须做好登记。

（3）负责本楼栋内公共区域卫生清扫，负责督促学生做好室内卫生及规范学生垃圾堆放，负责本楼栋周围环境卫生的清扫及保洁。

（4）负责本楼栋的出入管理，按规定时间开关宿舍大门，对晚出、晚归、夜不归宿的学生做好登记，并上报宿管科。

（5）对来访人员做好登记，并按规定不准男生进入女生宿舍，女生不准进入男生宿舍。

（6）做好学生的用水、用电指导和检查工作，对学生用水、用电存在的困难进行指导或报修，对寝室用水、用电情况及违规使用情况进行检查并及时上报。

（7）负责办理宿舍的入住手续，清点宿舍内的财产，并签好财产清单。

（8）学生退房时，负责清点、核查寝室内的财产情况，并将寝室损坏财产情况上报宿管科。

（9）负责本楼栋的其他日常管理及上级临时交办的各项工作。

（二）宿管员的考核

（1）学生宿舍管理员工作量化按月进行考核，考核结果作为该月学生宿舍管理员工作奖惩的依据。

（2）学生宿舍管理员在当月的工作量化考核得分在 80 分（含 80 分）以上的发放全额工资。

（3）学生宿舍管理员在当月的工作量化考核得分在 90 分以上的，以楼栋为单位，从高分到低分按一等奖 1 个、二等奖 2 个、三等奖 3 个分别发放奖金 600 元、500 元、400 元。

（4）学生宿舍管理员在当月的工作量化考核得分在 79 分（含 79 分）以下的，以栋为单位，每降 1 分扣发工资 20 元。

（5）由学生处宿管科、宿管委不定期、不定时每月三次以上对宿管员工作量化进行考核评分。

（三）宿管员的培训

（1）为提升服务意识、服务理念，每月定期召开宿管员工作例会，学习其他高校宿舍的管理经验及管理模式。会上总结一个月以来的工作情况以及老师、学生反馈宿舍出现的问题，就问题的本身，大家畅所欲言，寻求更好的处理问题的方式方法。

（2）为提高宿管员"防火、防盗、防灾减灾"意识，由保卫处定期开展"防火、防盗、防灾减灾"培训班，让宿管员熟悉掌握消防器材的使用，以及出现突发事件时的正确处理方法。

六、宿舍管理委员会工作

（一）工作职责

（1）根据各系推荐文明宿舍名单开展每月一次的学院学生宿舍"文明宿舍"评比，发放文明宿舍奖金。

（2）根据宿管委工作职责与工作要求进行优秀管理团队评比，发放优秀宿舍管理团队奖金。

（3）不定期开展楼栋管理工作巡查，进一步推进宿舍各项管理工作、管理制度的有效执行。

（4）及时将宿舍管理过程存在的问题向相关部门反馈。

（5）结合宿舍特点制订工作方案，开展形式多样的寝室文化活动。

（二）工作评比小组

（1）学院文明宿舍评比小组：每月底评出并及时上报学生处宿管科。

（2）常规工作巡查小组：巡查时间不定。

（3）优秀宿舍管理团队：每月底评出并及时上报学生处宿管科。

（三）宿舍委员会结构图

宿舍委员会结构图如图7-3所示。

宿管委主任

副主任←←↓→→副主任

成员　　成员　　成员　　成员

图7-3　宿舍委员会结构图

七、辅导员

为了充分发挥和调动辅导员工作的积极性，增强管理意识，把服务育人和管理育人落到实处，使管理工作不断上新台阶，特制定辅导员岗位工作职责：

（1）对住宿学生定期进行思想教育，引导学生树立正确的人生观、价值观；教育学生自觉遵守社会公德，遵守学院的各项规章制度，督促学生养成文明、健康、卫生的良好习惯。

（2）深入学生宿舍，与学生同住，每周必须走访一半以上的学生，了解学生的思想、学习和生活情况，为学生提供切实有效的帮助和指导。收集学生反映的意见和建议，做好信息反馈工作，及时处理和解决学生的思想问题，有效压解各种矛盾。注意研究学生思想变化，有针对性地对学生进行专门的思想教育。

（3）带领并指导学生公寓管理干部队伍，开展学生公寓的自律、自查工作，做到公寓内事事有人管，时时有人管，处处有人管。

（4）把安全工作放在首位，经常性地对学生进行安全教育，经常进行安全检查，发现隐患及时整改。杜绝失职性宿舍被盗，杜绝违规用电、火灾等安全事故，确保公寓内的人身和财物安全。

（5）宿舍遇突发事情，辅导员应在第一时间赶到现场，通知班主任，控制事态的发展，做好疏导工作。辅导员在值班期间所遇学生违纪行为，应认真做好教育工作，并将调查情况和处理情况及时上报学生处。

（6）辅导员值班期间晚上应该住宿在学生宿舍，值班期间不能擅离工作岗位。

（7）值班期间所遇学生违纪问题，如夜不归宿、夜间吵闹、打架斗殴、乱串寝室、抽烟酗酒等违纪现象都要如实记载并协助相关部门处理。

八、实习返校和离校

（一）实习生返校

由所属系部提前写出书面申请，写明返校时间、离校时间，男女生人数，宿管科根据宿舍房源情况统筹安排。

（二）学生离校

先由辅导员班主任督促学生打扫好寝室卫生等工作，辅导员班主任在《宿舍财产交接表》上签字后，再通知宿管员到学生寝室检查公共和个人财产是否完好，卫生是否打扫好。宿舍财产人为损坏的，照价赔偿，交出寝室大门钥匙，宿管员检查完毕在《宿舍财产交接表》上签字后，学生才能离开。

第八章　高校学生工作的科学化

高校学生工作系统的组织机构是高校学生工作的具体组织实施部门，是做好大学生思想政治教育的组织基础。高校学生工作组织机构的设置与优化也是高校改革、发展的重要组成部分。高校学生工作组织机构设置是否科学、职能划分是否清晰、人员配备是否合理，直接影响学生工作的效果。

第一节　高校学生工作组织机构的科学化的限制因素

组织要素对于一个机构而言具有重要的影响力，关系到其生存与发展、维持与变革等诸多方面。对于高校学生工作组织这一类的正式组织而言，组织要素的影响力一样存在。因此，要对我国高校学生工作组织机构的设置进行分析与研究，组织要素是一个不可或缺的研究视角。学生工作管理是高校行政管理工作的重要组成部分，对于促进大学的全面发展和个性发展起着非常重要的作用。新时期对人才培养的需求要求高校加强学生工作体系的建设，其中包括优化高校学生工作组织的机构设置。而要做到对于学生工作组织机构设置的优化，首先要对现有的高校学生工作组织的机构设置进行深入的分析与思考，对诸多影响高校学生工作组织机构设置的要素进行深入的研究分析。通过对我国高校学生工作组织机构历史沿革的梳理、对国（境）外高校的比较研究、对国内高校的现状分析，发现影响高校学生工作组织机构的主要权变因素可以概括为组织内部要素、外部环境要素和人员要素等。

一、影响高校学生工作组织机构设置的组织内部要素

每一个特定的组织，都有其特定的内在要素和联系。组织系统的战略目标决定了组织设置和存在的意义，组织的工作范畴决定了其职责的边界，而历史惯性对组织的长期发展有重要的影响。高校学生工作组织机构，作为高校中从事思想政治教育的机构，还具有政治性的特点。

（一）高校学生工作的范畴与职责

任何组织的成立和存在，都要有其清晰的范畴边界，有明确的组织目

标和职责。高校学生工作的内容范畴和职责要求，是影响高校学生工作组织机构设置和建设的重要组织内部要素。而作为社会主义大学的政治教育机构，政治方向和导向，也是必须要考虑的主要因素。

1. 高校学生工作的内容范畴

范畴是反映事物本质属性和普遍联系的基本概念，这些概念反映着客观现实现象的基本性质和规律，以及定义着一个时代的科学理论思维的特点，物质、运动、意识、质和量、原因和结果、理论和实践、自由和必然性等，所有这些都是范畴的例子。范畴是经过长期实践后，人们普遍认可的、稳定的基本概念，工作范畴是指某项工作经过长期实践后，所形成的人们普遍认可的、相对稳定的工作内容的范围和边界。

组织机构的存在源于组织的目标和任务，而目标和任务则来自具体的工作内容范畴，工作权责不明、工作内容漫无边界的组织机构是很难完成组织目标和使命的，学生工作也不例外。高校学生工作组织，是指高校中负责对大学生进行日常教育、管理、服务的非教学科研部门。学生工作机构的设置源于学生工作的目标任务，而目标任务来源于工作范畴，要对目前学生工作系统涉及的内容，包括日常思想政治教育、大学生党建思政、就业指导、心理咨询、校园文化、社会实践、学生奖惩、危机管理与应对等事务进行清晰的界定，哪些应该属于学生工作范畴，哪些不属于学生工作范畴，并根据界定的工作范畴和内容，合并归类，设置对应的工作机构。

2. 高校学生工作组织机构的职责

工作职责是组织机构另一个要素。组织机构的存在依赖于组织的目标和使命，工作职责是组织目标和使命的具体化。而且，组织机构的职责还直接影响组织机构的岗位设置和人员配备。学生工作的职责是学生工作机构设置的最重要影响要素之一。

3. 高校学生工作的政治导向

我国高校学生工作伴随着高等教育的产生而产生，特别是伴随高校所承担的大学生思想政治教育的责任而产生的，是我国社会主义大学的特色。为强调高校大学生思想政治教育的重要性，各高校专门成立了学生工作部等一系列学生工作组织机构，作为和教学、科研部门并列的高校职能部门。我国高校学生工作采取由党委系统领导和管理的模式。随着社会经济的发展变化和高等教育的改革发展，我国高校学生工作的内涵有了很大发展，其行政职能和服务职能逐渐延展，虽然已经不仅仅只局限于思想政治教育职能，但高校学生工作始终没有与思想政治教育相脱离。中央高度重视大学生在政治和社会稳定中至关重要的作用。为了确保国内社会政治稳定，中央特别强调要加强大学生的思想政治教育，不断巩固马克思主义在大学生思想政治教育中的指导地位，加强对大学生的政治引导和思想引领，强化意识形态领域的主导权、话语权和主动权。高校学生工作作为政治工作中的重要组成部分，在高校学生工作组织建设和人员队伍配备中，必须充分体现政治导向性，并在工作中不断巩固、强化和发展。

（二）高校学生工作的目标与任务

任何组织结构的运行发展都与其自身所承担的任务与目标有着很高的关联性。我国高校学生工作组织所承担的相应的任务与目标，包括人才培养目标和学生工作组织机构的发展目标，对其组织机构的设置起着重要的影响作用，同时也受学校战略目标和任务的影响。

1. 人才培养的目标

高校学生工作的根本任务就是培养社会主义事业合格建设者和可靠接班人。高校学生工作组织机构建设要服务于根本任务的完成。要通过各学生工作组织机构，开展日常思想政治教育活动，包括主题教育、校园文化活动、社会实践等，提高学生的非学术性能力和素质，帮助学生树立正确的世界观、人生观、价值观，自觉培育和践行社会主义核心价值观，坚定学生的理想信念，提高学生的党性修养，培养学生的文化素养，提高创新能力、实践能力和社会责任感；加强学生日常管理，了解和掌握学生思想政治状况，加强日常安全教育，处理有关突发事件，维护好校园安全和稳定；组织开展学业辅导、心理健康教育、资助工作、就业创业教育与服务，保证学生能顺利完成学业等。

2. 学校的发展战略

组织是为完成战略目标而组建的，学生工作组织机构是学校整体的一部分，也是为学校的总体战略目标服务的，高校的发展战略目标直接或间接地影响学生工作的组织机构设置。高校若真正坚持育人为本，就会自觉地改善大学生的食宿条件，强化文化、体育、实践等素质教育机构建设；高校重视国际化发展，就会强化留学生相关招生、管理机构的建设；高校重视学生就业工作，就会强化就业部门和队伍建设，等等。学校战略不仅影响着学生工作组织机构设置，还影响着组织结构设计，反过来，学生工作组织结构是否合理，会影响学生工作的有效性，进而影响学校总体战略的实施。

我国高等教育在新中国成立初期受前苏联影响较大，没有独立的学生工作组织机构，基本上采用"学校党委—院系—班级"的架构模式。随着高等教育的发展，特别是中央强调要加强大学生思想政治教育，各高校逐步设立了政治辅导处，并发展为学生处、学生工作部等。随着科教兴国战略的实施和创新型国家建设的推进，提出了要培养拔尖创新人才、要建设世界一流大学等目标任务，为此高校正在推进包括组织机构设置在内的综合改革，学生工作组织机构自然也要进行改革调整。一些高校大力推进学生工作专业化发展，设立了众多分工细化的学生工作专业服务中心；一些高校取消科层管理结构，实行扁平化的结构模式，面向学生提供直接服务；一些高校实行学生工作系统大部制，精简校级机关，重心下移，权力下放院系，等等。另外，随着各个高校战略目标的差异化发展，作为高校内部组织的学生工作机构，必然要进行改革完善，在全国高校学生工作组织机构规范化、科学化的统一标准中，不同高校将形成具有自身特色的学生工作组织结构。

3. 学生工作组织机构的发展目标

学生工作组织机构除了服务于人才培养和学校发展战略外，还有其自身的发展目标。高校学生工作组织机构伴随着社会经济和高等教育的改革发展而不断发展变化。新中国成立以来，特别是改革开放以来，高校学生工作组织机构经历了多次调整。经过不断改革发展，我国高校学生工作组织机构已经形成一套具有中国特色的架构体系和工作模式，组织不断完善，队伍逐渐稳定，内容不断丰富，理念与时俱进。但由于受历史传统、制度政策、工作理念等因素的制约，我国高校学生工作还存在机构设置不科学、机构名称不统一、职责分工不清晰、人员配备不专业等问题，仍不能满足高校学生工作的发展需要，不能满足大学生成长成才的实际需求。

高校学生工作系统一直处于建构之中，这既是基于外部社会经济的发展、变革和转型，也是基于学生工作机构内部，亦即工作理念、工作目标、工作任务、组织架构的发展变化，以及辅导员队伍的专业化发展。随着高校改革的进一步深化，高校学生工作系统也要进一步推进改革创新，完善健全学生工作体系内在结构治理，实现学生工作组织机构的规范化和科学化。

（三）高校学生工作的管理体制与机制

在组织机构设置中，组织的管理体制机制也是重要的影响要素。组织结构决定管理体制机制，而管理体制机制对组织机构设置也有重要作用。我国高校学生工作实行的是党委领导、党政齐抓共管的领导体制，学校统筹、院系为主的"两级管理"体制，职能部门推动、院系负责具体落实的"条块结合"运行机制。

1. 负责贯彻执行的学生工作职能部门

在"两级管理"的高校学生工作管理体制中，设有中间层级的管理机构，统称学生工作部门。在学生工作系统中，校级学生工作职能部门是最重要的组织机构，要围绕学校党委的总体部署以及学校培养目标，贯彻落实上级领导的重要指示，履行好组织协调、监督检查、考核和调查研究的职能并督促院（系）开展好相关工作。而在"条块结合"运行模式中，针对不同的工作内容体系，要设置不同的工作机构，如设置"学生资助中心"负责学生奖助的管理和服务，设置"辅导员培训和研修基地"具体负责辅导员的培训培养和日常管理，等等。

学生工作部门在学校党委的统一领导下，充当着领导决策和院（系）具体实施的桥梁，担负起宏观组织协调、监督检查、考核和调查研究等职能，起着上情下达、下情上传的纽带作用。学生工作部门具体职能包括：贯彻落实中央相关精神和政策措施，按照教育部、省市教育主管部门的统一安排和部署，结合本校实际，认真研究制定具体工作事务的相关政策，包括思想政治教育、党员教育管理、毕业生就业、学生奖助、违纪处分等方面的政策制度和管理办法，并组织实施和落实；通过开展广泛的调查研究，协助党委统筹设计学校的学生工作；根据学校年度计划和工作要点，认真组织开展学生工作，完成职责任务；积极领导和督促各院（系）开展工作，根据院（系）的实际工作需要，在职能范围内提供支持和帮助，做好指导和服务工作；积极做好学生工作系统部门之间的组织协调工作。

2. 负责组织实施的院（系）学生工作组织

在"两级管理"体系中，院系层面设有具体的组织机构负责学生工作的组织实施，一般由院（系）分党委负责，下设学生工作办公室、分团委等。在工作运行机制中，院（系）分党委在学生思想政治教育以及日常管理，党、团组织建设，学生工作队伍建设等方面结合学校、本院（系）特点以及实际情况有针对性地开展具体工作。落实学校党委的相关精神、政策和重大举措，完成学校学工部门所安排的工作任务。

院（系）学生工作办公室、分团委和辅导员是学生工作最基层的执行者和承担者。院（系）学生工作办公室和分团委做好相关精神的上传下达，做好具体工作的安排与分工。而一线辅导员，要直接面向学生，组织开展大学生思想政治教育、日常管理和校园文化活动等。

3. 自我教育和自我管理的学生组织

学生组织是高校学生工作体系中的重要组成部分，包括党团组织、学生会、研究生会以及社团组织等。学生党支部、团支部和班级等是大学生的最基层组织，是大学生自我教育、自我管理、自我服务的主要组织载体。通过组织开展丰富多彩的党日活动、团日活动和班级活动等相关活动，增强广大大学生的集体观念，发挥党团组织、班集体的育人作用。学生会、研究生会是学校党委领导下的大学生群众组织，是加强和改进大学生思想政治教育的重要辅助力量，同时，高校学生会、研究生会也是大学生实行自我教育、自我管理、自我服务的组织者。学生会、研究生会在共青团统一指导下，针对大学生特点以及本校学生的实际情况，开展丰富有效的思想政治教育活动，积极参与学校管理，在高校学生工作中更好地发挥桥梁和纽带作用。学生社团是高校学生工作的重要补充力量，"高校学生社团是由高校学生自愿组成，按照章程自主开展活动的学生工作组织，是以班级年级为主开展学生思想政治教育的重要补充"。

二、影响高校学生工作组织机构设置的人员要素

人员要素是影响高校学生工作组织设置的重要因素。高校学生工作的对象是学生，学生的规模是学生工作组织机构设置考量的基础；领导的治校理念和风格，是学生工作组织机构设置的直接决定因素；辅导员是学生工作的主体，决定了岗位和人员分工；专业教师以其科研成果和政策建议等形式，影响着学生工作组织机构建设。

（一）高校的学生规模

对于组织机构设置和结构设计，产品和服务对象等业务的规模大小是非常重要的影响要素。"不同规模的企业表现出明显不同的组织结构特征。根据企业组织管理理论，企业规模的大小会影响到组织结构的复杂化、正式化及集权化的情况。因此，企业规模对组织结构的影响作用是明显的。"无论企业或其他组织，规模的扩大将直接导致人员的增加、分工的细化、部门数量的增加、管理层级的增加，提高了组织结构的复杂性。

企业的产品或服务对象，在高校中对应的就是学生，企业规模对应的是高校的学生规模。学生规模是影响学生工作组织结构的重要因素之一。不同的学生规模，其学生工作组织设置和组织结构有很大的不同。当学校

规模比较小，学生人数比较少时，学生工作组织机构往往比较单一，集教育、管理、服务于一体，本科生和研究生的教育管理合二为一；当学生人数达到一定规模时，学生工作组织机构也往往会随之扩张，一些职能分离形成独立的部门，如心理咨询中心等；不同的学生类别人数增加后，也会出现组织机构的变化，如教育部要求研究生数量达到一定规模的高校要独立设置研究生工作部。另一方面，学生规模也直接影响学生工作队伍人员的配备，教育部 24 号令规定，高校一线辅导员要按照师生比不低于 1：200 配备；北京市教工委规定：北京高校应按照不低于 1：3000 的师生比配备专职心理健康教育教师。

（二）高校领导的治校理念和风格

组织是由人组成的，领导者是一个组织的灵魂和核心，掌握着组织的权力，在很大程度上控制着组织机构的设置和组织的发展方向。根据领导者权力的集中程度，可以将领导风格分为集权和分权两种类型。"所谓集权，是组织中的领导者把企业的决策领导权集中在组织上层甚至于总裁一人之手，实现指挥的高度统一。集权的优点是便于从整体组织目标出发处理问题，避免局部利益行为；可使组织的有限资源得以更有效的利用，并有助于确保组织政策和行动的一致性，提高组织的控制力。同集权相反，分权指的是企业的领导者把企业的权力尽量下放到组织基层，分权的优点很多，集权的缺点反过来看就是分权的优点。另外，运用分权管理模式在处理企业各类问题上能机动、灵活、及时，当下层部门有一定权力时，就可以随时根据情况处理问题，不需要层层上报审批，这样有利于提高办事效率。"集权式领导把组织的领导权力集中在上层，倾向于等级森严的科层式组织结构，有利于集中管理、统一指挥。分权恰好与之相反，分权式领导把组织的领导权力放到下层，倾向于扁平化职能型的组织结构，有利于调动基层的工作主动性和创造性。

在高校中，学校党委书记、校长以及分管副书记、副校长的领导风格会对高校学生工作组织结构造成一定的影响。学校领导偏向于分权管理理念和风格，则往往就学生工作的不同条块内容，设置相应的组织机构，而且管理权力会较多地下放，高校的学生组织结构就趋向于扁平型；若学校领导偏向于集权管理理念和风格，则管理权力会比较集中，设置大的学生工作部门，集学生工作所有管理事项于一体，而且采用科层式集权管理，高校学生组织结构就趋向于垂直结构。有些领导相对比较保守，喜欢沿用传统的组织设置；有些领导比较开放，或有留学的经历，喜欢学习西方高校学生事务管理组织设置模式。有些领导较好地落实教育部等上级精神，按照有关要求设置学生工作组织机构；有些领导则完全按照自己的思路，不理睬上级部门对学校具体工作的要求，特别是学生工作组织机构的设置要求。另一方面，领导的风格和喜好，对学生工作的人员队伍配备也有直接的影响。

(三) 高校学生工作队伍的素质和规模

员工的素质和规模对企业的组织结构有直接的影响。对于高校学生工作系统而言，学生工作专职人员和院系专兼职辅导员，相当于企业的员工。学生工作队伍规模会直接影响着学生工作组织机构的设置和结构。一方面，学生工作队伍规模的扩大，将使学生工作组织结构产生水平分化和垂直分化。水平分化是指学生工作的业务分工更加细化、专业化；而垂直分化是指学生工作组织中的部门数、管理层次数会增加。另一方面，学生工作队伍数量的多少将影响学生工作组织机构的管理幅度。倘若学生工作专职人员较多，则可以通过适当增加管理幅度来减少管理层次，学校就学生工作队伍的管理也要向院系做适度的授权，此时学生工作组织结构就更倾向于扁平型；反之，当学生工作专职人员较少时，管理幅度可以相应压缩，组织结构更偏于垂直型。当学生工作队伍达到一定规模时，原来简单的协调沟通将失去效率，而是要进一步完善规章制度、规范工作流程，以利于学生工作队伍的建设和发展。

员工素质的高低，也会影响组织设置和结构。人员素质越高，越适合扁平化职能型的组织机构，给予员工充分发挥的空间，强调自我约束；人员素质较低，则比较适合科层制组织机构，强化规范管理。学生工作队伍，总体上素质是比较高的，因此适宜采用扁平化职能型的结构，可以给予员工更多的自主权和灵活性，发挥他们的主动性和创造力，提高学生工作的效率和效果。

(四) 高校专业教师的影响

在高校学生工作队伍中，有一部分是"双肩挑"的专业老师，即一部分专业教师兼任辅导员或班主任工作。他们的思想认识、工作理念、工作思路以及专业学识，直接作用于学生组织，在学生党组织、团组织和班级管理中得以体现，也体现在学生干部的选拔、使用和培养中。有些学校的一些院系主管学生工作的副书记，也是由专业教师兼任，他们的思想认识、工作理念、工作思路以及专业学识，甚至工作作风，都会对本学院的学生工作组织系统产生影响。如有些班主任倾向全班民主选举党支部书记、团支部书记和班长，而有些班主任则喜欢指定学生干部；有些院系分党委副书记倾向多为学生提供锻炼的机会，学生会机构较多、学生干部队伍庞大，有些则认为学生会机构应该精简，相应的学生会组织部门比较少、学生干部队伍人数也比较少，等等。

当然，绝大部分专业教师不是学生工作组织的成员，但由于同在高校内部环境，而且存在教书育人的关系，通过在授课过程中对于大学生知识、学习能力、处世哲学和社会活动的影响，不断影响着学生工作的对象，即学生。因此，一个高校的专业教师队伍的思想政治立场、教学科研水平会影响其学生的思想状态和思维倾向。而大学生的思想动态又是高校学生工作的主要关注点，因此专业教师对于高校学生工作的开展以及高校学生工作组织机构的设置起到间接的作用。另一方面，高校中从事大学生思想政治教育和高校学生事务管理研究的专业教师的研究成果和政策建议，也对学生工作和组织设置产生影响。

三、影响高校学生工作组织机构设置的外部环境因素

对于任何事物而言，其自身的存在与发展都受到内部和外部因素的同时作用和影响。环境因素是指与组织机构相关的外部环境中的各种事物，包括社会制度、国家法律、道德规范、风俗习惯，等等。外部因素虽不像事物自身的内部因素那样对事物起着决定性的影响作用，但是往往对事物的维系和变化有着举足轻重的客观影响力。我国高校学生工作组织机构的设置虽然从根本上受到其自身组织特性的影响而呈现当今的形态，但是从客观的角度来看，我国高校学生工作组织之所以会有当前的设置特点，相当一部分原因是受到诸多外部因素的综合影响。

（一）影响高校学生工作组织机构设置的制度环境

制度，又称为建制，是社会科学里面的概念。从社会科学的角度来解释，制度泛指为规则或运作模式，规范个体行动的一种组织结构。这些规则蕴含着组织的价值，其运行彰显着一个组织的秩序。制度是一种人们有目的建构的存在物，制度都会带有价值判断，从而规范、影响建制内人们的行为。据此而言，制度是一个组织体系生存与发展的首要外部影响要素，对于任何一个组织体系进行研究分析都是从对其制度的分析开始的。制度是领导高校学生工作组织发展方向的重要工具，尤其对学工组织机构设置有着重要影响。制度具有明显的外在强制性，它反映了一定社会组织的准则，渗透着该组织的管理目的和发展方式等多方面的内容。它具有规范性、保障性和可控性等特点。高校管理制度是指高校健全的机构、完善的体制及其所制定的各种规章制度和管理所形成的文化氛围。高校管理制度建设

的目标是做到高校管理方面有法可依、有章可循、违规必究，使高校学生组织成员的行为科学化、规范化、制度化。在各高校不同管理制度的规范下，高校也形成了不同类型的学生工作组织机构。要对我国高校学生工作组织机构设置的影响要素进行分析，首先就要对影响我国高校学生工作组织机构设置的诸多制度要素进行深入的探讨。

1. 中央有关高校学生工作的政策制度

中央对高校学生工作的指导思想和精神要求，是高校学生工作发展方向、行动目标、运行准则的基本原则和政策依据。中央历来对大学生思想政治教育高度重视，相继出台了一系列政策文件，对高校学生工作组织有着深刻的影响。1952年9月2日，中共中央转发教育部党组《关于在高等学校试行政治工作制度的报告》，提出："在有条件的高等学校设立政治辅导处，配备政治辅导员。"1964年6月，中共中央批转高教部党组《关于加强高等学校政治工作和建立政治机构试点问题的报告》，"教育部决定在直属高校设立政治部，确定北京大学、清华大学为设立政治部的试点学校，要求在二三年内配齐班级的专职政治工作干部。试点以后，1965年3月高等教育部政治部发出通知，要求各直属高校建立政治部，大力充实政治工作干部队伍。高等学校政治部的设立，使大学生思想政治教育队伍走上了专职化发展道路，极大地充实了大学生思想政治教育队伍"。高等学校政治部的设立，使大学生思想政治教育有了独立的组织机构。1994年，教育部下发《关于进一步加强和改进学校德育工作的若干意见》，高校开始设立青年部、德育部等。2004年，中共中央、国务院颁发《关于进一步加强和改进大学生思想政治教育的意见》，对新时期的高校学生工作及其组织建设，产生深远的影响。

2. 教育主管部门的管理制度

中国高校行政化管理特点突出，全国高校接受教育部统一管理，直属高校直接接受教育部管理，地方院校则间接接受教育部管理，直接接受省市教育主管部门管理。教育主管部门的管理制度是保证高校有效运行的重要手段和工具，教育主管部门对于高校学生工作的管理制度和文件要求，是高校学生工作组织机构设置和有效运行的直接依据，分别对学生工作组织机构设置和学生工作队伍建设有重要的影响。第一，各高校要根据教育部相应机构设立相应的部门，以便职能衔接。目前，对于中国高校组织机构而言，基本上是对应相关国家行政部门和党委系统而设立，如党委办公室、校长办公室、组织部、宣传部、人事处、财经处、外事处等。当然也有高校自己的特点，如学生处、教务处、研究生院等，但也是相对应上级主管部门，特别是对应教育部相关司局机关而设立，学生工作系统主要对应的是教育部思想政治工作司、学生工作司等。第二，根据教育部的具体文件要求，成立相应的组织机构。随着高等教育的改革发展，教育部陆续出台制度文件，如教育部《关于进一步加强普通高等学校毕业生就业、指导服务机构及队伍建设的几点意见》、《关于进一步加强高校学生管理工作和心理健康教育工作的通知》、《关于进一步加强高等学校学生资助工作机构建设的通知》、《普通高等学校辅导员队伍建设规定》（教育部 24 号令）、《关于进一步加强和改进研究生思想政治教育的若干意见》，等等，要求高校学生工作系统设置成立就业指导中心、心理咨询中心、学生资助中心、辅导员培训和研修基地、研究生工作部等。第三，高校学生工作组织机构的职责来源于教育主管部门的法律法规，要按照主管部门的有关规定贯彻落实，如教育部颁布的《普通高等学校学生管理规定》，各高校要根据该规定，制定具体的办法，在本校组织实施。

3. 学校有关学生工作的制度设计和规定

学生工作组织机构作为学校的一部分，最直接的制度影响来自学校内部。每个高校的顶层制度设计，直接决定学生工作的组织设置。有些高校成立学生工作指导委员会，有些高校设立学生工作系统的大部制，有些高校则保留传统的组织体系。目前，教育部陆续发布高校的《大学章程》，每所高校都对学生工作的职责与内容做出规定和说明，一些高校还对学生组织的设置和权力加以明确。另外，学校的规章制度也会影响高校学生工作的组织设置、职能划分和人员配备。有些学校制定出台"关于加强和改进大学生思想政治教育的意见"、"关于加强辅导员队伍建设的意见"等文件，加强和完善学生工作组织建设、队伍建设。一些学校为了建立和完善学生申诉制度，成立学生申诉委员会；一些高校在学生违纪处分办法中规定，本科生违纪由学生处负责处理，研究生违纪由研工部负责处理，而有些高校本科生违纪由教务处负责处理，研究生违纪由研究生院负责处理。

4. 高校制度文化的影响

高校制度文化是指高校组织机构、体制机制、规章制度、工作流程及其日常运行所形成的一种文化氛围。高校制度文化直接影响着高校学生工作组织设置、流程规范和工作效率。制度文化良好的高校，应该具备齐全、科学的学生工作组织机构，具备丰富、生动的学生教育内容和形式，具备统一、规范的管理制度，做到规范化管理、人性化服务。而且，良好的制度文化能够保证组织机构及其工作的延续性，保证学生积极、民主地参与学校管理。若制度文化不好，则往往出现组织不健全、制度不规范、组织臃肿、职责不清、人员涣散、朝令夕改等问题，甚至出现组织设置和人员聘任都由领导说了算，唯领导是从等问题。

（二）影响高校学生工作组织机构设置的社会环境

马克思指出："人是一切社会关系的总和，任何人都不能脱离社会单独存在，每个个体都生活在一定的社会环境中。"社会因素是社会道德规范、思想意识、社会文化等与学生工作相关的各种社会事物。它们的存在和作用是强有力的，影响着人们态度的形成和改变。社会因素对于高校学生工作组织机构的影响主要是通过对于其内部成员的价值取向的影响以及对于其工作对象，也就是对高校教师和大学生的思想影响来实现的。社会上各种各样的文化思潮、社会现象和风气都会对高校的教师和学生，即高校学生工作组织机构的成员和工作对象的自身价值取向、思想动态等产生影响，进而影响着高校学生工作组织机构的设置。

高校学生工作组织机构，作为大学生思想政治教育的教育管理机构，教师和学生的价值取向、思想动态等将直接影响高校学生工作组织机构的工作目标、工作内容和工作方法。我国正处于社会转型期，社会利益多元、价值观念多元，个人利益和国家利益、局部利益和全局利益有时不可避免地发生摩擦和冲突。这种摩擦和冲突，以不同的方式影响着高校学生工作组织成员，即高校大学生和辅导员的人生观、价值观。高校大学生作为学生工作开展的主要对象，他们的思想动态和价值取向，决定着学生工作开展的内容和方式；而辅导员的政治思想和价值取向，决定着高校学生工作能否有效开展。因此，社会因素通过影响大学生和辅导员的思想和价值取向，来影响高校学生工作组织机构的目标、方式和方法，进而影响学生工作组织机构的设置和结构。

有学者提出："社会因素对高校德育的影响按其影响作用的结果分为正效应和负效应。"社会因素对高校学生工作组织的影响也可分为正效应和负效应。社会因素的正效应，就是社会因素对学生工作组织的积极影响。比如，当前国家社会经济快速发展，国际地位明显提高，人民生活水平大幅改善，为高校学生工作提供了很好的现实案例；国家强调加强大学生思想政治教育、培育和践行社会主义核心价值观、强化高校意识形态领域工作，为高校学生工作提供了很好的外部环境；国家强调拔尖创新人才培养、推进教育教学改革等，也为学生工作提供直接的支撑。社会因素的负效应，就是一些社会因素对学生工作组织的负面影响，如面临西方文化的渗透、面临的暴恐危险、社会中存在的功利自私的倾向、"黄赌毒"现象，等等，这些社会问题和现象对大学生的影响不可忽视，必须引导学生正确地面对和分析。社会环境是不断发展变化的，我们要通过自身自觉的能动作用来改造现实环境，创造出有利于高校学生工作的良好环境。

(三) 影响高校学生工作组织机构设置的高校系统环境

高校系统是一个庞大的系统，我国有近 2000 所普通大专院校，高校之间是一个比较开放的系统，相互之间交流比较多，既有相互学习，也有相互竞争。在高校学生工作组织机构设置方面，高校系统的环境因素有重要影响。这里，重点谈一下标杆高校对其他高校学生工作组织机构设置的影响。确立标杆，也称对标或"标杆追寻"，其基本思想就是寻找榜样目标，通过学习、模仿、创新，最终追赶并超越榜样目标。"标杆管理或标杆瞄准是指企业将自己的产品、服务和经营管理方式同行业内或其他行业的优势企业进行比较和衡量，从而提高自身产品质量和经营管理水平，提升企业竞争力。"一般用于企业管理，一些企业为了更快更好地发展，确定竞争目标，通过连续追踪、学习、模范和创新，最终超越竞争企业。在高校领域，现在也存在这种标杆管理模式，在访谈中，许多高校都表示：自己学校的某些做法是向北京大学学习的，某些做法是向清华大学学习的。

随着高校的开放和交流，高校在设定战略目标、组织建设和人员配备方面，标杆管理的影响是很大的。一些高校为了更快、更好的发展，经过认真调研和分析，寻找与自己学校在学科优势、硬件设施、师资队伍、学生规模等方面比较相近的国外著名或知名大学作为自己的标杆，如北京师范大学就曾把美国哥伦比亚大学作为自己的标杆学校，分析北京师范大学和美国哥伦比亚大学各项排名指标之间的差距，分析存在差距的原因，确定努力发展的方向，计划在一定的时间内赶上对方。

国内高校之间的学习交流非常频繁，国内的一些著名高校，也起到了标杆带头作用。主要表现在以下几个方面：一是像北京大学、清华大学的引领示范作用，只要北大、清华采取新的举措、出台新的制度，其他高校往往向它们学习和借鉴；二是同一类型高校间的学习和模仿，如北京师范大学在师范教育领域的地位，决定着北京师范大学在师范院校系统内起着领头羊的作用，一些地方师范院校经常到北京师范大学取经交流；三是一些高校确实根据高等教育的发展规律和人才培养规律，探索出了新的思路和组织形式，其他高校也会学习和模仿，如上海交大的学生工作指导委员会（简称学指委），以及上海高校探索的学生班集体"易班"建设等。

第二节　高校学生工作科学发展理念的践行策略

实现高校学生工作发展理念的科学化，践行的对策应该是多样的。基于对高校学生工作科学发展理念的认识标准和关注点不同，对策思考也会呈现百花齐放的局面，每个教育者对于科学化的实现可能会采取不同的对策选择。高校学生工作要到达科学发展的目的，应有一体化的顶层设计，分层分阶段、全方位全过程地对学生开展系统化的思想政治教育，优化高校学生工作过程方法与手段，积极把社会主义核心价值观内化为大学生的自觉行为，同时，对高校学生工作所取得的成效进行科学化评价，及时反馈学生工作中存在的问题并加以改进，以推动大学生思想政治工作取得实效。

一、高校学生工作系统化顶层设计

高校学生工作的实质就是做大学生的思想政治教育工作。从国家层面来讲，大学生的思想政治教育工作关乎国家的前途命运和民族的命运，事关科教兴国战略和人才强国战略顺利实现。从高校来讲，大学生的思想政治教育工作关乎大学生成长的命运，关乎高校人才培养的质量和社会对高校办学声誉的评价。因此，高校学生工作的顶层设计在整个学生管理系统中居于指导地位、核心地位，它是学生管理工作系统的灵魂与指针。高校学生工作作为一种特殊的育人管理机构，有其自身的独立性，整个管理流程处于系统化的运行机制中。为此，高校学生工作应结合自身实际，构建一套系统化的顶层设计，以实现学生工作科学发展。

（一）大学生分阶段目标教育体系架构

1. 大学生分阶段目标教育的内涵

所谓的目标教育，是根据上级要求、所在组织管理目标和受教育者自身的状况，制订一定时期的组织（或个体）教育目标，以及为实现该目标而开展的一系列教育活动。目标教育应当具有以下三个特点：一是以教育目标为中心，二是坚持成效第一的原则，三是强调"自我教育"。大学生目标教育作为培养学生成才的中心任务，需要通过多种途径实现，例如，大学生党团组织、社团活动、读书活动、大学生社会实践活动、课外科技竞赛等。而大学生分阶段目标教育是指根据高校育人目标和受教育者自身的状况，科学设计的一整套分阶段（学期或学年）实施并需要按期实现的大学生群体或个体教育目标和指标。简单地说，大学生目标教育就是分年级、分阶段培养大学生的素质素养，实现自我管理，自我教育，自我完善，自我提高，消除他们的迷茫和困惑。分阶段实施目标教育的客观依据就是大学生成长的阶段性。心理学界认为，个体成长的全过程具有阶段性，其中某一阶段的成长也具有阶段性。在大学这一特定的成长阶段中，学生要经历两个阶段的变化：从中学到大学阶段，从大学到准备走向社会阶段。在此过程中，他们的学习和生活实践都会随之发生改变。由于年龄不同，成长水平和需要不同，大学生在适应这两个变化阶段的同时，他们的成长过程也会随之呈现出相应的、有规律的阶段性。

当前，高校对大学生实施分阶段目标教育，体现了新时期高校学生教育管理工作的时代性与实效性。2001 年，重庆文理学院升本建院后，逐渐实施分阶段目标教育，是较早推行这一做法的普通本科院校。该校自升本后，连续下发了两个红头文件《重庆文理学院学生思想政治目标教育实施办法》《重庆文理学院大学生能力素质拓展培养实施办法》，这两个文件的内容随后明确载入《重庆文理学院学生手册》，作为教师尤其是学生工作人员教育管理学生的科学依据，作为学生进行自我教育、自我管理、自我培养的科学指南。

2. 分阶段目标教育内容的实施

（1）一年级：抓角色适应，重理想信念引导。大学一年级是整个大学阶段学习生活的开端，大学生对大学新的环境、新的学习、生活内容充满了好奇心，他们对学习有较高的积极性，在这一阶段对他们的教育和管理将直接影响到他们的学习态度和思维方式，影响到他们之后三年的学习、生活及其身心的健康发展。因此，多个方面的教育和管理必须从大一就开始抓起，为将来大学生的个人综合发展打下良好的基础。针对大一新生的系列教育主要围绕养成教育、角色转换教育、理想信念教育来展开，通过教育使学生迅速完成从中学到大学的角色转换，良好行为习惯的养成以及人生观、世界观、价值观的形成等，其重点在于明确自己的目标定位。具体讲，应该从以下几方面开展：

1）校史校情教育。学校学工部（学生处）要对学生加强校史校情的教育，通过授课教师讲解，组织学生轮流参观校史展览馆、观看校史录像、浏览学校网站等方式让学生对学校的过去、现在、将来都有大致了解，增强学生对学校的信任感，对教师的尊重感，提高学生的自豪感。

2）常规教育。大学学习生活和初高中不一样，众多新生都不太适应新的环境，这就要求学校学生管理部门、教学院系的学生管理人员必须采取各种形式帮助大学生尽快地适应大学生活，了解大学学习生活特点。这些内容主要包括对新生进行行为规范教育、校纪校规教育、安全教育以及道德修养教育等。加强大学生的理想信念教育，增强大学生的爱国主义、集体主义意识，培养他们拥有坚定的政治方向，树立高尚的理想情操与道德风范。

3）专业思想教育。专业思想教育应重点围绕专业培养目标展开，涵盖学科的发展史及特点、专业的发展现状、专业学习中应该特别注意的问题、专业的发展方向以及发展前景和社会认可度等。通过专业思想教育，引导学生树立坚定的专业学习目标，明确专业的学习态度，增强他们对于所选专业的信心，引导大学生培养自学能力，合理利用课余时间，改进学习方法，提高学习效率。经常性地组织经验交流会，让学生们能够取长补短，及时总结自己的经验教训，尽量少走弯路，结合学校教育与自我教育，使他们较快地更新学习观念，完成学习态度和学习方法的转变，从而更加科学地学习，有规律地生活。

4）党团知识教育。做好大学生党团工作对于提高大学生的政治素养意义重大。对新生进行党团知识教育，有助于引导他们树立正确的理想信念，有助于坚定他们的政治立场，加强大学生对党的信任感与对党负责的责任感。党团教育的内容主要包括党的发展历程、现时代的主题精神、如何在思想上和行动上向党组织靠拢、怎样做一名合格的大学生党员、规范的入党程序和材料，以及怎样把学生培养为合格的大学生党团干部等方面，使学生正确地、清楚地认识党团组织，真心热爱党团组织，从而自觉、积极、主动地用实际行动向党组织靠拢。

5）人际交往教育。大学里人际交往的范围远比初高中要宽广，而他们在学校的现实情况是，一些学生人际关系敏感，缺乏人际交往能力，主要是他们刚步入大学，社会经验和人际交往经验欠缺，他们在思想上明白人际交往的重要性，但是，由于人际交往知识不足，心理上有一定程度的排斥感。通过人际交往教育，要让大学生理解，拥有良好的人际关系对大学生的学习和成长具有重要的促进作用，不良的人际关系会让他们体验不到快乐，影响个人健康发展。因此，应该从大学一年级就开始对大学生进行人际交往教育，帮助大学生确立良好的人际关系，教育大学生正确地自我认识和自我评价，鼓励他们主动大胆地与人交往，参与各种各样的社交活动，这有利于学生增强自信心，克服自卑心理，积极地自我提高和自我强化，能更顺畅自如地参与以后的交往活动；同时，加强大学生交往技巧的教育与训练，教他们学会与形形色色的人打交道，增加他们走出校园，走向社会后的竞争力。

6）职业规划教育。在新生入校后，就要对他们进行职业规划的指导工作，使他们明确职业规划的重要性，提高对职业规划的认识，明确职业规划的基本步骤。要做好职业规划教育，帮助学生建立职业规划，主要步骤为：首先，要求学生全面评估自我，了解社会需求；其次，要求学生明确发展方向，确立职业目标；再次，培育学生的职业能力，提高其职业修养；最后，引导学生积极参加各种职业训练，初步实现从学生到职业者的角色转变。

通过对大一学生上述内容的阶段性教育，促使学生达到的基本目标是：热情谦逊、团结友爱；举止文明大方，有良好的学习、生活习惯，遵守集体生活准则；较快熟悉大学环境，认真学习科学文化知识；积极参与民主选配班级学生干部工作；坚持参加院（系）班集体（含社团）活动；严格遵守校纪校规，自觉维护校园稳定；积极做好职业规划；认真学习党史和中国革命史，并以实际行动追求崇高理想。

（2）二年级：抓专业引导，重知识结构完善。经过一年级的大学生活、学习以及寒暑假期间进行的社会实践调查，二年级学生已经对大学生活、社会环境以及自我有了一定的认识和了解，各方面能力也有了一定的提高。因此，二年级大学生的目标教育主要是在对一年级教育内容强化的基础上，重点抓专业引导，加强大学生创新精神的培养。具体应该从以下几方面开展：

1）专业基础知识教育。通过大一阶段的专业思想教育，大学生已经对自己的专业有了一定的认识和了解，大二阶段就开始进行专业基础知识教育。专业基础知识涵盖专业的特点、内涵、意义、作用等多个方面内容，其目的主要是让学生深入了解本专业，全面理解本专业的知识结构、发展方向等，进一步明确学习目的所在，激发学习动机，端正学习态度。在加强专业基础知识教育的同时，帮助学生寻找最适合自己的学习方法，教会学生科学地分配和运用时间。可以邀请一些学术造诣深、治学有经验的教授、专家做讲座；邀请有关任课教师针对所授课程特点介绍学习方法；安排高年级同学介绍自身经验；指导学生合理利用学校各种图书资源、电子资源，优化、创新学习方式，提高学生学习效率。

2）加强思想道德教育。在对大一学生进行常规思想政治以及思想道德教育的基础上，继续加强这方面的教育，使学生更加牢固地树立科学的世界观、正确的人生观、价值观。继续加强理想信念教育，坚持正确的政治立场和方向，坚定拥护中国共产党的思想信念，教育大学生要增强民族自尊心、自信心、自豪感，满足大学生强烈要求进步的信念，鼓励他们积极参加政治学习及其他政治活动，并能学以致用，提高自己的思想政治觉悟，按照党员发展的条件严格要求自己，积极上进，早日加入中国共产党。继续加强大学生的思想道德品质以及爱国主义等诸多方面的教育，将思想政治以及思想道德教育真正落到实处。

3）创新能力教育。江泽民同志指出："创新是一个民族进步的灵魂，是一个国家兴旺发达的不竭动力，也是一个政党永葆生机的源泉。"在知识经济不断迅速发展的当今时代，培养越来越多具有创新精神的人才已成为时代发展的主题和突出特点。作为培养高素质人才的高校，应有重点分步骤地培养学生的创新意识，促进学生创新能力的提高，以实现大学生全面健康发展的目标。进行创新能力教育，首先，要引导大学生意识到创新素质的重要性，引导大学生发扬创新思维，将创新的自我价值与社会价值紧密结合，培养他们对于创新的荣誉感、责任感和义务感，使他们树立为国家为民族为人民的进步和发展而不断创新的思想，产生不断创新的内在动力。其次，要进一步加强文化知识的培养，重视实践教学环节，让学生更多地参与实践，提高他们的动手操作能力。鼓励学生敢于突破一切束缚性思维，敢于创造性地进行实验。

4）心理调适教育。与一年级相比，二年级大学生不再有最初交友时的新鲜感，基本形成自己固定的朋友圈。经过一年级的朋友选择，一些学生已经建立了自己良好的朋友圈，他们在学习和生活中互帮互助，处处都能感受到友谊的温馨，身心愉悦。但是，一些学生由于适应环境缓慢，人际交往能力较差，当他们看到其他同学有良好的朋友互帮互助时，他们既羡慕有时又感到悲伤，感觉命运的不公，从而容易陷入怨恨别人的境地，不利于自己身心的健康与发展。我们应当引导学生消除交往过程中的自卑自傲心理、恐惧猜疑心理。学校还可以通过组织相关专业教师开设人际交往课程，设置心理咨询室等，帮助学生纠正不良的交往观念以及行为习惯，逐步培养和提高大学生的交往水平，促进他们健康成长。

通过对学生开展大二阶段的相关教育，要求学生实现以下基本目标：能用马克思主义观点正确辨别是非，正确分析问题和解决问题，对党的性质认识深刻，基本具备党员发展条件；明确所学专业的发展方向、发展前景，了解专业特色及结构；具有明确的学习目的与正确的专业思想，有强烈的求知欲望；力争过大学英语四级、计算机二级和相关的职业资格认证考试，具有一定的英语与计算机运用能力；积极主动参与各类社会实践活动；具备基本的法律知识，知法、守法、用法。

（3）三年级：抓成才教育，重实践能力提高。经过大学一、二年级学习生活的历练与发展，学生思想道德修养逐步得到提高，专业知识素养也获得提升，人际交往圈子逐步稳定，综合能力不断增强，使他们的自信心和独立性进一步得到增强，具备了一定的自我教育和自我批评能力，大学生活进入发展提高的关键性阶段。三年级大学生主要进行以下几方面的教育，重点是抓成才教育，重视学生实践能力的提高：

1）专业展望教育。通过一年级对专业思想的了解以及二年级对专业基础知识的学习与积累，专业课程的学习在大三进入了全面的深入发展阶段。在这一阶段可通过进行专业特色展示、优秀毕业生展示、就业岗位展示、特色资源演示，让学生明白到每一个行业主要去做什么，需要用到哪些方面的知识，结合行业发展以及地方经济发展，强化引导学生进行深层次的专业知识学习，同时辅助介绍以前优秀毕业生的就业情况和校友风采展示，使学生更加坚定专业学习的信心，在校期间就认识到未来的长足发展方向，为将来不管是考研深造还是走上工作岗位都打下良好的基础。

2）形势与政策教育。通过形势与政策教育课程的开展，帮助学生了解社会前沿知识，理性地分析国内外形势，引导学生更加深入地理解党的方针政策，提高大学生自身的理论水平及辨别分析能力，进一步确立正确的世界观，坚持正确的政治立场，提升自身的思想政治修养与素质。同时还可以增强大学生的时代紧迫感和历史责任感，有利于提高大学生的民族自尊心和自豪感。

3）社会实践能力教育。大学生社会实践指通过组织在校大学生有组织、有计划、有目的地深入实践活动，使其了解社会、认识国情，增长才干、奉献社会，全面提高自身的综合素质与能力。首先，社会实践对于推动大学生的全面成长成才具有十分重要的作用，大学生积极参与社会实践活动，可以将理论知识学以致用，实现理论与实践的有机结合。其次，社会实践既可以锻炼学生的独立工作能力，又可以拓展知识面，促进大学生综合能力的提高。再次，可以培养大学生的爱国热情，树立正确的世界观、人生观以及价值观，有助于增强大学生的社会责任感和历史使命感。我们必须充分认识到社会实践对于大学生成长成才的重要性，积极开展大学生社会实践能力教育，引导学生积极进行社会实践实习；激发学生积极参与社会调查，大胆进行科技创新；督促学生利用假期多参加社会实践活动以及实习锻炼，充分调动大学生参与社会实践的积极性和自觉性，促进大学生综合素质的提高。

在大三阶段对学生进行的上述教育，要求学生实现以下基本目标：了解社会对人才需求的标准，明确大学生应具备的能力结构，并具有一定的观察分析事物的能力和语言文字表达能力；有健全的人格、高尚的品行、良好的心态，政治上已经基本成熟，成为预备党员或者至少成为发展对象；对自身有明确的定位，有确定的个人发展规划并积极完成；学习成绩至少要达到学校培养目标的要求；独立组织（主持）较大型活动（科研项目）适量的次数或有数次以上院系班活动参与经历；有一定的专业技能和较高的综合素质。

（4）四年级：抓职业教育，重就业创业指导。大学四年级是大学生在校期间的最后一个阶段，这个阶段要实现学生从学涯、生涯向职涯的过渡。此时的大学生经过了三年高校校园文化生活的熏陶，已经接受了一系列较严格的专业训练，专业知识得到了进一步的学习和深入，自主性也得到相应的加强，自我意识也有较明显的提高，通过参加各种实习活动，也取得了一些社会经验。但是走出学校、走向社会，面临的是又一次环境的变迁以及角色的转变，因此，四年级学生目标教育主要是抓职业教育，重点做好毕业、就业、创业指导。具体可以从以下几方面展开教育工作：

1）就业、创业教育。首先，进行就业形势教育，帮助他们分析当前的就业形势，了解毕业生将要面临的就业压力，使他们知道在就业过程中决定性因素就是自身的素质和能力，指导大学生建立正确的"就业观念"。当今中国高等教育已从"精英式"阶段步入了"大众化"阶段。在这一大的时代背景下，大学生应该根据自身的个性与特点确定未来的职业方向。让学生树立"先就业，后择业，先生存，后发展"的思想，鼓励学生拓宽就业视野，主动到基层就业，到西部就业，到欠发达地区就业。其次，进行创业教育。重视对大学生的创业教育，使学生改变观念，从被动就业转变为主动创业，树立"就业的高境界是创业，创业是高质量的就业"的新观念，鼓励学生选择创业作为自己的职业，并结合自己的兴趣特长和专业技能，实现所期望的自我价值。再次，进行就业技能教育。面对日益激烈的社会竞争，学校要有意识地强化学生与他人交流的能力，培养学生不管在什么样的场合都能自然、清楚地表达自己见解与思想的能力，逐步提升自己的就业竞争力。高校大学生可通过小组合作的形式，完成许多学习任务比如社会实践、论文写作、科学研究等，在与组内和组外同学的合作中锻炼团队协作能力。同时，要主动与他人沟通和交流，乐于接受他人与自己不一样的观点和思维，在实际工作中求同存异，共同进步。经过这样一些锻炼，学生将来不仅能较快地适应以后工作中复杂的职场人际关系，在工作效率上还能达到事半功倍的效果。通过教师的指导，让学生早日切身参与科学研究活动，培养学生独立思考并解决问题的习惯，培养学生建立一定的科学思维，提升其敢于实践、敢于创新的能力。

2）职业道德教育。进行职业道德教育必须针对大学生的特点，发扬团结互助的精神，正确处理好竞争与合作的关系；积极发扬开拓进取精神，用坚强的意志和强大的毅力去克服一切困难、挫折和风险，用自己的头脑和双手在拼搏、奋进中争取成功和胜利，在困难、挫折和风险的攻克中体现自己人生的价值；发扬自力更生、艰苦奋斗的精神，自觉主动地到最艰苦的地方去工作，把自己的青春和热血投入祖国和人民最伟大的事业，把自己全部的知识、本领和才华奉献给社会，奉献给国家和人民；发扬精益求精精神，提高自身素质，完善自我。通过职业道德教育，要让大学生明白职业道德对于未来职业、岗位规范的意义，使学生明确自己在将来职业生涯中应尽的职业义务与责任，不断培养良好的职业习惯，促进职业道德的完善与发展。

3）受挫教育。受挫教育就是为了引导学生在遇到挫折时应该如何面对，并培养他们独立的意识和不屈不挠的品质，这是受挫教育的根本出发点和归宿。在开展受挫教育的过程中，学生在经受挫折考验时，选择合适的时机进行引导，促使学生避免或尽量少地产生消极的情绪与抵触心理。为此，在大学生经历挫折时，应及时给予鼓励和肯定性的评价，增强他们克服困难的勇气和信心。认真细致地做好引导工作，帮助学生分析受挫折的原因，引导他们从容地面对挫折，磨炼出坚强的意志力。总结经验教训，提高综合能力，增强大学生耐挫折的能力。对于大四学生的受挫教育，主要是针对因择业失败导致的情绪问题。当学生择业遇挫后，应当及时引导他们保持冷静、理智的头脑，牢固树立自信心，找出挫折的来源。适度的挫折会使人的意志更加坚强，也会促使人积极思考，从而使人头脑清醒，认清自我。经历过挫折的人比没有经历过挫折的人更容易克服今后的挫折。在大学里经历些挫折，对毕业后走向社会，尽快适应社会有很大的帮助。因此，大学生一旦遭遇挫折，必须正确对待，不要总是忧心忡忡、自寻烦恼，要善于从中总结经验教训，重新寻找目标。以积极的心态来运用心理防御机制，提高对挫折的承受力，从容面对，最终找到战胜挫折的办法。

通过对学生大四阶段的目标教育，要求学生实现的基本目标是：热爱本职工作，团结协作，培养优良的职业道德情操；能正确地认识社会中存在的问题，有较强的适应能力和承受挫折的能力；有开放的市场观念；善于分析和捕捉就业信息，有创业的勇气与信心；树立正确的择业观、创业观和敬业精神，做好踏入工作岗位的知识和技能准备。

(二）"三全"育人体系构建

高校学生工作的实质就是育人工作，按照系统论观点，育人工作是一项长期的、复杂的系统工程。高校学生工作只有把各个要素合理整合，要素间相互作用，相互影响，构成庞大的育人体系，才能充分发挥学生工作的思想政治教育功能。

1. 以"四个课堂"为统筹，推动德育工作深入发展

在长期的学生教育管理实践中，我们认识到：全面加强大学生思想政治教育需要全方位、多元化的课堂，需要第一课堂、第二课堂、第三课堂与第四课堂并重，重视发挥第二课堂、第三课堂、第四课堂的积极作用，增强大学生思想政治教育的实效。

思想政治教育第一课堂——以学生在教室的听课学习为主。第一课堂是开展大学生思想政治教育的主渠道。思想政治理论课是思想政治教育的主课堂，形势与政策课、军事理论课、就业指导课、职业生涯规划课、心理素质教育课、生命安全教育课等也都是对大学生进行思想政治教育的第一课堂，在思想政治教育中发挥着主导作用。

思想政治教育第二课堂——以学生在校园内参与的各种校园文化活动为主。第二课堂是开展大学生思想政治教育的主阵地，是大学生在教师的指导下，在校园内策划、组织、参与的各种党团组织活动、文体活动、科技文化创新活动以及各种技能竞赛等活动。通过这些活动的参与，逐渐增强学生爱国主义情怀，提高集体主义意识，加强组织、策划、表达、管理以及团队协作等各种能力。第二课堂在大学生思想政治教育中发挥着重要的平台作用。

思想政治教育第三课堂——以大学生积极参与学校之外的各种社会实践活动为主。如专业实习见习、志愿服务、公益活动、"三下乡"社会实践等活动是大学生思想政治教育的第三课堂。对大学生开展的思想政治教育，仅仅靠单一的课堂教育，不容易充分调动其积极性、主动性，同时应引导他们积极开展各种社会实践活动。社会实践活动对于当代大学生了解社会、国情，增长才干、培养优秀品格，增强爱国情感和社会责任感，提高实践动手能力，具有不可替代的作用。

思想政治教育第四课堂——以大学生对互联网、移动媒体等新兴媒体的认识、使用为主。第四课堂是大学生开展思想政治教育的主平台。网络等新媒体作为一种高新技术，对当代大学生的学习、交往、自我意识、社会角色等会产生不同性质的双向心理影响。网络等媒体的互动性打破了先前的金字塔式的纵向人际结构，趋于扁平化的横向交往关系取而代之。这就决定了网络文化是善于消除隔阂、建立轻松话语氛围的平等文化。在网络新环境中，传统的单向灌输教育方式，不仅不能被学生轻易接受，甚至还会使其产生逆反心理。这对大学生思想政治教育提出了新的挑战。学生参与网络等课堂的互动学习，在一定程度上会有利于学生自我意识的发展，增强主体意识，调节身心健康。同时，利用网络的世界一体化的信息功能，

能够帮助大学生认识自我的社会角色，改变对社会某些方面的看法，承担起一定的社会责任，加强他们对社会、对他人的认识。网络课堂在一定范围内还有效扩大了大学生的人际交往范围，有助于缓解一些大学生的孤独感、寂寞感，增强其归属感和使命感。

把"四个课堂"融入大学生思想政治教育之中，增强育人效果的全面性。第一课堂即思想政治理论课课堂教学，是高校开展思想政治教育的主渠道，它为第二、三、四课堂提供基本理论、知识和方法论上的指导。唯有学生主体参与的积极性有了一定的提高，思想政治理论课教学方可达到预期的效果。高校思想政治理论课教师要运用灵活多样的教学形式，采取启发式、咨询式和讨论式的方法，提高大学生思想政治教育水平。第二课堂是围绕第一课堂理论教学组织开展的多种校园文化活动。第二课堂的最大特点是不受教学计划的约束，是学生主动参与、自由发挥聪明才智、展示才华的场所，它为大学生创造力的发挥提供了重要的现实条件。大学生参加学校的各种学术讲座、演讲、主题班会、辩论赛、计算机协会等第二课堂活动和科技咨询、科技开发、智力开发等校园文化活动，能增加大学生的学习兴趣，培养大学生的竞争意识和科技意识，锻炼和增强大学生的创造意志、创造技能。第三课堂是校外社会实践，是第一、第二课堂的进一步延伸，是学生实践能力和创新能力培养的重要途径。校外的各种社会实践活动，使他们深刻地认识到学好专业知识，化知为智，应用于社会的重要性，从而激发他们进一步刻苦学习，增强社会的责任感，培养其创新能力的自觉性和主动性。第四课堂是网络课堂。网络课堂学习是第一、二、三课堂的全面拓展。第四课堂最重要的作用是弥补了第一、二、三课堂的劣势：不敢面对面交流或碍于时间、空间的限制无法直接互动交流。第四课堂使得师生能够通过网络自由交流，与遍布全球的信息进行交互作用，不断满足学生求知的需要，增强自主性学习的能力。第四课堂能够高效充分运用现代教育技术，建设思想政治教育网络平台，把握学生上网过程中的内心体验，明确学生的思想道德倾向及特点，注意结合专业特点构建思想政治教育网络平台，丰富学生业余科技文化知识，引导学生上网交流、沟通科技文化知识，拓展思想、道德、科技文化空间、创建网上交流平台，为全面开展思想政治教育提供基本条件和重要保障。

2. 构建"三全"育人体系，增强德育实效

针对大学生思想政治教育现状的新特点，应积极探索拓宽大学生思想政治教育的新渠道，坚持全员育人、全程育人、全方位育人的有效统一，构建"三全育人"的德育工作体系，从而实现高校育人的工作目标，提高

高校德育工作的实效性，不断开创大学生思想政治教育工作的新局面。

（1）坚持全员育人，形成大德育工作格局。德育工作的复杂性、思想观念的社会性、学生品德形成的长期性等特点都决定了德育工作管理的全员性。全员育人即人人育人，主要是从育人主体而言，强调每个人都要有育人意识，树立起育人责任感，在自己的本职工作上发挥育人的职能，并且相互配合，交叉合作，形成一股强大的育人合力，构成完整、全面、和谐的大学生思想政治教育工作体系和格局。这里的"人人"主要指高校里的全体教职员工。"三全育人"中的全员育人，是要求育人队伍内部有一个体系和不同的分工，它是在以党委为龙头下的全体教职员工协力合作的一种育人体系。通过党委的统一领导，上下联动，其他各部门各司其职，协力合作，从而形成全员育人格局。在这种格局下，要求学工部根据新的形势与任务，有针对性地开展思想政治教育。学工部的主要服务对象是学生，因此，在开展思想政治教育的同时要注意与解决学生的实际问题结合起来。团委也是在党委的统一领导下开展工作，发挥团组织的作用，组织、协调和实施对学生的思想政治教育。辅导员、班主任按照党委的部署，在学工部的指导下，有针对性地开展思想政治教育。班主任和辅导员必须围绕学校的中心任务，同时协力合作，共同做好育人工作。思想政治理论课教师需提高自己的理论修养，塑造自己的人格魅力，拥有丰富的知识储备，改革教学方式，发挥思想政治理论课的主导作用。高校行政管理人员首先应转变管理理念，增强育人意识。行政管理人员要树立以学生为本的理念，围绕育人这个核心，淡化权利意识，去掉行政官僚化习气，尊重和理解学生，充满人性关怀，一切管理工作都必须以培养学生成才和全面发展学生作为出发点，将管理与育人紧密结合。高校后勤人员首先要强化育人意识，坚持育人为本。高校后勤服务与一般的服务工作最大的区别在于其紧紧围绕人这个核心开展，后勤工作人员开展服务工作时应以培养人作为出发点。后勤人员要善于努力学习，不断提高自身思想文化素质，同时要热爱自己的本职工作，以满腔的热情和优质的服务去感染学生，激励学生，为学生的成长创造良好的条件，营造一个良好、温馨的氛围，从而发挥育人的功能。

（2）坚持全程育人，形成系统化育人机制。全程育人主要是从时间上而言，它强调育人要贯穿大学生学习、成长的全过程，要认真研究大学生从高校入学到高校毕业每个阶段的特点及其身心发展规律，以及大学生每个阶段所面临的实际问题，有针对性地规划从低年级到高年级不同阶段的思想政治教育的工作重点和方法，促进大学生思想政治教育的发展。

1）根据不同年级的特点和规律，分年级、分阶段系统实施德育目标。

围绕党的教育方针和学校育人工作的核心，在不同的年级设立不同的教育主题。例如，对于大学一年级新生，以"适应"为主题，通过专业教育、军训教育、新老生交流、专题报告会、观看教育影片等方式，帮助新生解决好从高中到大学的过渡时期所存在的主要问题，树立正确的学习目标，增强社会责任感，培养良好的学习与生活习惯。对于大二和大三的学生，以"成长"为主题，通过道德实践活动、爱心奉献活动、"三下乡"社会实践活动、典型培养与带动等方式，帮助学生进一步坚定社会主义信念，增强做合格大学生的自觉性，激发学生树立远大理想，立志成才，提高他们认识问题与分析问题的能力。对于大四学生，要以"报国"为主题，通过就业指导、职业生涯设计、杰出校友报告会、专家论坛、就业实习等方式，帮助学生牢固树立为人民服务的价值观念，正确处理个人理想和国家利益、事业需要的关系，树立正确的择业观。

2）把握学生思想品德形成规律，开展过程跟踪教育。学生思想道德品质的形成是一个复杂的过程。为确保学生道德品质形成过程的顺利进行，要对学生思想道德发展进行持续不断的过程跟踪教育。比如，重庆文理学院的具体做法是，在学生入学之初，就为他们设计了"双记录单"，即《大学生成长记录单》《大学生消费记录单》，记录学生每个学期的思想道德发展情况、学习表现情况和在校消费情况，要求学生每个学期学会记录与总结，查找问题，为下个学期的成长提供成长目标，在辅导员、班委干部的督促下，促使自己努力实现新的目标。通过《大学生消费记录单》，促使学生学会理财，勤俭节约，珍惜父母的劳动成果。在学生的日常表现中，及时发现他们的优点与不足，利用每周末举行一次的思政教育进行表扬与批评，针对问题提出批评与改进意见。学校要求各方面的教育者，特别是辅导员、班主任，及时把握学生思想成长的规律，做好督促、鼓励与引导工作。

3）有效运用网络载体，积极推进德育工作进网络。网络的虚拟性、即时性、交互性给大学生思想政治工作带来了一定的难度。面对网络给德育工作带来的新挑战，面对学分制改革为德育工作带来的新问题，高校德育工作者要不断加强德育工作进网络的探索和实践，使网络成为高校思想政治教育的新载体、新阵地。一是要加强德育干部队伍的网络素质建设，把网络知识作为德育干部培训的重要内容；二是要加强德育工作网络阵地建设，建立德育工作网站，实施网上思想政治教育；三是要加强网络道德教育，提高学生的道德判断能力，将网络道德教育作为日常德育和思想政治教育的重要内容常抓不懈，使大学生自觉把文明上网、上健康网作为安全自律承诺的重要内容，并在实践中自觉践行承诺。

（3）坚持全方位育人，营造和谐的育人环境。全方位育人主要是从空间上而言的，它强调育人要体现在促进大学生全面发展的各个方面和环节，育人工作者要根据大学生的学习和生活实际，将显性德育与隐性德育相结合，通过有形的或者无形的手段把思想政治教育渗入他们学习和生活的各个环节，渗透到教学、管理和服务的各个方面，使大学生形成良好的思想品质和人格修养，促进大学生全面发展。要实施全方位育人，必须加强全方位的教育，形成一个全面、和谐的德育环境，使德育渗透到学生生活的方方面面，才能加强学生的参与性、自主性、选择性，切实提高德育工作的实效性。

1）以理想信念教育为核心，以爱国主义教育为重点，以身心健康教育为基础，构筑大学生成长成才的内环境。要充分发挥党团组织和理论型学生社团的优势，突破传统集中学习的单一理论学习形式，开展小组讨论、简报制作、视频观看、经验交流、访谈参与等多种形式的政治理论学习教育，使广大学生能参与其中，营造全员学习的氛围。要认真落实国家关于解决高校贫困家庭学生困难问题的相关政策，建立和完善助困与育人相结合的有效措施，充分发挥助困的育人功能，培养大学生自尊、自立、自强、自爱的精神。积极开展结对帮困活动，动员广大教职工奉献爱心，协调全社会各方面的力量为贫困家庭学生排忧解难。同时，在全体学生中加强艰苦奋斗、自立自强、勤俭节约、感恩报国的教育，引导贫困家庭学生树立自信心，使学生顺利完成学业；要建立完善毕业生就业服务体系，通过设立就业指导中心，经常和用人单位取得联系，拓展就业渠道，帮助学生搭建就业桥梁；要建立心理问题危机预警机制，认真开展大学生心理健康状况排查，建立辅导员值班制和异常情况报告制，以及从学生骨干、辅导员、班主任到学校各部门的学生心理危机快速反应机制，实现心理问题及早发现、及时预防、有效干预，严防因严重心理障碍、情绪冲动等引发自杀或伤害他人事件的发生。

2）以党团建设为保证，以组织创新为动力，构建大学生成长成才的组织环境。全面完善团支部的组织建设与制度建设，确保工作有序开展；充分发挥创造精神，以"三个代表"重要思想为指导，以"八个落实"（宣传落实、组织落实、培训落实、活动落实、推优落实、表率落实、管理落实、要求落实）为要求，把党建育人工作放在一个十分重要的位置上，全力推进学生党建工作。通过常教育、重实践、定任务、压担子等形式，引导学生党员保持先进性，不断发挥好先锋模范作用。

3）以贴近实际、贴近学生为特色，以校园文化活动和社会实践活动为载体，构筑大学生成长、成才的外环境。校园文化建设的过程就是育人的过程。让学生宿舍成为学生健康成长的第二课堂。通过有组织地开展宿舍卫生评比、宿舍文化竞赛等创建活动，将寝室考核与学生奖惩、奖学金评定、推优评先、学生党员发展紧密挂钩，使学生宿舍成为学生自觉接受思想政治教育、提高综合素质的重要阵地，使学生从我做起，从小事做起，在积极向上的寝室文化氛围中健康成长。开展丰富多彩且各具特色的育人活动，寓教育、管理于学生日常生活和活动之中，也是高校全员育人应贯彻的工作思路。比如结合专业特色，举办讲坛、论坛等学术活动和文化艺术活动，并将它作为学生品牌活动持续推广下去，锻炼学生分析问题、解决问题、表达自我的能力和勇气，以赢得广大学生的积极参与。精心筹划假期的社会实践活动，根据各专业情况，组织专业社会实践考察组，倡导学生学以致用，为学生搭建获得社会成长的平台，让学生对专业知识和技能有更好的认识和了解，从而切实做到为学生的成才服务。支持学生会、学生社团等学生自我管理组织，营造大学生自我管理、自我教育的氛围。定期或不定期开办学生干部培训班，在思想上对他们高标准、严要求，在工作上对他们加以指导，积极为他们创造条件，使学生干部在参与学校学生管理的同时，提升能力，发挥导向示范作用，以点带面，变大学生"他律"为"自律"。同时，积极扶持和引导学生社团，让学生社团发挥大学生自我教育的作用，并培养大学生的兴趣爱好，陶冶情操，开阔视野。

3. 加强家庭、学校、社会教育一体化，拓展德育延伸空间

大学生思想道德发展的实质，主要是道德判断能力和道德行为习惯的养成两方面。学校教育在道德判断和行为能力培养以及道德价值规范体系的传授中，发挥着最主要的作用。但是有更多的道德习惯，是受到家庭和社区环境共同影响的结果。家庭、学校、社会教育三位一体的德育模式是一个系统、完整、开放的德育模式，它倡导整合一切德育资源，调动所有的德育力量并形成合力，参与德育系统这项浩大的工程建设。因此，将学校、家庭、社区进行整合，延伸德育课堂的空间，构建开放、系统、严密的家庭、学校、社会教育三位一体的德育模式是促进大学生全面发展，增强德育实效性的客观要求。

（1）重视开发家庭、社区的德育资源，发挥其德育功能。人的发展最初都受家庭的影响、熏陶和启蒙。因此，应发挥家庭教育的功能，有意识地将德育观念和准则渗透于家庭教育中。目前，我国的家庭教育为孩子的成才发挥了巨大的作用，但还存在一些不足，例如家庭教育功能的缩小，把家庭教育狭隘地理解为智力和知识的教育，许多家长过度关注孩子的学业，围绕孩子的学习成绩盲目投资大笔财力，而弱化了对孩子品质、心理

健康的教育。由于家长的言行举止对孩子的成长以及价值观念有着不可磨灭的影响，因此，发挥家庭的德育功能时，家长应注意以身作则，以良好的道德价值观引导孩子，以文明礼貌的言行举止来影响孩子。同时，家长要营造良好的家庭文化氛围，改变家教方式，与孩子建立平等、宽容、和谐的关系。随着改革开放和市场经济的发展，社区已成为青少年学习、生活、娱乐的主要场所。因此，我们要拓展德育渠道，利用好社区这个阵地，建立起大学生积极参与精神文明建设活动的机制，美化社区环境，优化社区秩序，完善社区服务，发挥社区德育功能。比如，可以建立青少年社区服务中心、社区志愿者站等，并完善配套设施，如建立社区书屋、社区爱国主义教育基地等，健全社区服务制度。同时要整治社区和学校周边环境，禁止各类经营性娱乐场地传播封建迷信、腐朽思想和文化垃圾，集中打击侵害青少年权益的违法犯罪活动，给青少年健康成长和学习营造健康的环境。

（2）建立以学校为主体，家庭和社区为两翼的合作机制。学校是担负传授思想道德文化信息、价值准则等的主阵地，对大学生思想道德品质的形成与进步有着全面、系统和深远的影响，因此，应发挥学校德育的主阵地作用。家庭和社区是孩子成长的摇篮，拓展德育渠道必然不能忽视家庭和社区这两个重要渠道。为了形成德育合力，我们构建家庭、学校、社会教育三位一体的德育模式时，必须把家庭、学校和社区一体化，进行整合，向着共同的德育目标努力，从而增强德育合力。因此，学校、家庭、社区在发挥各自的德育功能的同时，还必须加强彼此之间的沟通和联系，形成以学校为主体，家庭和社区为两翼的合作机制，共同促进大学生的全面发展。高校可以通过在校园网上建立"学生档案""家长园地""教师中心"等模块或者定期电话访谈等来加强和家长的互动、沟通。社区可以配合学校德育课程，积极构建社区教育网络，开展社区教育试点工作，或者根据学校德育课程或热点，开展与之相关主题的社区活动，共同向着同一方向前进，形成强大的德育合力，提高德育效果，促进大学生成才。

二、社会主义核心价值观的培育与践行

（一）社会主义核心价值观内涵解析

社会主义核心价值观指在社会主义价值观中处于最主导地位的价值观。党的十八大报告明确指出："倡导富强、民主、文明、和谐，倡导自由、平等、公正、法治，倡导爱国、敬业、诚信、友善，积极培育和践行社会主义核心价值观。"社会主义核心价值观是社会主义核心价值体系的内核，体

现社会主义核心价值体系的根本性质和基本特征，反映社会主义核心价值体系的丰富内涵和实践要求，是社会主义核心价值体系的高度凝练和集中表达。首先，倡导富强、民主、文明、和谐体现了社会主义核心价值观在发展目标上的规定，是立足国家层面提出的要求。其次，倡导自由、平等、公正、法治体现了社会主义核心价值观在价值导向上的规定，是立足社会层面提出的要求。再次，倡导爱国、敬业、诚信、友善体现了社会主义核心价值观在道德准则上的规定，是立足公民个人层面提出的要求。社会主义核心价值观的三个层次相互联系、相互贯通，集中体现了国家、集体和个人在价值目标上的统一，体现了国家目标、社会导向和个人行为准则的统一，是马克思主义价值理论中国化的最新成果。

（二）社会主义核心价值观的内化机理

1. 内化

在社会学及心理学界，学者们对"内化"概念有不同的理解。法国社会学派代表人物迪尔凯姆最早提出内化这个概念，认为内化是社会意识向个体意识的转化，亦即意识形态的诸要素移置于个体意识之内，采纳正确行为的社会标准作为自己的准则。此种解释是从"灌输"的层面，对内化做出界定。美国心理学家克拉斯诺尔·布鲁姆等在研究价值（或行为规范）内化时，提出了内化的五种水平，即接受、反应、评价、价值概念化、价值性格化。凯尔曼·本认为价值观的内化是一种态度转化形成新的态度，新的态度具有持久性、稳定性。鲁洁教授吸收国外的研究成果，又把内化过程概括为感受、分析、选择三个阶段。鲁洁教授是从感性到理性把内化过程分为三个阶段来阐释。综合这些学者对"内化"概念的理解，本书认为，价值观的形成可分为三个阶段，即"服从""认同""内化"三个发展阶段。服从阶段常常表现为对价值观形成的依据缺乏理解、认识，需要正面灌输给予强化；认同阶段表现为赞同、接纳、自觉遵循价值规范；内化阶段则表现为个人接受价值理念并化为自己人格的重要部分。与认同比较，内化是最高层次的理解与认同，它已把外在的要求内化为个人的价值观，并用以自觉指导自己的言行。

2. 社会主义核心价值观的内化机理

社会主义核心价值观内化为社会成员的价值观，至少涉及社会主义核心价值观自身的合理性与合法性、内化过程、社会成员等三个方面的有机统一。社会主义核心价值观是社会成员认可、内化的内容，所以，社会主义核心价值观应具备可以被大多数成员所接受的合理性和合法性。它必须在一定程度上符合社会成员的认知结构，在一定程度上满足他们的心理特征，通过认可和践行这个价值观，他们可以在荣誉、尊严等心理方面获得一定程度上的满足，以增加内化的力度。当一种社会主义核心价值观内化为社会成员的价值观后，社会成员的价值观就具有了与社会主义核心价值观的一致性，能够满足社会成员的需要时，他们才会在自身内化了的价值观的指导下外化为其行为，并实现个人发展的预期目标。同样，社会主义核心价值观要内化为大学生个人的价值观，不仅要让大学生清楚理解社会主义核心价值观的科学内涵，增强理论自信，同时，还要让他们能够且善于把这种"外在"的价值观主动接受并"内化"为个体的价值观。也就是说，要把社会主义核心价值观内化为大学生的自觉价值追求，又要符合他们自身成长、学习、生活等具有个性特征的价值观，以实现全面发展的预期目标。

（三）社会主义核心价值观内化过程应坚持的原则

社会主义核心价值观要内化于大学生的价值观，外化其自觉行为，应坚持三个原则：一是社会主义核心价值观思想的灌输与解决大学生实际问题相结合的原则。在加强和改进大学生思想政治教育的基本原则时，《中共中央国务院关于进一步加强和改进大学生思想政治教育的意见》强调"坚持解决思想问题与解决实际问题相结合"。处于激烈竞争社会中的大学生，面临人际交往、生存发展、学习深造等一系列社会带来的要求和任务，这些都具有极强的现实性和迫切性。只有在解决大学生群体所面临的实际问题后，他们才能更好地响应社会和国家提出的更高的要求。社会主义核心价值观为大学生言行提供指导思想、政治方向、精神风貌、荣辱标准、行为方式等多个方面的内容，从根本上与大学生面临的实际问题具有极强的契合性。因此，特定主体在进行大学生社会主义价值观教育活动时，必须坚持社会主义核心价值观思想的灌输与解决大学生实际问题相结合的原则。二是社会主义核心价值观的理论教育与大学生社会实践相结合的原则。大学生社会实践是大学生了解社会、服务社会、造福社会的重要途径，更是转化知识、检验理论的最佳平台。在进行社会主义核心价值观的理论宣传教育后，应该积极引导大学生走向社会，通过丰富多样的实践活动，了解社会对自身的需求，感悟坚持社会主义核心价值观所获得的尊严和成就，促使他们更加心甘情愿地按照社会主义核心价值观的要求进行自觉行动。三是旗帜鲜明地批判错误行为和正确引导鼓励积极行为相结合的原则。大学生群体的思想和行为状态处于成熟与不成熟之间，既是易于接受引导积极向上自觉实践社会主义核心价值观要求的良好时机，又是极易思想堕落腐化背叛社会主义核心价值观的时期。所以，在大学生群体中既要通过榜样的力量鼓励其形成崇高的精神追求，适当及时地给予表扬和激励，又要通过教育、法律等手段旗帜鲜明地批判错误行为，在反复的试错过程中，促使其不良行为得到转化，从而自觉养成良好的行为习惯。

(四) 社会主义核心价值观化为大学生自觉行为的主要举措

1. 构建高校社会主义核心价值观大众化的解读机制

十八届三中全会报告指出："建设社会主义文化强国，增强国家文化软实力，必须坚持社会主义先进文化前进方向，坚持中国特色社会主义文化发展道路，培育和践行社会主义核心价值观，巩固马克思主义在意识形态领域的指导地位，巩固全党全国各族人民团结奋斗的共同思想基础。"2013年12月，中共中央办公厅印发的《关于培育和践行社会主义核心价值观的意见》指出："把培育和践行社会主义核心价值观融入国民教育全过程。""培育和践行社会主义核心价值观要从小抓起、从学校抓起。""拓展青少年培育和践行社会主义核心价值观的有效途径。"可见，社会主义核心价值观培育的内化机制的首要问题就是大学生对社会主义核心价值观及其内涵的科学理解。高校宣传部门应联合从事思想政治理论课教学的院（系）建立一套针对大学生的社会主义核心价值观大众化的解读机制，让其日常化、具体化、形象化。采用大学生易于理解、易于接受、喜闻乐见的方式解读社会主义核心价值观，使抽象的理论通俗易懂，并富于时代特色，这样才有助于使抽象的价值观转变并内化为大学生们具体的思想、理论和行动。唯有大学生认同了社会主义核心价值观，才能将其转化为实际行动，去践行社会主义核心价值观，实现"知与行""理论与实践"的统一，最终实现他们自身的全面发展。

2. 创新科学的价值观教育形式，提升大学生的人文素养

教育是对大学生开展社会主义核心价值观内化的重要手段与方法。成功的价值观教育一定是根据大学生身心发展的特点和教育规律，设身处地创造为大学生喜爱的科学的价值观教育形式，通过提升大学生的人文素养，增强其对科学价值观的判断力与接受能力。思想政治理论课是对大学生进行价值观教育的主渠道，它包括理论教育与实践教育。在这个信息竞争的时代，多数高校非常重视思想政治理论课教学，注重改进教育方式，加强与学生的沟通与交流，了解学生的思想动态，不断丰富社会主义核心价值

观教育的内容。当大学生内心认同了社会主义核心价值观，要将其转化为具体行为时，其行为习惯就成为社会主义核心价值观内化的关键。行为习惯的养成依赖于反复的实践和环境的熏陶。马克思指出，道德的最重要特性是以"实践精神"来把握世界。实践教学可以弥补理论教学的不足，可以让大学生更广泛地接触社会，全面感受实际生活，对社会与人生做出正确的判断。因此，要不断丰富、发展实践环节的内涵，探索实践教学的多种途径，真正发挥实践育人的导向功能、认同功能、发展功能、强化功能和内化功能，实现社会主义核心价值观的个体内化。

3. 营造良好氛围，增强情感体验

"从人的本质出发，影响人的思想和行为转化因素有环境和人的个性。"社会主义核心价值观内化的实现还需要营造良好的校园及社会氛围，在日常学习生活中增强大学生对科学价值观的情感体验。校园文化活动是社会主义核心价值体系教育的有效载体，也是培育学生社会主义核心价值观的重要途径。高校应积极利用宣传栏、教学楼走廊、文化展板和校史展览馆、校园网等文化建设主体，弘扬人文精神；积极开展专题讲座、名曲名画欣赏、影视评论、文艺会演、课外阅读、体育活动等丰富多彩的第二课堂活动，丰富学生的课余文化生活，提高文化修养；加强节日文化建设，传承优秀传统文化，升华学生的精神境界。社会也要为大学生核心价值观的内化营造良好的社会舆论氛围。在当前面临各种文化碰撞和价值观冲突的背景下，要敢于向大学生介绍西方的价值观，引导他们去比较和鉴别。新闻媒体要坚持以正面宣传为主，弘扬主旋律；各类博物馆、纪念馆、展览馆和烈士陵园等爱国主义教育场所要宣传红色文化，对大学生进行民族精神教育。

4. 发挥协同作用，建立稳定的培育渠道

在社会主义核心价值观内化为大学生的个体意识，并转化为自己的行为习惯后，还需要固化机制来巩固和发展这一道德行为。固化机制具有目的性价值，是前面各种举措的集中体现和落脚点。列宁说过："只有那些已经深入文化、深入日常生活和成为习惯的东西，才能算作已达到的成就。"人的思想形成后并不是固定不变的，仍然会受到各种因素的影响，它需要经过反复实践和表达，并得到积极正面的评价与强化，最后才能够真正地表现为自己的习惯和信念。因此，对大学生进行社会主义核心价值观教育的实效性取决于教育资源的有效整合与深度挖掘，不能单靠某一方面的力量，而是必须主动寻求各有关部门的支持，努力构建党政工团各职能部门

齐抓共管的机制，健全社会主义核心价值观教育网络。同时，要充分发挥各种学生组织的重要作用，加强对大学生社团的领导和管理，增强价值观教育的感召力和渗透力。

第三节　高校学生工作科学发展的践行方法

一、合理配备学生工作队伍

科学化的高校学生工作需要高素质的学生工作队伍。"高等学校学生思想政治工作队伍，是保证学校坚持社会主义办学方向，全面贯彻党的教育方针，培养德、智、体、美等全面发展的社会主义事业建设者和接班人的一支不可缺少的重要力量，是学生思想政治工作的组织者和指导者，是高等学校教师和管理队伍的重要组成部分。"习近平总书记在2016年全国高校思想政治工作会议上指出：长期以来，高校思想政治工作队伍兢兢业业、甘于奉献、奋发有为，为高等教育事业发展做出了重要贡献，要拓展选拔视野，抓好教育培训，强化实践锻炼，健全激励机制。整体推进高校党政干部和共青团干部、思想政治理论课教师和哲学社会科学课教师、辅导员班主任和心理咨询教师等队伍建设，保证这支队伍后继有人、源源不断。科学配备学生工作人员，明确学生工作组织机构的定编定岗，提高管理团队的高水平、高素质、职业化发展，对学校科学管理有着重要价值。建设一支理想信念坚定、道德情操高尚、拥有扎实学识、充满仁爱之心的学生工作队伍，是进一步推进高校思想政治教育的重中之重，也是提升高校人才培养质量的题中之意。随着《高校辅导员职业能力标准（暂行）》的出台，需要全国制定相对统一的辅导员管理规范。

（一）学生工作组织机构的岗位分析与设计

高校对学生工作组织机构进行岗位设定，可以有效避免岗位职责不清、有岗无人等问题。岗位职责划分清晰，就会对岗位的在职人员产生一定的约束力和督促作用，促进岗位在职人员更好的完成本职工作。学生工作也要对岗位进行科学分析，辅导员岗位也不能简单以学生人数来设计。

"岗位分析又称工作分析、职务分析，是指通过全面的信息收集，对某项特定的工作做出明确的规定，并确定完成这项工作所需要的知识与技能的资格条件的过程。"工作分析是对现有岗位的客观描述，通过工作分析可找出工作的相似性和差异性，为编制工作说明书与建立组织结构提供依据。工作分析与组织结构之间的关系如图8-1所示。

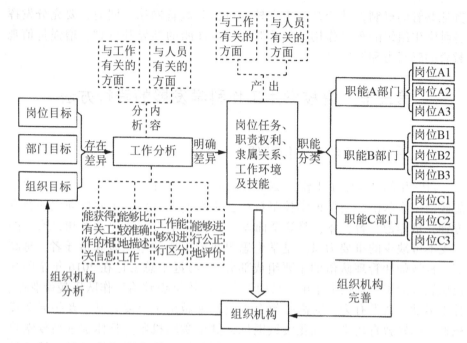

图 8-1　工作分析与组织结构之间的关系

岗位设计又称工作设计，是指根据组织需要和员工发展需要，规定各岗位任务、责任、权利及与组织中其他岗位关系的过程。岗位设计原则见表 8-1。

表 8-1　岗位设计原则

原则	具体说明
专业分工原则	专业分工原则是指追求深度知识与工作经验的积累相结合，在此原则下对组织工作内容进行岗位设计，使岗位成为组织中工作内容的自成体系、职责独立的最小业务单元
协调费用最小原则	为减少不同岗位间的协调，降低运作成本，通过工作关系分析和工作定量分析及时进行撤岗与并岗，使所有工作尽可能集中，以降低人力成本
不相容职务分离原则	不相容职务是指那些如果由一个人担任，可能会由于缺少监督而造成贪污腐败、舞弊或其他对组织发展不利的错误行为的职务。不相容职务分离原则的核心是加强监督和内部制衡
整体规划原则	在学校组织整体规划下应实现岗位的明确分工，使各岗位职责明确，以发挥最大的部门效能

高校学生工作的岗位设置，要结合学生工作组织机构所涉及的具体工作内容：大学生思想政治教育、学生党建、团建、学业辅导、就业指导、

心理咨询、学生奖助、日常管理、招生、校园文化、社会实践、留学生服务，等等。要充分考虑各组织机构的目标定位，按照整体规划、专业分工、不相容职务分离等原则，做好岗位分析，设计工作岗位。

（二）学生工作组织机构的定岗、定编、定员

科学、合理的定岗管理、定编管理、定员管理（简称"三定"）有利于组织结构的正常运行，有助于组织结构的设计与变革，而组织结构的设计与变革也决定着"三定"的内容及实施结果（"三定"与组织结构图解如图8-2所示）。高校学生工作也涉及定岗、定编和定员，多一个编制，多一个岗位，就要多聘一名辅导员，就意味着学校要多一份工资支出，也可能造成工作重复、人员重叠现象。通过对学生工作实际需要的岗位和编制的调研，确定最终的岗位数量和应聘的人员，既保证了日常工作的顺利完成，又减少了资源浪费，促进了效益最大化。

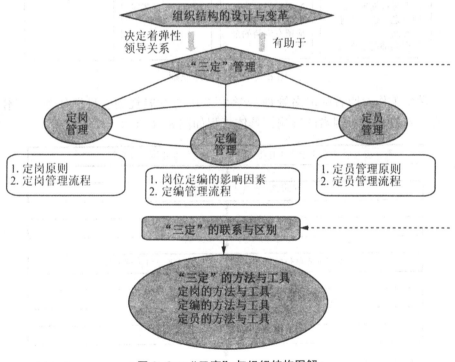

图8-2 "三定"与组织结构图解

（1）学生工作专职教师的定岗管理。学生工作专职教师的定岗是在工作分析和合理设计基础上，科学地界定各个学生工作岗位的职责范围、任务总量、工作程序、业务分工与协作关系，并明确地规定各个岗位的人员

素质要求。定岗管理原则如图 8-3 所示。

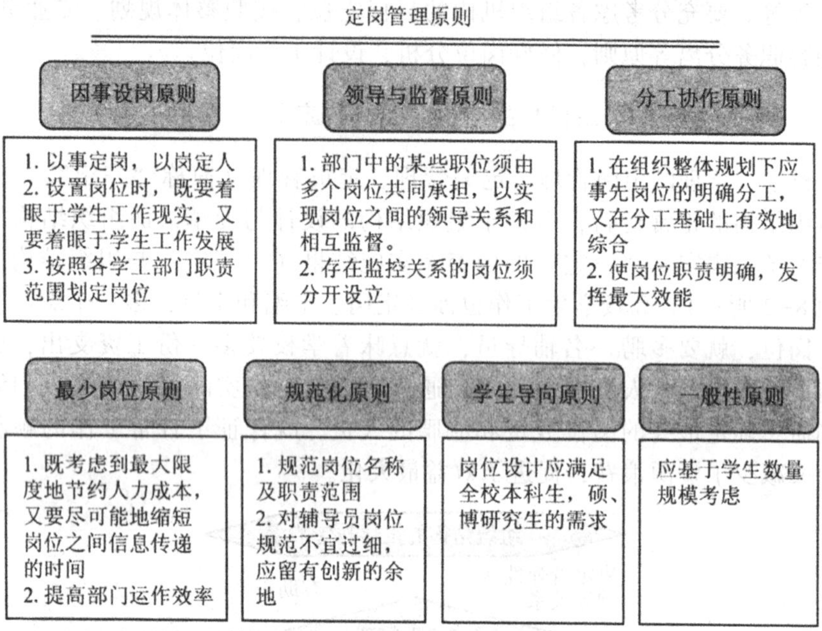

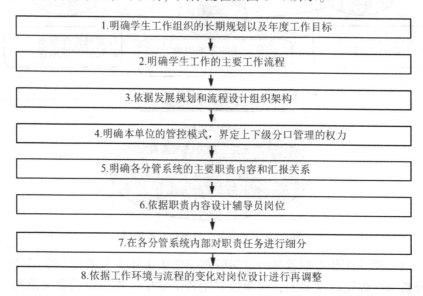

图 8-3　定岗管理原则

学生工作专职教师定岗管理受学生工作的发展规划、目标任务、工作流程、管控模式等因素的影响，具体流程如图 8-4 所示。

1.明确学生工作组织的长期规划以及年度工作目标

2.明确学生工作的主要工作流程

3.依据发展规划和流程设计组织架构

4.明确本单位的管控模式，界定上下级分口管理的权力

5.明确各分管系统的主要职责内容和汇报关系

6.依据职责内容设计辅导员岗位

7.在各分管系统内部对职责任务进行细分

8.依据工作环境与流程的变化对岗位设计进行再调整

图 8-4　定岗管理流程

（2）学生工作专职教师的定编管理。学生工作专职教师的定编是指在定岗的基础上，对各种学生工作职能部门与业务机构的合理布局和设置的过程。学生工作专职教师的定编对部门制订工作计划和人事调配提供了依据，有利于部门不断优化组织结构，提高工作效率。定编影响因素如图8-5所示。

有岗不一定有编，特别是在高校综合改革、不断压缩行政编制的情况下，学生工作专职教师定编显得尤其重要。学生工作专职教师的定编要考虑学校的发展战略、学生工作的中长期规划、部门的岗位需要、实际在岗人员等情况，具体管理流程如图8-6所示。

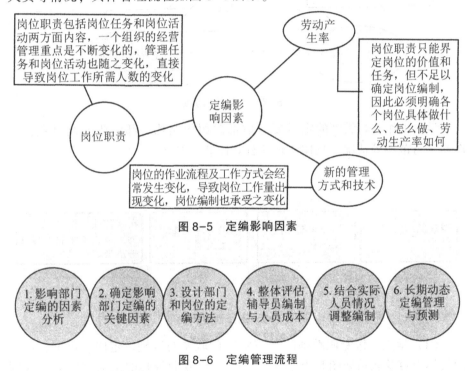

图 8-5　定编影响因素

图 8-6　定编管理流程

（3）学生工作专职教师的定员管理。学生工作专职教师的定员是指在一定学生规模的条件下，为保证学生工作正常运行，按照工作任务所需的一定素质要求，对各部门配备各类专职学生工作队伍所预先规定的人员限额。定员管理原则如图8-7所示。

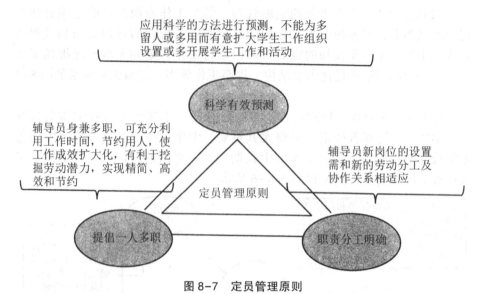

图 8-7　定员管理原则

学生工作专职教师的定员要考虑部门组织结构、部门职能及科室、工作职责与范围等情况，具体管理流程如图 8-8 所示。

图 8-8　定员管理流程

（4）学生工作专职教师的"三定"的联系与区别。定岗、定编、定员的具体内容及联系如图 8-9 所示。学生工作专职教师的定岗与定编的区别在于：学生工作专职教师定岗设计的目标是实现学生工作部门效益、效率最大化；学生工作专职教师定编设计目标是实现学校及部门成本最低化。为实现这一目标，在学生工作专职教师编制设计方面进行工作角色的分析、实际工作时间的分析、任职者的能力分析及工作量分析等；学生工作专职教师的定员管理，是在定岗定编基础上对在岗专职学生工作队伍和工作量的具体管理。

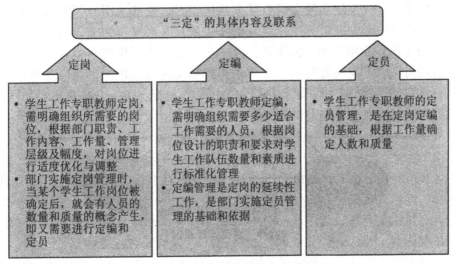

图8-9　"三定"的具体内容及联系

（三）高校学生工作组织定编、定岗、定员的具体要求

在实际工作中，高校学生工作组织机构的定编、定岗、定员工作要根据实际情况而设计、操作，具体要求有：

（1）机构独立设置，功能高度分化。学生工作组织机构必须独立设置，内部业务分化成不同科室或小组，相互之间功能相异，避免重复设置。

（2）合理设置岗位，教育服务管理兼顾。要坚持高校学生工作的教育功能和政治导向；要突出服务功能，岗位设置必须注重专业化服务；规范管理流程，管理重心下移，充分发挥院系和一线辅导员的工作积极性。

（3）根据需求编制，灵活机动补充。通过充分地调研考察确定足以保障日常工作需求的岗位和编制即可，因临时需求可以设置勤工助学岗位，对繁忙时期的机动岗位进行补充。

（4）编制标准规范，确保持续稳定。根据学校战略和学生工作发展规划，实行总量宏观控制，部门和院系统筹编制，使定编工作和岗位编制数量的设置更趋合理和切合实际，形成稳定的编制标准和制度。校级部门实行分块管理，具体各部门的定编定岗要根据人事和组织部门的统一要求和规定，减少部门业务工作之间的交叉；院系层面，要根据院系总体编制情况和学校学生工作组织机构总体编制情况而定。

二、健全学生工作的体制机制

科学合理的管理体制是确保组织机构有效运行的基础条件。高校学生工作组织要进一步建立健全高校党委统一领导、党政工团齐抓共管、党委学生工作部门牵头协调、有关部门和院（系）共同参与的工作机制，充分发挥院（系）党组织的主体作用，进一步强化学生工作体系中各层面、各部门的岗位职责和沟通协调，做到各司其职又通力合作，建立信息共享机制、快速反应机制、协调联动机制和危机应对机制，进一步优化组织架构，搭建高效的治理架构模式和运作机制。

（一）坚持党委的统一领导

我国高校学生工作是由党委领导，这是由社会主义大学的性质决定的领导体制，具有我国高校体制的特殊性和独特性。长期以来，高校思想政治教育工作主要是以党委统一领导为核心，有一套定型的、成熟的、科学的传统体制。

新中国成立以来，我国高等学校的领导体制几经变更。1990年中共中央下发了《关于加强高等学校党的建设的通知》，明确指出："高等学校实行党委领导下的校长负责制。"1998年国家颁布的《高等教育法》，明确规定高校实行党委领导下的校长负责制。2014年中共中央办公厅印发的《关于坚持和完善普通高等学校党委领导下的校长负责制的实施意见》再次强调："党委领导下的校长负责制是中国共产党对国家举办的普通高等学校领导的根本制度，是高等学校坚持社会主义办学方向的重要保证，必须毫不动摇、长期坚持并不断完善。"我国高等学校实行党委领导下的校长负责制，这是由我国国情决定的，是历史的选择，是保证社会主义办学方向的需求，是保持国家的政治稳定和社会稳定的要求。健全学生工作的体制机制，首先要明确党委统一领导机制，坚持学校党委的核心地位，充分发挥党委的领导作用，为学生工作顺利开展提供坚实的组织领导。

要坚持学校党委的政治核心地位。学校党委是党在学校的基层组织，是团结带领教职工和党员学生完成党在学校的各项任务的政治核心。学生工作组织要坚持党委统一领导，就是要保证党的方针政策和党的教育方针在学生群体中贯彻执行，就是要保证坚持社会主义方向不偏离。学生工作组织要坚持党委统一领导，就是在学校党委的领导下，紧密结合人才培养目标，全面负责学校的学生教育、管理和服务工作，按照学校党委工作计划、规划，建立健全各种学生工作的计划和制度，完成党委下达的各项任务，要用学校发展目标完成的实际效果和人才培养质量来检验工作实效。

要完善党委统一领导体制下的工作系统。在党委统一领导体制下，校党委是学校学生工作的领导决策中心，通过各级党组织实现对学生的思想政治教育、管理和服务。各院系学生工作在院系分党委、党总支的领导下，由分党委、党总支副书记具体负责，辅导员、班主任和学生党团组织、学生组织及学生党员骨干具体组织实施。具体工作体系包括：①决策系统——党委统一领导。学校党委负责制定全校学生工作中长期规划、规章制度、年度计划，研究解决、处理学生工作中的各类重大问题，领导和指挥职能部处和院系按照学校统一部署开展工作。②执行系统——学生工作二级管理。校级学生工作组织机构，按照学校的统一要求和部署，执行学校的规划和计划，确保工作落实、任务完成，并向学校党委请示、汇报工作。③实施系统——院系党委。院系分党委是学校学生工作年度计划和任务的实施者，主要由院系学生工作办公室负责组织开展，细化管理系统、明确任务分工，根据不同的系别、专业、年级特点，落实学校任务安排，自主组织开展院系特色活动。④监督系统——学校党委和学生组织。学校党委完善学生工作考评机制，对学生工作部门和院系工作进行全面评估检查，督促学生工作落到实处，执行有力、成效显著。发挥学生组织和学生个体的监督作用，建立包括学生会、研究生会、学生监督团等监督系统，畅通学校领导接待日、意见箱、邮件、网络平台等意见反馈渠道，对学校学生工作、特别是和学生相关的具体工作进行监督。

(二) 明确各司其职的工作体制

学生工作组织体系是以目标、内容、方法为支撑的相对稳定的运行系统。要进一步明确学生工作体系中各层面、各部门、各岗位的职责，建立职责明确、定位清晰的管理体系。只有职能分工明确，减少交叉重叠，做到各司其职，才能保证高校学生工作组织体系的快速运转。

1. 学生工作组织职能分工

职能分工是指以学生工作组织的职能为基础进行组织结构划分和岗位分工，即把具有相同职能的工作岗位放在同一个部门，每个部门有自己清晰的职能清单，尽量避免职能交叉，如学工部负责本科生的日常管理和服务，研工部负责研究生的日常管理和服务，等等。职能化分工，具有明确部门责任、提升部门业务专业化水平和达到更高效率等优点，但同时也具有容易破坏组织的整体性、协调比较困难、加大基层压力等问题。职能分工方法的优缺点分析如图8-10所示。

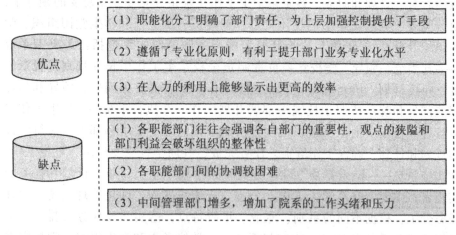

图 8-10　职能分工方法的优缺点分析

2. 学生工作的专业分工

专业分工是指根据学生工作专职人员在工作性质和特点所进行的分工，包括工作专业化和对象专业化。工作专业化是指按照不同的分工内容及不同的工作特点，建立不同的分管单位，如就业指导中心、心理咨询中心、学业辅导中心等；对象专业化，按照不同的工作对象特点，建立不同的分管负责单位，如留学生服务中心、新生工作办公室、毕业生工作办公室等。专业分工的原则如图 8-11 所示。

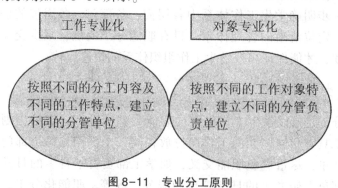

图 8-11　专业分工原则

3. 学生工作的管理分工

在组织的纵向结构中，组织目标也随组织层次的划分呈梯状分化。因此，客观上要求每个管理层次都应具有明确的分工。学生工作组织也存在不同的管理层级，包括校级决策者和指挥者，中间层级的执行者、协调者，基层的实施者、组织者；中间层级中，各部门中又有部处长、副处长、科长和普通科员，基层院系中又可分院系党委书记、副书记、院系团委书记、普通辅导员和学生干部等，要按照管理人员的职责分工，各司其职。学生工作系统管理人员类别说明见表8-2。

表8-2　管理人员类别说明表

人员类别	具体说明
管理人员	指从事全部或部分管理工作的人员
高层管理人员：党委副书记	（1）指对整个学生工作系统的管理负有全面责任的人员 （2）其主要职责是制定全校学生工作的总体思路、目标与规划，掌握学校方针，并评价整个学生工作的绩效
中层管理人员：部处长、中心主任	（1）指处于高层管理人员和基层管理人员之间的一个或若干个中级层次的管理人员，包括各部处长、中心主任等 （2）其主要职责是贯彻执行学校学生工作的计划、任务和部署，监督、协调基层学生工作人员和院系的工作
基层管理人员：辅导员	（1）又称第一线管理人员，是指组织中处于最低层次的管理人员，包括部处、中心工作人员和院系一线辅导员 （2）其主要职责是给院系或学生分配具体的工作任务，直接组织、指挥学生活动，进行现场监督，保证各项任务的有效完成
综合管理人员：学院院长等	指负责管理整个组织或组织中某个事业部的全部活动的管理人员，如学院制的院长，负责整个书院的学生工作
专业管理人员：心理咨询师、职业测评师	指负责管理组织中某一类活动、工作的管理人员，如心理咨询师、职业测评师等

（三）加强组织机构之间的协调合作

在明确职责、各司其职的基础上，要由多部门建立协调合作机制，包括建立协调机制、信息共享机制和多部门联动机制等，打破孤军奋战、各自为政的定势格局，形成工作合力。

1. 构建全方位的组织协调机制

优化学生工作组织建设，必须对工作任务进行合理分工和协调合作，发挥学生工作机构全员育人的效力。加强组织机构之间的协调合作，要建立定期协商机制，定期召开学生工作协调会、碰头会，学生工作部门相互通报工作情况，加强工作配合；建立由学生工作部门及各院系分党委副书记参加的学生工作协调和沟通平台，定期召开工作例会，安排部署学校重

·213·

要学生工作；建立由学生工作部门及各院系分党委副书记参加的学习交流平台，定期召开研讨会或辅导员沙龙，研究学生思想政治教育动态变化，研究学生工作前沿和热点问题，研究学生工作的方法创新以及危机应对措施等，形成制度化的稳定机制，要对学生工作队伍参与会议有约束和激励机制。

2. 构建信息共享机制

目前高校学生工作包括思想政治教育、校园文化活动、社会实践、奖助学评选、保险事务、党员管理、心理指导、就业指导等，各学生工作组织机构具有独自的职责和业务，各具特色，都是学生工作中不能缺失的业务单元，它们之间是相互依存、相互联系的，是相互渗透的，也有重叠交叉。为了学生工作的整体目标，要建立和完善学生工作系统信息共享机制。共享学生基本信息数据库，有利于加强学生管理，提高学生服务针对性；共享学生活动信息，可以联合组织开展相似性工作、联合举办大型活动，节约人力、物力和财力；在评奖学金、学生资助时，信息共享可以避免重复评选、重复发放等。这样有利于节约资源、提高效率、促进工作。

3. 构建多部门联动机制

对学生工作各机构空间位置、聚散状态、联系机制以及各要素之间相互关系进行分析调整，以特定的目标任务形成多部门的联动机制，协同合作，并能随目标任务变化进行灵活调整。如以学生安全稳定为目标任务，成立学生危机应对领导小组，由校领导任组长，参与单位包括学工部、研工部、保卫处、后勤处、校医院、团委、心理咨询中心等。若在敏感时期或重大节庆期间，要启动安全防控机制，则学工部、研工部、团委负责了解学生动态，保卫处负责校园治安巡逻和校门管控，后勤处负责宿舍安全和餐饮安全等；若遇到学生心理危机事件，学工部、研工部会同院系第一时间联系家长，心理咨询中心到现场进行咨询、疏导服务，若需要转介，则校医院负责办理转院手续等。

（四）加强学生党团组织和学生组织建设

学生党团组织、学生会、研究生会和学生社团组织是高校学生工作组织体系的补充和延伸，是高校学生工作的重要力量。要充分发挥学生党组织和团学组织的主动性和创造力，实现自我教育、自我管理和自我服务。

1. 完善学生党组织建设

加强学生党组织建设，有效发挥党支部的战斗堡垒作用。中央印发了新修订的《中国共产党普通高等学校基层组织工作条例》，规定："学生党支部可以按年级或院（系）设置，学生中正式党员达到 3 人以上的班级应当及时成立学生党支部。"高校要基本实现本科生"一年级有党员、二年级有党小组、高年级有党支部"的学生党员和党组织发展建设目标。探索研究生党支部设置创新，在支部建在班上的主导模式下，尝试通过纵向设置，在学科、实验室、课题组中建立学生党支部，基本形成分年级横向设置和按专业纵向设置相结合的模式。进一步完善入党积极分子培训、党员（预备党员、新生党员）教育和培训、新任支委培训、党员骨干专项培训四位一体的学生党员教育培训体系，优化课程设置，健全组织管理，注重过程式评价，强调启发式教学，推进党员教育培训的课程化、标准化、模块化建设，切实提升学生党员的党性素养，发挥党员的先锋模范作用。

2. 完善共青团组织建设

加强高校共青团组织建设，发挥党的助手和后备军的作用。学校要支持共青团按照团章独立自主地开展工作，充分保证共青团工作正常开展的需要。高校共青团要按照团中央"培育当代新青年、创造时代新业绩、服务青年新需求、激发组织新活力、凝聚社会新组织、进军网络新媒体、锤炼团干新风貌"的部署，围绕学校党政工作中心，以思想引领为首要任务，以服务学生为出发点和落脚点，着力巩固学校共青团工作基本面，不断提高团的吸引力和凝聚力、扩大团的工作有效覆盖面。大力推进党建带团建，做好"推优入党"工作；加强本科生班级团组织建设，提高研究生团组织的凝聚力；要明确学校团学工作格局，突出团组织的核心地位以及对学生会和研究生会的指导、对学生社团的管理职能。

3. 完善学生组织建设

要加强学生会、研究生和学生社团组织建设，发挥学生组织"自我服务、自我管理、自我教育"的作用。2014 年共青团中央办公厅、教育部办公厅关于转发《中华全国学生联合会关于加强和改进高校学生会研究生会建设的指导意见》的通知指出：高校党委要将学生会和研究生会建设作为做好新形势下青年学生工作、促进学校建设发展的重要组成部分，摆上议事日程，纳入整体规划，在完善学校内部治理机构、服务学生成长成才等方面充分发挥学生会和研究生会的桥梁纽带作用。2015 年团中央学校部下发了《关于在高等学校章程制定过程中加强和改进团学工作的通知》，进一步明确提出学生会、研究生会的定位及作用包括四个方面：①是在党的领导、团的指导下，学生自己的群众组织；②是学生自我服务、自我管理、自我教育的主体组织，代表学生根本利益；③是学校党政联系广大同学的主要桥梁和纽带；④是完善学校内部治理结构的重要力量。"通知"同时要求各高校在制定章程中加强和完善学生权利保护机制：一是建议在章程中体现学生会和研究生会通过学生代表提案机制、组织开展校领导接待日、学生组织负责人列席学校办公会议等方式，参与学校学生奖惩、后勤管理等学生事务的民主管理等内容；二是建议借鉴已经颁布的部分高校章程，就吸纳学生参与校长办公会、学校咨询委员会等，为学生开拓更多渠道直接参与校园民主管理的相关做法予以体现。积极扶持学生社团，发挥学生社团作为活跃校园文化骨干力量的积极作用。

（五）搭建高效的治理架构模式

为了更好地完成学生工作的组织目标和学校的发展战略目标，更进一步完善组织结构，搭建符合高校实际的治理结构模式。"组织结构是组织决策者为实现组织目标而建立的权力分配、信息沟通、职责分工与工作协调的正式关系，因此组织结构设计的起点应是组织的目标和实现目标的战略。"组织结构是否科学合理，对实现战略目标有直接的影响，同时也是组织战略评价的反映。"组织结构设计有效性是组织实现其目标的程度，组织目标与组织战略是评价组织结构设计有效性的基本依据。"艾尔弗雷德·D·钱德勒早在1962年就提出了"结构随着战略而定"的著名论断，而约翰·布赖森近年来提出"战略变迁循环"十大步骤，也指出组织战略对组织结构的影响。为了充分发挥组织的效能，不同的目标战略需要有不同的结构配套，只有与目标战略相匹配的组织结构才能保证目标战略的贯彻实施。与目标战略相适应的组织机构，可以促进组织效能的发挥，可以获得最佳组织效益，不相适应的组织结构则会阻碍组织效能的发挥，无法获得最佳的组织效益。

根据高校学生工作及其组织机构的特点，采用纵横交错的组织架构设置模式，保留垂直管理系统，强化横向职能服务，发展矩阵交叉合作，适当采用分部制模式。高校学生工作组织部门大致可以划分为教育职能类、管理职能类、服务职能类等，不同职能性质的机构适应不同的组织架构体系。保留垂直管理系统，如学生工作部、研究生工作部、团委、院系分党委、院系学生工作办公室，发挥高校学生管理的优良传统、政治优势和组织力量；强化横向职能型模式，如心理咨询服务中心、就业指导服务中心、资助中心等，实现服务机构扁平化，直接面向学生群体，突出学生工作的服务功能；发展矩阵模式，如招生委员会、学生发展指导委员会、学生危机事故领导小组等，可以应对综合改革时期出现的战略重点、特殊困难、专项任务和临时项目等，促进工作交叉合作。对于高校中相对独立的学部、学院、书院或校区，可以采用分部制管理模式。

第九章　高校学生工作模式的构建与实践研究

随着我国高等教育进入大众化时期，高校面临的内外环境发生了很大变化。高校学生工作中出现了许多新情况、新问题，学生思想观念也发生了较大的变化，传统的学生工作体制与服务模式已经不能适应新的形势，学生工作需要积极寻求有效的对策以适应学生发展。

第一节　高校学生管理工作新体系的构建与实践

一、高校学生管理工作新体系构建的意义

（一）构建高校学生管理工作新体系的必要性

随着市场经济的建立、社会的发展以及高等教育改革的深入，高校的学生管理又面临着难得的机遇和挑战。

（1）构建高校学生管理工作新体系是经济社会快速发展的必然要求。随着市场经济的发展和高校扩招，高校学生管理正面临一系列的转变，如学生工作的部分管理职能正在向服务职能转变；高校学生就业正在由计划分配向自主择业转变；固定学制正在向弹性学制转变；经济困难学生的资助由原来的发放助学金、困难补助向助学贷款和勤工助学转变等。这一系列转变使原来传统的学生管理理念、管理模式问题日益凸显，难以满足市场经济条件下高校发展的要求。而目前与之相适应的新的学生管理理念和模式尚未完全形成，这就为高校的学生管理带来了新的考验。

（2）构建高校学生管理工作新体系是适应信息化时代发展的必然要求。在信息化迅速发展的今天，网络的发展和普及为高校学生管理提供了新的阵地和领域，提高了工作效率，为学生管理带来了难得的机遇。但同时网络也给学生管理带来新的问题。一是由于网络信息的快捷性、丰富性和开放性特点，使学生工作者在获取信息的渠道、时间、数量上与高校学生相比不占明显优势；二是网络的虚拟性、隐蔽性使得网络成为有害信息的滋生地和传播地，使得高校学生难以判别和抵御，有的上当受骗，还有的沉溺于网上虚拟世界不能自拔。这就为高校的学生管理带来了新的挑战。

（3）构建高校学生管理工作新体系是高等教育改革和发展的必然要求。

高等教育的全球化给学生管理提出了更高的要求。在这种情况下，高校学生管理必然要与世界先进高校学生管理接轨，用新的管理理念、管理体制、管理模式来适应时代发展的要求。如何保持主流意识形态的影响，树立健康正确的文化心态，都对高校学生管理工作提出了更高的要求。同时，教学体制改革使学生管理面临新的变革。目前，全国各高校普遍实施了学分制。在学分制下，学生管理打破了学年制整齐划一的教学管理模式，学生管理工作不仅局限于本专业学生，而且还要管理由选修课程形成的其他专业或其他学校的学生。同时，学生管理除了对学生进行教学和思想生活管理外，还需要帮助学生构造合理的学科知识结构，指导学生由定向学习变为自主选择性学习。因此，学生管理必须实现由学年制下的指令性管理向学分制下的指导性管理转变。

（4）构建高校学生管理工作新体系是适应当代高校学生个性特征的必然要求。当代高校学生多为独生子女，因而对生活的体验和感受不同于以往的高校学生，他们时代感强，责任意识较弱；自我认同感强，实践能力较弱；参与意识强，辨别能力较弱；主体意识强，团队意识较弱；个性特点强，承受能力较弱。这些特点使学生管理面临着前所未有的挑战。高校学生全新的行为方式和理念与传统的学生管理体制必将产生冲突，如不及时解决会使工作陷入被动。

（5）构建高校学生管理工作新体系是解决高校学生管理工作现存问题的需要。

（二）构建高校学生管理工作新体系的重要性

（1）有利于促进高校学生管理科学化理论的发展。理论是行动的先导。构建高校学生管理工作新体系，有利于进一步把学生管理上升到科学，探索和创新适合我国高校学生管理科学化实践的管理理论和内容，以促进高校学生管理科学化理论的发展。

（2）有利于高校学生管理走上制度化、规范化、现代化的轨道。构建高校学生管理工作新体系，有利于深化学生管理体制的改革，建立健全学生管理机构，明确管理职责，科学制定学生管理制度，加强各项管理活动规范建设，使学生管理的各个环节有章可循；有利于降低学生管理政策的指令性而增加其宏观调控性，突出管理理论的指导性，重视管理实践的差异性，避免管理行为的盲目性和随意性，使管理遵循规律，步入科学管理的轨道，推进学生管理的科学化实践进程。这样，就可以使学校学生管理走上制度化、规范化、现代化的轨道。

（3）有利于提高各层次管理者的素质。学生管理队伍的素质水平，是实现科学化、现代化管理的关键。在高校学生管理工作新体系构建的过程中，学生管理者需要加强科学化意识，主动依靠和利用现有的科学方法、现代化科学手段，提高学生管理的有效性。学生管理者必须学会应用科学的方法去分析问题、解决问题，不断地学习管理理论，认识和掌握学生管理的内在规律，掌握现代化管理手段，从经验主义的管理模式中解放出来。

二、高校学生管理工作新体系构建的思考

（一）高校学生管理工作新体系的内容体系

高校学生管理的内容体系主要包括学生日常思想政治教育管理、日常行为管理和日常事务管理三大部分。

1. 高校学生日常思想政治管理

高校学生日常思想政治管理主要是指学校管理部门根据高校学生的成长成才的需要，通过一定的工作机制和程序，有计划、有步骤地开展各种学生党团组织活动，对高校学生的是非观念、人生态度和政治倾向进行引导的过程。如通过举办党团培训班，培养和选拔学生干部、吸收先进青年加入党团组织等。

2. 高校学生日常行为管理

高校学生日常行为管理是指通过制定相应的规章制度、对学生个体和群体的行为进行引导和调整、以保证教育实施过程能正常顺利实现的过程。通常表现为对学生严格遵守法纪校规、好人好事、见义勇为等积极行为进行肯定和鼓励，对打架斗殴、旷课、酗酒、赌博等不文明、不健康的消极行为进行否定和惩处。

3. 高校学生日常事务管理

高校学生日常事务管理是专门化程度较高的专项工作，它在很大程度上体现出一所大学的办学理念及办学水平。尤其是随着我国高等教育改革的不断深入，高校招生规模不断扩大，收费制度、就业制度逐渐社会化、市场化，学生的主体地位进一步突现，主体意识、权利意识进一步增强，个性化需求日益增多，各种新问题不断增加，给高校学生日常事务管理提出了新的要求。

（1）高校学生日常事务处理的规范化。高校要认真贯彻国家相关高等教育法律法规，严格执行《普通高等学校学生管理规定》，按照"规范、科

学、高效"的要求，努力提高学生事务的处理能力，处理各种学生事务及时、规范；进一步建立健全学生突发事件的处理机制，切实做好学生安全与思想稳定工作；重视学生管理的过细工作，建立学生信息沟通和反馈机制，及时掌握学生的思想动态，对学生群体性思想情绪有预判并及时引导、转变。

（2）高校学生日常事务管理机构的专门化。成立高校学生事务管理中心，建立和完善相关的工作机构和工作职能，把服务学生作为首要任务，树立管理也是为了更好的服务的思想。

（3）高校学生事务管理者的专业化、专家化。尽快建立起一支以职业型、专家型为主的学生事务管理工作队伍，确保高校学生事务管理工作走上正确轨道。要像关心和培养教学和科研队伍那样注重学生管理者实际业务水平和学历层次的提高，加强学生工作者教育学、心理学和精神病学等方面的系统化、专业化培训，加强职业道德建设，使广大学生事务管理工作者不仅能够热爱学生工作，而且能够把学生工作当作自己终生的事业来做，走向职业化、专家化的道路。

（二）高校学生管理工作新体系的组织运行体系

高校学生管理工作新体系的组织运行体系包含组织构建和运行机制两部分。

1. 组织构建

组织构建要突出机构建设和队伍建设两个重点。

（1）配备齐全、工作得力的学生工作机构是高校学生管理工作必需的组织基础。一直以来，各校甚至各院系的学生工作机构采取了不同的设置模式，大体可以分为党委学生工作委员会、学生工作部（学生处）、学生工作办公室等几种。无论哪种机构模式，都必须满足思想政治教育的需要，应达到一些基本的标准和条件。第一，必须具有明确的组织分工，成为院系实施人才培养计划和执行党政相关决议的专门机构；第二，为体现学生工作的重要地位，应安排独立行使职责的院系级领导（一般为党委副书记）担任机构的负责人；第三，应安排专门从事学生工作的职业工作人员和相对独立、固定、经常的工作场所；第四，能够整合院系的内设部门工作力量，与教务、行政等系统有效合作；第五，能够有效领导和协调各工作人员、基层学生组织顺利开展工作。

因此，在高等教育大众化阶段，高校学生规模快速增长，实施层级管理，健全和完善校、院（系）两级管理，以院（系）为主体的管理体制，成为众多高校的必然选择。首先，成立以主管校领导为首的高校学生管理工作领导小组，负责对学生管理工作的决策和统筹部署；其次，设立学生工作部（学生处）作为学生工作的职能部门，负责牵头落实领导小组的各种决议、决定，协调教务、行政等部门对学生进行共同管理和指导、督促二级院系学生管理工作；再次，设立学生工作办公室（各二级院系），负责协调本部门各年级、班级学生事务管理（通过辅导员），将学校的各种精神、政策和决议传达到学生中去。

可见，高校学生管理工作组织体系由管理者、教师（辅导员）、学生和各管理机构组成，包括党团组织、学生会、班委会、学生管理部门、学生申诉部门等。如图9-1所示。

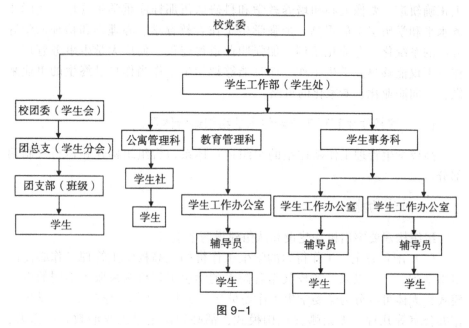

图 9-1

（2）以辅导员为重点的学生工作队伍的建设是高校学生管理工作必需的组织保障。高校学生管理工作需要配备足够数量的具有较高水平的班主任、辅导员以及具有较强责任感的学生导师。相比而言，当前问题最突出的是辅导员队伍建设。我们必须认识到，中国高校思想政治教育的特殊要求、绝大多数学生住在校园之内的状况以及基础教育阶段学生独立生活能力培养不足的现实，都决定了高校还必须在一定时期内坚持设置辅导员的做法。从全国范围看，由于历史的原因和各校的不同特点，辅导员队伍建设状况目前差别很大。就客观工作效果而言，辅导员队伍建设得怎么样，同该单位学生工作的效果直接相关。凡是辅导员作用发挥得好的学校，其学生工作的效果也就好。根据新时期的形势要求，中央 16 号文件和教育部的配套文件规定，高等学校每 200 名学生应配备一名专职辅导员，这个规定是非常及时的。它不仅确定了安排辅导员的原则态度，而且提出了辅导员的设置标准，对高校学生管理工作具有重要的指导意义。

辅导员队伍建设中应逐步完善以下几个方面的工作：一是进一步提高对辅导员工作的认识，要站在构建和完善育人体系的高度认识辅导员的地位和作用，把抓辅导员工作同抓专业教师工作一样对待；二是明确辅导员的工作职责，特别是必须明确辅导员与班主任、导师、学生工作机构的关系，这是理顺工作机制、确保各工作环节有效运转的需要；三是对辅导员进行专业培训，使辅导员的工作满足现实需要、符合管理规范并能够体现现代学生工作的理念及方法；四是科学建立辅导员队伍的考评机制，制定有利的发展政策，使从事辅导员工作的同志有事业心和光荣感，使这支队伍留得住、用得好；五是将专职负责学生工作的院系党委副书记和团委书记从事务性工作中"解放"出来，从而更好地做好辅导员的工作。

2. 运行机制

（1）建立校、院两级管理，以院为主、以社区（宿舍）为阵地、以学生社团组织为载体、以学区为基层组织的学生教育管理运行体制。

随着学分制教育模式和弹性学制的实行，以及高校后勤社会化改革的不断深入，学生公寓将成为育人的重要阵地，形成以区、楼、层、室为单位的学生宿舍区新载体和平台。在这种情况下，实行教育、管理、服务为一体的工作体系成为重组学生基层组织的突破口。因此，我们认为，高校应成立高校学生生活园区或社区学生工作委员会，对入住生活园区的学生按单元或楼层组建学区，在学区中建立党团组织，学生辅导员按学区、学院配备，从而使学区成为成员相对稳定、组织相对健全、学生工作人员配备到位、具备履行行政管理及思想教育职能的学生工作基层组织，使生活园区成为学生思想教育的载体、日常管理的切入点和社团活动的基地，以此提高高校学生生活园区的育人功能，从而构建校、院两级管理、以院为主、以社区为阵地、以学区为基层组织的学生管理工作运行机制。

学生处按照学校制订的思想教育计划，组织各社区实施学生思想教育工作，与分团委、团总支等配合开展校园文化、心理健康教育、学风建设、道德建设等活动，与有关部门或学院配合开展思想品德实践教育和心理咨询。建立社区或学区或某一模块的区域管理模式，有其较多优点：

1）权责明确，运作畅通，学生教育管理明显加强。实行模块（或者叫平台、区域）管理，建立了比较完整且相对独立的学生工作体系，比较彻底地解决了在学生教育管理过程中出现的"多层皮"或者"找不到抓手"的问题。在以往的学生管理体制下，学生工作隶属于院系，但由于各院系担任繁重的教学科研工作，主要领导很难顾及学生工作。实行模块或社区管理方式后，学生工作系统目标明确，任务明确，责任明确，管理路径直接。学生工作干部相对集中配备，专心致志从事学生工作，从而有力地加强了学生的教育与管理，较大幅度地提高了学生工作的实效性。

2) 建章立制，强化管理，突出和完善服务，不断提高学生教育管理工作的层次和水平。学生模块或社区管理从制定规范的、合理的、操作性强的健全制度入手，按照规范化、系统化、科学化的要求，根据模块或社区管理的形式、特点，收集、整理、修订规章制度，向学生公布。由于模块或社区具有共同性的特点，因此，可以统一规范、统一要求。

（2）实行班主任制和导师制相结合的引导机制。当代高校学生从个体来讲，独立性和自主性的特点体现得越来越突出，在这种情况下，作为高校的学生管理工作，就必须有足够的管理人员，采取定额、定人管理教育和服务。这样做在对学生的了解程度上以及如何对一名学生开展工作和工作的实效性方面有重要作用。即在大学低年级仍实行班主任（或年级主任或辅导员）负责制，并配备一定数量、由学生党员干部担任的助理班主任；在大学高年级设立导师制，由导师负责学生选课、专业学习、科研能力、就业等方面的指导。每个导师负责带 5～10 名学生，也可由几名导师组成一个小组共同指导相应数量的学生。

（3）构建畅通的沟通回应机制。学生工作管理中一个重要的环节是对管理过程中落实的情况和结果信息的正确有效反馈。

高校学生管理中建立有效的沟通回应机制是依法治校条件下尊重和满足学生权利的需要，是现代大学决策科学化、民主化的重要保障手段。收听不同的声音，及时化解和处理实施中的冲突，实现双向互动，必须要健全和完善沟通和回应机制。

（三）高校学生管理工作新体系的考核评价体系

高校学生管理工作评价是指对管理工作的效果做全面检验和鉴定。它是学生管理工作体系的重要组成部分和基本工作环节，其作用在于能够让学校和有关职能部门全面了解和掌握各院（系）学生管理工作的状况和水平，总结学生管理工作的经验，探索学生管理工作的内在规律，加强对院（系）学生工作指导，使学生管理工作进一步向科学化、规范化、制度化发展，不断提高学生管理工作水平。科学合理的考核评价体系，应包括以下几个方面的内容：

（1）考核评价的指标体系。依据高校学生工作的目标和构建高校学生工作评价体系的基本原则，学生管理工作评价指标体系一般可由日常事务管理工作、文明行为管理、学生宿舍管理和学籍及违纪管理四个一级指标组成。每个一级指标又可分为多个二级指标，每个二级指标又可设置多个观测点，使其涵盖学生管理工作的方方面面，以便具体考核评价。

（2）考核评价的结果体系。考核评价结果是对各项指标完成情况及效果的评定，可分为优、良、一般、较差和差五个等级，每个等级均有相对应的标准。

优：能圆满完成各项观测指标，各个观测点反馈的信息都能与预期计划相一致，特色工作明显；

良：能较好完成各项观测指标，各个观测点反馈的信息都能与预期计划大体上一致，特色不太明显；

一般：基本能完成一级观测指标，二级指标落实效果一般，各观测点反馈的信息都能与预期计划基本一致，无特色；

较差：一级指标、二级指标均只能完成小部分，各观测点反馈的信息都不能与预期计划相匹配；

差：各项指标均不能完成。

（3）考核评价的激励体系。激励既包括激发、鼓励以利益来诱导之意，也包括约束和归化之意。它包括正激励和负激励即激发和约束这两个方面的含义，意含奖励和惩罚是两种最基本的激励措施。因此，我们在对学生管理工作进行评价的基础上，应辅之以相应的激励，使各层学生管理机构、组织及相关人员的积极性得以充分调动和激发，促进管理目标又好又快地实现。

激励的种类通常包括薪酬激励、事业激励、机会激励和文化激励几种。薪酬激励指通过金钱财富来满足人们的需要，从而达到激发内在动力的目的；事业激励是通过提供更多的个人发展空间和机会来激励人们；机会激励是通过工作行为本身使人们在一定程度内得到满足，产生一定的激励作用，例如从事自己感兴趣的工作，这一"行为"本身就具有较强的激励作用；文化激励指通过文化的熏陶和渗透会引发人们更高层次的心理满足，产生一定的激励作用。

三、高校学生管理工作新体系构建的实践

努力探索和实践学生管理工作新体系，要求高校管理工作者在学生管理中坚持以科学发展观为统领，充分认识加强高校学生管理工作的重要性、紧迫性，选准突破口，找准落脚点，高扬时代主旋律，把握形势新变化，

努力拓展新阵地，积极探索新途径和新方法。下面以几年来许多高校、特别是作者的工作单位——重庆科技学院的学生管理工作为例，介绍一些近年来高校学生管理工作的新的具体做法。

（一）搭建学生自我管理平台，增强学生管理工作的渗透力

（1）构建以学生会、社团为主体的自我管理模式。以校学生会为龙头，学生干部为中坚力量，组建各院系学生会、各个部门多职能的自我管理模式。学生会是学生自我管理的最高组织，学生会干部是学生进行自我管理的主体。在学生管理体系的建设中我们可以增加一些部门，赋予一些部门新的工作内涵，扩大学生的覆盖面，使其深入学生日常的各项自我管理中。以校级骨干社团为"旗舰"，构建院系分会、年级分会多层次多门类的社团"航母"编队自我管理模式。有目的、有计划地建设一批以理论学习型社团为龙头，以科技创新型、文化艺术型、社会公益型社团为主体的校级骨干社团，如邓小平理论和"三个代表"重要思想研究会、青年志愿者协会、学生科技协会、学生艺术团、学生心理健康协会、自强社等，并以这些校级社团为"旗舰"，通过建立学院分会、年级分会，形成门类齐全、种类多样的学生社团"航母"编队。让所有学生根据自己的兴趣爱好、个性目标、发展需要参加到社团中来，进行知识学习、研究创新、人际交流、自我激励。

（2）构建以学生社区为主体的自我管理模式。在学校高校学生社区自我管理委员会的基础上，形成寝室、楼层、公寓、社区、党支部、服务队多位一体的社区自我管理模式。每个学生寝室设寝室长，每层楼设层长，每幢楼设楼长，每个社区设区长，与公寓学生社区党支部设置相结合，组建直接面向公寓开展活动的学生社团组织——特色服务队。在公寓区逐步建立各类文化、咨询、服务机构，以开展卫生和文化为基础、咨询和辅导为重点，开展"和谐楼栋"、"和谐之家"、"百优寝室"创建活动，面向学生提供生活、心理、卫生、学习等各类服务，把思想政治工作与帮助学生排忧解难结合起来，开展以公寓为基地的自我管理活动。

（二）搭建困难资助平台，让阳光铺满成长路

"奖、贷、勤、补、减、免"是高校学生经费管理中的重要内容。随着近年贷款比例的增加，相当数量的家庭经济困难学生通过贷款解决了个人的学费和生活费问题，学校增设的勤工俭学岗位又帮助他们解决了生活费用的不足。近年随着国家对教育投资的增加，学生奖学金提高比例增速很快。以2007年为例，国家对高校投入了180多亿元的国家奖学金和助学

金，加上部分学校有企业设立的社会奖学金和校内的奖学金，在校 40% 的学生可以通过自己的努力得到奖励，形成了对学生较大的资助和补充力量。大量学习优秀的学生得到了激励，贫困家庭学生得到了国家的资助，确保了不让每个同学因为家庭贫困而输在起跑线上。学生的参与意识、竞争意识、自强意识和求学意识都得到了加强。但是如何将有关经费科学、合理地奖励和资助到学生身上，最大限度地发挥其激励作用，体现了一个大学的管理思想和水平。

第二节　高校学生工作服务体系的构建与实践

中央 ［2004］16 号文件明确指出："思想政治教育要坚持以人为本，贴近实际、贴近生活、贴近学生，努力提高思想政治教育的针对性、实效性和吸引力、感染力。"构建高校学生工作服务体系是贯彻落实 16 号文件的必然要求。随着高等教育大众化和高等教育体制改革的深入推进，学生主体地位进一步凸显，以显性的思想政治教育和刚性的行为管理为主的学生工作模式已很难满足当代大学生成长成才的需要。当前，大学生在学习、就业、经济、心理等方面存在着大量的实际问题需要解决，高校学生工作应贯彻科学发展观，以学生为本，关心学生、尊重学生、理解学生、帮助学生，用服务思想全面指导学生工作的组织系统和运作过程，逐步建立和完善高校学生工作服务体系，最终建立起寓思想政治教育、学生行为管理于全方位服务中的全新的服务型学生工作体制和机制。这已成为当前高校学生教育管理改革的重要任务。

一、高校学生工作服务体系构建的必要性

服务型学生把服务广大学生成长、成才作为贯穿一切工作的主线，强调"以人为本"的教育服务意识，建立民主平等的师生关系，形成规范化、系统化、制度化的服务体系和服务机制。要实现这一任务，必须首先实现思想观念上的根本性转变，增强对高校学生工作服务化必然性的认识，明确服务型学生工作的基本特点和根本理念。

（一）贯彻科学发展观要求实现学生工作服务化

科学发展的核心是以人为本。高校学生工作贯彻科学发展观就是要以学生为本，关心学生、尊重学生、理解学生、帮助学生，促进大学生全面发展。传统的教育体制使学生长期处于被动地位，从学习到生活，学生永远围着老师转，永远围着管理制度转，总是处于从属的位置，学生的主动

性和创造性受到压制。高校贯彻科学发展观，要求坚持以学生为本，就是要尊重学生、研究学生、服务学生、发展学生，一切为了学生，为了学生的一切。坚持以学生为本，才能在一个良好的环境中培育出具有健康身心、良好品质、丰富知识和社会需要的优秀人才，真正落实学生的教育主体地位和发挥其自主性作用。生本理念要求学生工作部门应该自觉成为学生利益的维护者、学生心声的代言人、学生成才的服务员。作为学生利益的维护者，学生工作部门应该充当学校和学生之间联系的桥梁和纽带；在学生的利益和学校的利益发生冲突时，应该站在学生的立场上为学生争取利益。作为学生心声的代言人，学生工作部门应当主动倾听学生呼声，洞悉学生疾苦，为学生排忧解难。作为学生成才的服务员，学生工作部门在学生成长成才的过程中，应为学生提供全方位的服务，充当学生成才的孵化器、助推器。因此，实现学生工作服务化正是科学发展观以人为本核心思想的体现。

（二）高等教育体制改革的形势要求实现学生工作服务化

随着我国教育体制改革的深入，高校学生工作的领域和内容正在不断拓宽和丰富，学生的需求也在不断增多和提高，高校学生工作服务化的趋势正越来越明显。

（1）教育政策的变化使高校学生成为比较完全的教育消费者。学生的角色由过去单一的受教育者向"接受教育者+消费教育者"转化。学生角色的变化给高校学生工作带来了巨大冲击，学校和学生的关系表现为一种互为需求的关系。

（2）高校管理内部体制也正发生着变化，如学分制和后勤社会化的实行。管理体制的变化松动了原有的管理根基，如学分制的实施是高校教学管理体制改革的一大亮点，但也带来了传统的班级概念趋于淡化，以班级作为学生工作基本组织形式和主要工作渠道的状况发生改变，寝室越来越成为大学生学习、生活的重要场所。后勤社会化改革的实行，教学区与生活区的分离，有偿服务范围的扩大，使学校与学生之间服务与被服务的关系更加明显。

二、服务型学生工作的特点

（一）服务的思想性、情感性

社会主义大学性质决定了思想教育的主导性特点既是我国传统教育管理模式的基本特点，也是服务型学生工作模式的基本特点。坚持思想教育的主导性，就是坚持学生工作的原则性、方向性。在新的形势下，学生工作要正确处理好政治性与服务性的关系，要站在培养社会主义建设者和接班人的高度，采取更加生动、更加贴近生活的方式开展服务性的思想教育。

（二）服务方式多样化、便捷化

服务方式的多样化是指学生工作的各个方面要以灵活多样的形式表现出来；服务方式的便捷化是要求学生工作重心下移，克服以往重心偏高、游移性大、多数学生成为工作盲区的状况，以走近学生、服务学生、方便学生为工作思路。服务方式的便捷化与实行学分制管理后的社区化特点统一起来，正成为学生工作的一种新的发展趋势。

（三）服务的针对性和人性化

人性化服务就是以人为中心的服务。学生工作服务要以满足人的需要、实现人的价值、追求人的发展为趋向，以充满人文关怀的形式来开展。学生工作要研究如何为人的发展服务，如何促进人的全面发展。要从内容到形式，时时处处，全方位、多角度地为学生提供以人为中心的服务，让学生在接受服务的过程中感觉舒适、方便，并能保持尊严。

三、大学生服务体系的构成

（一）大学生服务组织运行体系的构成

服务型学生工作组织运行体系具体包括学生工作的机构、队伍、途径方法等。

1. 抓好机构设置

除了增强现有机构的服务职能外，要根据学生需要，在学校学生工作系统内设立专门的服务机构，如心理咨询中心、法律援助中心、就业指导中心、勤工助学中心、成长成才基金会等机构，开展专门服务工作。

2. 服务型学生工作的途径方法

（1）服务社会化途径。逐步推进服务的社会化网络建设，树立与社会发展节拍一致、与改革开放大背景相配合的社会化意识。动用内引外联的方法，与社会各界联合拓展服务手段，引入心理咨询师、律师、人力资源管理师为学生提供心理咨询、法律援助、职业指导等专业化服务，使学生服务工作由简单服务向综合服务网络发展，发挥整体服务优势。

（2）学生工作服务的规范化管理。一是建立和完善制度。制度是检验服务质量的依据，要建立一个制度化、规范化、科学化、系统化、切实可行的服务学生的工作运行与保障机制。二是保障服务公平。一方面要一视同仁地对待每一位学生；另一方面应对不同需要、不同条件的学生采取不同的服务方式和方法。三是创新服务方式。创新主要是服务观念创新、服务体制创新、服务方法创新和服务作风创新，同时还包括现代化的科学技术在服务中的应用。

（二）服务型学生工作保障体系的构成

1．服务场所的保障

（1）招生咨询、就业服务场所保障。学校招生就业处要在部门内设立专门咨询场，经常接待学生及社会主体的咨询，场所应当有助于学生"一站式"获得或完成各项招生、就业知识或手续。

（2）身心健康服务场所保障。搞好校医院建设，注重场地设施的人性化。加强体育场所设施维护和安全管理，鼓励学生积极参加有益的文体活动。要按心理咨询服务的要求，建心理咨询服务室、心理档案室，积极开展心理健康教育和心理辅导与咨询服务。

（3）日常生活服务场所保障。对学生社区进行物业化管理，健全社区功能，构筑集文化、休闲、娱乐、购物、健身为一体的文化社区。在各学生社区，如宿舍组团，社区活动场所要向各类服务活动开放。

（4）学习指导服务场所保障。学校要提供有利于学生学习的设施和条件，创造有利于学生学习的氛围和环境，满足学生学习方面的需要。可在教师休息室旁边设立箱格式学习指导室，因材施教、因人施教。

（5）权益维护服务场所保障。在学生生活区设立法律咨询室、工作室，配备相应设施和资料，及时解答和处理学生的法律问题。创造条件为大学生主要社团提供办公场所。

2．经费保障

（1）学校财政根据不同服务性质，确定各服务项目的经费基准定额，安排财政经费补助资金。如重庆科技学院每年度为心理、法律、就业三大中心拨款各五万元活动经费用于办公经费支出。对各学生社团也有一定的经费支持。

（2）特殊服务收取成本费用，以促进服务的可持续发展。如应学生要求的个人专门心理辅导，已进入司法程序的个案，专门为个人或少数学生进行的就业服务等，可以适当收取服务成本费用。

四、服务型学生工作的实践与探索

近年来，重庆科技学院树立和落实科学发展观，坚持以学生为本，根据当代青年大学生的身心特点、成长规律和存在的实际问题，坚持"服务为核心"这一工作理念，结合学生的需求，构建了四大服务平台。

（一）成才引领服务平台

学院以生涯规划为核心载体的成才引领服务平台，指导全体学生开展生涯规划，通过生涯规划树立远大的人生目标，以远大的人生目标激发学生的成才动力，引导学生科学设计自己的成长路线，调动学生渴望成才的需求。生涯规划的内容包括职业定位和知识、能力、素质的提升，重点在于树立科学的人生观、世界观和价值观，树立科学远大的人生理想和目标。学校为学生创造各种有利条件促进学生顺利实现规划，重点培养学生的科学精神和人文精神。其具体实践措施包括以下四个方面。

（1）建立导师制。根据生涯规划、开发的实际需要建立学生导师制度，院系选派教师担任一个小组或一个班的导师，对学生进行生涯规划、开发、择业、就业、创业全方位的指导。

（2）开展全员培训服务。生涯规划工作有很强的专业性，为了普及相关知识，学校组织专家分层次开展全员培训，一是针对全体学生工作者和院系学生干部开展《生涯规划实施方案》的培训，二是针对全体师生开展生涯规划知识培训。通过培训，帮助全体学生掌握了生涯规划基本知识。

（3）编制素质模型手册，帮助学生设计生涯。不同专业有着不同的培养目标，每名学生有不同的个性需求，专业素质模型手册能较好地体现不同学生个体和专业的个性要求。为此，我校以专业为基础，编制专业素质模型手册。手册以学生发展定位为基础，以社会发展对人才的要求为导向，从知识、技能和素质三个方面按照不同层次设定具体标准，学生根据自身定位，按照知识、技能和素质三个方面的标准设计自己的生涯规划方案。

（4）建立"三定"指导机制。"三定"即定人、定时、定内容。具体讲，定人，即定导师和定指导对象；定时，即确定导师指导学生的时间和频率；定内容，即指导学生设计和实施生涯规划。

以生涯规划为核心载体的成才引领服务平台实现了三大目标：一是做到了每位学生"人人有规划，人人有目标，人人有动力"；二是全员育人的氛围更加浓郁，由于导师制的实施，大量的专业课教师融入生涯规划教育活动中，在指导学生规划生涯的同时育人的自觉意识不断增强；三是学生综合素质得到全面提高。

(二) 扶助解困服务平台

学院以阳光关爱为行为主旨的扶助解困服务平台，建立了"三大中心"，为学生解决各种实际问题，如心理问题、经济问题、就业问题，为学生提供专业化的服务和帮助，满足了学生成长成才多方面的需求。同时，把党和国家的关怀传达给学生，激发了学生爱国、爱党、爱人民的情感。其具体实践措施包括以下方面。

1. 建立大学生心理健康教育与咨询中心，增强学生心理素质

(1) 建立了四级大学生心理健康教育与咨询服务网络。即学校成立了大学生心理健康教育与咨询中心，专门负责全校的心理辅导工作；各院系建立了心理辅导站；各班设立心理委员；学生寝室建立心理成长小组。

(2) 与重庆市精神卫生中心等医院建立了医校联动心理健康教育与危机干预机制。

(3) 构建了全程全面心理辅导模式。一是编写《大学生全程全面心理辅导》，定为"全国高校面向21世纪公共教材"；二是开设心理健康教育系列课程；三是推进心理健康教育"进班级、进寝室、进家庭、进军营"的"四进"工作。

2. 建立大学生职业指导服务中心，提高学生的职业适应能力

一是构建和实施大学生全面全程职业指导模式。将单一的就业指导改为包括择业、就业、创业、职业适应等全方位的系统指导。编写《大学生全程全面职业指导》，并开设了相关选修课程。二是建立了学校、院系、寝室三级职业咨询体系。三是为学生提供高效优质的就业创业服务。精心组织供需洽谈会，建立了就业信息网站，深入开展就业援助活动，帮扶就业困难学生。

3. 建立大学生资助管理中心，对家庭经济困难学生开展阳光关爱服务

一是建立"三助"体系。"三助"即国家资助、学校扶助和学生勤工自助。国家资助指国家奖助学金和国家助学贷款的资助；学校扶助指学校各种生活补助、困难补助、学校青年成才扶助基金的帮助；学生勤工自助指学校为学生提供大量的勤工俭学岗位，学生参与校内外的勤工俭学岗位工作。二是设立青年成才扶助基金，通过校内外筹集资金，为家庭经济困难

学生提供帮助。三是设立大学生创业助学基地，培养学生自助助人的精神。四是使经济资助与精神扶助相结合。在全校开展了"青年英才奖"公开申报与评比活动，每年评出100名优秀贫困学生给予表彰。组织了"关爱青年成才扶助行动"小分队深入到贫困学生家中，用实际行动帮助他们。

(三) 和谐环境服务平台

近年来，随着高等教育改革的不断深入，大学生公寓社区在学生思想政治教育和育人工作等方面的作用日益凸显。我校构建了以"和谐之家"为共同目标的和谐环境服务平台，深入开展"和谐之家"建设活动，通过提高公寓社区生活服务质量、文化活动品位，营造学生之间的和谐关系，陶冶学生高尚情操，提升学生的思想道德素质，引导学生养成健康、文明、高尚的学习生活习惯和良好的行为方式。实践措施包括以下六个方面。

(1) 在各学生公寓建立学生工作站，辅导员、思想政治理论课教师入住学生公寓，与学生同吃同住，深入与学生进行思想交流，帮助学生解决思想问题。

(2) 在公寓社区创建"思想政治教育理论课实践教学基地"，聘请入住公寓的辅导员和大正物业公司管理人员担任思想政治理论课实践教学老师。

(3) 将学生社团引入学生公寓，重点扶持思想教育类社团，有力支持科技创新类社团，积极引导文体娱乐类社团。

(4) 开展"和谐之家"建设活动，举办公寓社区"和谐之星"、"和谐寝室"、"和谐楼栋"、寝室装饰设计大赛等各种形式的争先创优活动。

(5) 在公寓内开办"红色影院"，增强思想政治教育的实效性。

(6) 在学生公寓社区组建了学生公寓民主管理委员会，充分发挥了学生组织在公寓服务管理工作中的主动性和创造性。

通过以"和谐之家"为共同目标的和谐环境服务平台，学生的思想道德素质有了明显的提升，全校学生凝练出了"阳光、自信、包容、进取"的新型大学生形象标准，并自觉践行这一标准；公寓社区的服务水平不断提高，学生对辅导员工作的满意度达到93%，对思想政治理论课教师的满意度达到91%，对公寓物业管理的满意度高达90%；学生寝室文化品位提高，所有学生寝室都有高雅的寝室命名，有的寝室创作室歌、设计室标、创办室报、撰写寝室小故事等；学生自觉倡导文明健康的生活方式，寝室文明评比优秀率年均超过50%，学生违纪率不断下降。

(四) 大学生权益保障服务平台

学院的大学生权益保障服务平台主要是大学生法律咨询援助平台和学

生工作沟通回应平台。

（1）法律咨询援助平台。该平台主要由大学生法律援助中心、大学生法律协会构成，面向全体大学生提供法律咨询、专题法律讲座、举办法律服务专周、深入学生组团开展法律需求调研，对需要专业帮助的学生进行法律援助等服务。通过上述工作，让学生深切地感受到法治就在身边，学校关怀就在身边，有效调动广大学生学法用法、自觉加强法纪修养的积极性。

（2）沟通回应平台。沟通回应平台主要由校情公告系统、领导接待日、校长电子信箱系统、校长学生助理系统和学生室长、楼长沟通系统以及党团学干群系统构成，为全体大学生提供和学校进行信息、情感交流沟通的服务，保障学生的知情权和表达权。采取定期进行学校工作学生满意度调查、校领导与学生定期对话、重大事项征求学生意见和创意等，切实把握学生的思想脉搏，围绕学生的需要改进工作。这些服务系统的建设，有效克服了传统的沟通渠道不畅、载体少、回应性差、反应迟缓、缺乏互动平台的问题。通过这些平台服务，让学生感到老师课堂上讲的"办学以学生为本"不是空话，学校的大事有渠道知晓，学生的话有地方说，学生的意见有落实。这对于增强学生的主人翁意识和现代公民意识、培育理性思维品质、及时有效地化解各类纠纷、建设和谐校园都发挥了重要的作用。

第十章　学生工作典型案例分析

"他山之石，可以攻玉"。随着经济社会的变化和高等教育的发展，大学生群体不断呈现出新的特点，高校学生工作面临新问题、新挑战。与此同时，一批优秀辅导员在学生工作实践中形成了大量的成功案例。这些案例对于辅导员做好新形势下的学生工作可资借鉴，不无裨益。

第一节　日常思想政治教育

一、解心锁、立心志——一例学生集体观念淡薄，学习兴趣低下的问题处理

（一）目的意义

面对学生各类复杂的思想矛盾和具体的实际困难，除了依靠传统的思想政治理论教育手段外，还离不开学生日常思想政治教育。实践表明，只有充分肯定学生思想发展的层次性和个体差异性，尊重学生思想实际，正面应对学生问题，把思想政治教育做到每一个学生的身上，才能切实提高学生思想政治教育的实效性。因此，在开展日常思想政治教育工作中，应加强师生之间、学生之间的沟通和理解，多一些"和风细雨、细致入微"的说服和帮助，及时有效地疏通和引导，让学生真实地感受到学生思想政治教育工作的力量，体会到老师的关爱、同学们的关心、集体的温暖，在解决实际问题的基础上，不断提高学生思想政治教育工作的艺术性。

（二）主题

针对日常思想政治教育工作中出现的学生集体观念淡薄、学习兴趣低下等现象，分析原因，寻求解决方案。

（三）背景

2014级舞蹈表演专业新生入学后，同学们在各方面都较为积极主动，其中有一名女生引起了辅导员的注意。学生王某（女），2014年夏天通过艺术类考试进入安徽师范大学舞蹈专业学习。高中时，该学生的文化课成

绩一般，达不到安徽省普通本科的录取分数线。于是，在考前3个月临时找舞蹈老师进行舞蹈方面的补习，希望通过艺术类考试进入本科院校学习。她从入学后的军训就开始找各种理由表示自己不能参加军训，流露出了爱美、怕吃苦、觉得军训没必要等想法。通过深入了解，发现该生不仅仅是不愿意参加军训，对于班级的其他活动也是如此。不愿意参加集体活动，认为班级的活动和她没有关系，也不想参加任何评先评优，集体观念淡薄。同时，辅导员发现该生上课时总是坐在后排，低头玩手机，学习兴趣低下。辅导员找到她谈心了解情况时，她明确地向辅导员表示她上大学不过是为了完成父母交代的任务，并不是自己想上的，她对学习舞蹈信心不足，觉得自己和班级其他同学在舞蹈功底上有差距，想转专业。

（四）主要问题

通过与该生多次的谈心谈话以及与其家长的沟通，辅导员对该生的家庭环境因素和学习成长经历有了全面的了解，分析出该生存在的主要问题是：

（1）集体观念淡薄。不愿意参加班集体活动，班级班会、中秋节晚会等活动经常缺席。

（2）性格上表现出不合群、孤僻，不愿意主动与他人接触，与寝室同学相处不太融洽。

（3）学习兴趣低下。上课注意力不集中，出现迟到、早退、玩手机等现象。专业基础较差，上课状态不积极，对专业实践课兴趣不高，经常找借口不参加实践课练习。

（4）对自己的未来没有规划。学习没有方向和动力，开学后每天沉迷于吃喝玩乐中，不花心思在学习上，只愿意与"志同道合"的朋友一起玩乐，从未思考过未来的人生方向。

（五）解决问题的举措

针对班级王同学在开学初出现的不愿意参加集体活动和学习兴趣低下等现象，在工作中，辅导员按照发现问题、分析问题、解决问题的思路，努力解决学生的思想问题与实际问题。

在工作中主要采取了以下措施：

1. 了解情况，深入分析

任何一个问题的发生不是一蹴而就的，在对该同学的行为特征进行初步了解后，辅导员又联系家长、约谈同学，深入了解其成长经历和性格特点，以便更具针对性地开展工作。

（1）与学生家长取得联系，了解该生的学习、成长历程。

首先，辅导员查阅了该生的《入学登记表》，对该生的基本情况有了初步了解。随后辅导员主动与该生的母亲取得了联系，通过沟通后辅导员了解到该生父母离异，由其母独自一人抚养长大，但由于其母长期在外做生意，她从小在外婆身边长大。外婆对她比较娇惯，以致她在生活中比较任性，不愿意听取别人的意见。并且，该生在以前中学学习时，就较少与别人沟通。

（2）与该生的室友及班级同学谈心，了解该生的性格特点及想法。

在了解该生的成长历程后，我及时约谈该生同寝室同学，综合多方面了解该生的情况及性格特点。寝室同学反映该同学平时喜欢独处，不愿意和其他同学亲近，总是低头玩手机，性格比较孤僻，作为独生子女的她，在寝室生活方面也表现出自理能力差等特点，不会主动收拾寝室卫生。但该同学对待同学比较真诚，只是不懂得主动与同学交流。

2. 多方协力，稳步解决

（1）主动沟通，管教结合。在了解了她的家庭环境和她的学习、成长经历后，辅导员通过多次与她谈心谈话，告诉她大学与高中的不同之处，耐心地指导她多与老师和同学沟通。同时，辅导员经常与她的母亲及高中的舞蹈老师联系，寻求该生家人和她原先老师的帮助，积极动员他们给予学生鼓励，经常对她进行劝导。另外，辅导员也结合学院其他不遵守纪律学生的处理结果对她进行教育，向她详细地说明学校和学院的学生管理规定，指出其违纪行为。

（2）营造氛围，帮助其融入集体。校园生活中，同学之间的关系是最亲密的。当一位同学出现问题时，身边的同学、朋友的态度也很重要。此时，辅导员积极安排班级学生干部、同寝室同学多方面引导，促使她尽快融入班集体中。班级班长住在该生的隔壁寝室，辅导员重点从班长着手，要求班长主动关心她，跟她多沟通，与她建立良好的友谊。班级也策划一些活动，邀请专业老师对班级全体同学进行户外素质拓展训练，加强团队建设，增强同学们的凝聚力。另外，我要求班干带动她参加其他集体活动。这些举措取得了良好成效。

（3）专业帮扶，指导生涯规划。班级在同学们入学后就及时召开了专业介绍会，邀请了专业负责人及多科专业教师为同学们详细介绍专业特点及专业发展前景，让同学们对本专业有更深入的认识，并产生认同感。会后，辅导员特地与本专业负责人陈老师沟通，向她说明了该生的情况，寻求帮助。陈老师在得知情况后，经常在课堂上关注她，在生活中关心她，与她沟通，介绍专业发展情况和优秀学生的事迹，鼓励她，给予她关心和帮助。通过一段时间的努力，在学校转专业工作期间，该生主动与辅导员联系，向我说明她已与专业老师及班级同学建立了良好的关系，决定在舞蹈专业好好学习。此外，辅导员还积极对同学们进行职业生涯规划的指导，确定学习目标，制订学习计划，并邀请高年级优秀同学做学习经验分享交流，对她进行学业指导，促使她从"要我学"向"我要学"转变，自主产生学习兴趣和动力。

（六）主要成效

经过一个学期的努力，王同学在专业课老师的指导和鼓励下，在班级同学的关心和帮助下，各个方面都取得了一定的进步。学习上，她对舞蹈专业有了清晰的认识并坚定地选择了舞蹈之路，学习有了动力，上课状态较好，并再未出现旷课现象，学业成绩相较于入学时有了很大的进步，特别是专业课成绩，由入学时的倒数几位上升为班级中等水平；生活上，与班级同学相处较为融洽，特别是室友反映她较入学时有了很大的改变，在寝室卫生方面能够主动伸手，与寝室同学共同维护寝室环境，在学院卫生评比中，该生所在寝室获得学年优秀寝室称号；在活动方面，她在班级同学的带动下能够主动参加班级学院以及学校的各项文艺活动，学院的"双迎晚会"中她与专业老师一起同台演出，节目获得全院师生一致好评。

（七）分析与启示

这一案例使辅导员深深地体会到，作为一名思想政治教育工作者，和学生应该是平等的，要懂得去包容他们、欣赏他们、理解他们。只有在学生工作中将爱和责任永记心头，常常与学生进行沟通和交流，用心去体贴、感化自己的学生，才能真正成为学生成长过程中的指路明灯。

从以上的案例中，辅导员得出了两点启示：

（1）始终对学生抱有期望，不抛弃、不放弃任何一个"困难"学生。教师的期望对学生的进步会产生很大的作用。在处理王同学的情况时，辅导员开始有意识地向其灌输我对她的期望，平时通过情感、语言和行为感染学生。辅导员会经常找她谈心，安排她和学生干部一起做一些力所能及的事情，使她感受到自己被重视，变得更加自尊、自爱、自信、自强。合情理、有可行性、有挑战性和持久的期望，能帮助学生塑造健康的人格，克服遇到的困难。

（2）用爱创造良好的环境，营造一个充满爱、促进学生健康发展的班级大家庭。辅导员是学生所在班级大家庭的家长，要起到凝聚每位学生、带领学生营造和谐氛围的作用。在工作中，可以通过组织丰富多彩的文化娱乐活动，开展各种形式的教育活动，如组织主题班会、心理健康专题讲座、志愿服务、朋辈辅导等，使学生在活动中培养兴趣一、发展特长、陶冶情操、开阔眼界，积极营造一个充满爱、促进学生健康发展的班级大家庭。

爱心、细心、耐心是辅导员应具备的品质，很多学生工作问题的处理对辅导员的个人能力是严峻的考验。因此，在学生工作的路上，我们需要努力前行！

二、发现"问题学生"问题背后的问题——由"问题学生"违纪教育谈话引发的思考

（一）目的意义

"问题学生"是指那些与同年龄段学生相比，由于受到来自家庭、社会、成长环境等不良因素影响及自身劣性因素，从而在思想、认识、心理、行为等方面偏离常态，需要在他人帮助下才能被悦纳的学生。

随着高等教育向大众化教育的转型，高校"问题学生"有逐年上升的趋势。如何有效地做好高校"问题学生"的转化工作，是社会关注的热点，也是高校学生思想政治工作的难点。

针对"问题学生"存在的问题，一些学生工作者往往就问题谈问题，没能探析产生问题的根源，治标不治本，教育效果缺乏长效性。

培养发现问题背后的问题的能力聚焦在辅导员综合素养和思维习惯的养成上，这是提升辅导员职业素养的必然要求，也是践行"三严三实"的必然要求。

（二）主题

日常思想政治教育：发现"问题学生"问题背后的问题。

（三）背景

2013级设计专业女学生小王，1994年出生，农村家庭。父亲常年在外帮人种田；母亲文化程度不高，在家务农；小王姐弟三人，在家她是长女。母亲受农村传统观念的影响，偏爱她的弟弟。父爱的缺失，母亲的偏爱，使她从小性格较为偏执，上了初中便沉溺于网络，并沾染了抽烟、喝酒等不良习惯。

进入大学后，由于性格较为偏执，言语粗鲁，加之抽烟、喝酒的恶习，在生活中几乎没有朋友。晚上常出没于网吧，有晚归、不归现象，且经常在课堂上睡觉。在老师和同学的眼中，小王是个典型的"问题学生"。

辅导员老师多次找她谈话，她也多次写过保证书，下决心戒掉网瘾，但收效甚微。辅导员也多次和其家长电话联系，其父母均表示管不了她，一切随她自己。

（四）案例概述

2015 年 11 月 29 日下午，班级考勤人员发现小王没来上课，手机处于关机状态，但 QQ 处于在线状态，判断她又去网吧打游戏了。辅导员发出多条联系信息也不回复，遂带领班级干部在周边网吧逐一查找，最终在一家网吧里找到了她。因其多次旷课和晚归，我约她进行了谈话，谈话进行了近 3 个小时。以下是谈话摘要：

张：小王，你好！我是学院党委副书记，分管学生工作。我看了你的相关信息，按年龄，你可以叫我叔叔。希望你不要拘谨，想说什么就说什么，好吗？（小王点头默认）

我从辅导员老师那里了解到你和同学关系不是非常融洽，你能和我说说原因吗？

王：张老师，你要讲什么我都知道，辅导员不知找我谈了多少次了，我父母也经常打电话骂我，我就是管不住自己，我是破罐子破摔，您别耽误时间了。

张：小王，你自认为是破罐子，但是你没有发现破罐子也有美的地方吗？你是美术专业的学生，你见过维纳斯雕像吗？她残缺的肢体是留下空间让审美者用自己的心灵和感受去填补空白，这就是断臂所带来的残缺之美的妙处。

小王，你只看到了自己不足的地方，就自暴自弃。可是你没发现自己的优点吗？我听任课老师说，你专业能力很强，设计思维独特。我也听你的同学说，你有时也很"仗义"，在同学有困难的时候，你也会主动关心帮助他们。这些优点和你暂时的缺点组成了你认为的破罐子，难道你想把这些优点和你认为的破罐子一起摔掉吗？

王：没想到老师对我还比较了解，很久没有人这么和我说话了。我父母、老师和同学都不理解和尊重我。

张：首先，理解是相互的。请问你真的理解你父母和身边的同学吗？正如高尔基说的，如果人们不会互相理解，那么他们怎么能学会默默地互相尊重。

另外，你觉得父母对你的关心少，可是你想没想过你父亲为什么背井离乡常年在外为别人种田？你再看看你的母亲，繁重的农活和家务，已经让她累得直不起腰来。如果换成你，面对叛逆的孩子，你会有多大的耐心呢？

你的室友也和我谈过一件事情，有一次你半夜发烧，是室友用自行车把你送到医院。而当你室友身体不舒服请你帮她买份饭，你却找理由推脱了。你现在想想，这样对吗？

我们要学会站在对方的角度，设身处地考虑对方感受，不能一味地要求别人。

王：老师，我有时考虑不了这么多问题。其实我旷课或晚归上网吧的原因是和国外的网友谈心，他们很关心我，他们让我感受到没有体验过的温暖。因为时差的原因，所以我经常旷课或晚归。

张：我不否认你和网友之间的友谊，但真正的友谊是建立在相互理解、相互支持基础上的。你为了维系所谓的友谊宁可违反校规校纪，他们为什么不愿意在你空闲时间交流呢？为什么一味让你牺牲你的上课或休息时间？你认为这是真正的友谊吗？

你和网友的友谊是建立在虚幻的网络世界里的。我认为他们给你所谓的关心更多的是顺从你的看法，给予肯定甚至纵容，所以你认为他们关心你。而父母、老师和同学给你的爱和关心是实实在在的，没有完全顺从你，所以你觉得听不惯，甚至反感。俗话说"良药苦口利于病，忠言逆耳利于行"，到底谁是真正关心、关爱你的人，你应该清楚了吧？

王：其实我有时也不想去网吧，可一想到同学冷冷的眼光，我就不想回寝室，也不想上课。

张：据我了解，刚进校的时候你和同学之间关系非常融洽。可是时间一长，你的缺点就暴露出来了，如在寝室抽烟、喝酒、讲脏话，玩游戏的时候音响声音很大。加上你听不进去别人的劝说，有时还动粗。这样小的问题越积越多，最后成为难以调和的矛盾。

没有一个人尊重不自重的人，没有一个人信任他所不信任的人。这也是你朋友越来越少的主要原因。随着朋友的减少，你就和集体越来越远，越来越感受不到集体的温暖。

王：谢谢老师指出我的缺点和问题的症结。可是，同学们还会把我当成朋友吗？

张：我记得初中语文有篇《周处除三害》的文章，为祸乡里的周处，他找到陆云说想要改正错误，可又担心自己年岁太大。陆云劝他说，"朝闻道，夕死足矣"，人就害怕立不下志向，只要能立志，又何必担忧好名声不能显露呢？周处听后就改过自新，最终成为一代名臣。

你想，你的问题还有周处严重吗？只要你下决心改，学会宽容、学会自制、学会站在对方角度考虑问题，发挥自己的优势，我相信，你的朋友会越来越多，大家对你的评价也会越来越好。

王：老师，我认识到问题主要还在我，我会少去网吧，就像你抽烟一样，不可能一下戒掉。

张：要有和过去说再见的勇气，如果还给自己留有缓冲的时间和借口，你永远无法告别过去的你。小王，老师和你定个"君子协议"，你从今天开始不要再去网吧，我从现在开始不再抽烟，我们互相监督，好吗？

王：老师，那从现在开始遵守我们的约定吧。

（五）思路、方法和举措

和"问题学生"谈话首先要对"问题学生"的家庭背景、成长环境、在校表现、存在的问题做好分析，并通过其同学、室友、任课教师等充分了解和掌握他们的日常表现、兴趣爱好、人际交往范围等。

1. 摸清情况，分析表征

人之初，性本善。每个人不是生来就有问题，我们要从外在因素和其外在表征做好调查分析，找出导致其产生问题的根源。

2. 以诚感人，爱心抚慰

能赢得学生的信任，辅导员工作就成功了一半，而爱心是赢得信任的钥匙。在和"问题学生"谈话时辅导员不要居高临下，先抛开他所犯的错误，站在和学生同发展的角度，让学生能感受到你的真情、温情，从掌握的外围情况入手，由表及里，逐一分析。

3. 查摆问题，找出症结

"问题学生"可能存在的问题很多，他们所犯错误或存在问题的根源往往不是表象所能反映的。就像小王同学老是旷课、晚归，她的问题根源是人际交往困难、缺少关心关爱。在谈心谈话中，要善于从表象中找出问题的根源，这样才能真正地对症下药。

4. 指明方向，树立信心

"问题学生"往往缺乏明确的人生规划，对自己丧失信心。要善于发现他们的优点并给予肯定，培养他们的自信心。

（六）主要成效

从谈话过程和小王同学在谈话后的表现来看，此次谈话取得了一定的效果。在谈话中，小王同学多次流泪，对家人亲情、同学友情的漠视和冷淡表示后悔，并愿意主动改正（后期辅导员与其家长联系时，其父母很惊讶地表示小王同学主动给家里打了电话，同学也反映小王能按时上课了）。在分析其优势后，她对未来又充满了信心。

（七）分析与启示

1．案例分析

（1）家庭环境对学生成长的影响。有的家长忙于生计，加之受文化程度限制，不懂得经营家庭的技巧。当下部分留守儿童，由于长期感受不到完整家庭的温暖，对他们成长也造成一定的心理影响，容易产生不良的性格倾向。

（2）人际交往能力对学生的影响。在此案例中，由于小王交往能力较弱，无法正确表达自己内心观点，和同学、老师、父母缺乏沟通，造成矛盾越积越深，也使得她离家庭和班集体越来越远。

（3）学生情感寄托对行为的影响。由于和家庭、同学之间关系紧张，小王感受不到来自家庭和集体的温暖，进而沉溺于网络世界宣泄内心苦闷和压力。

（4）自控力在学习生涯中的影响。小王的自控力弱，喜欢给纵容找借口。但这时，如果找不到问题的根源，一味地指责批评，反而容易把"问题学生"推到教育目标的反面。

2．案例启示

从这一案例可以看到，即使是"问题学生"，他们身上也有闪光点，辅导员只有深入细致地工作，才能发现"问题学生"问题背后的问题，对症下药，才能打开"问题学生"的心结，也才能真正实现"问题学生"的转化。针对"问题学生"，辅导员要克服以下几种心理：

（1）厌弃心理。学校为学生而办，学生为学习而来，所以不能轻易放弃一个学生。每个学生的情况是不一样的，针对每个学生的引导方法都应不一样，所以要认真研究每位学生的性格特点，才能找到解决问题的方法。

（2）定型心理。虽然大学生的人生观和价值观已初步成型，但仍具有一定的可塑性。所以，要善于发现"问题学生"的优点，要关注他们的每一个闪光点，每一个细小的进步；在表扬他们优点的同时，提出他们身上的一些缺点，使他们树立"我也很优秀"的观念，增强他们的自信心。

（3）急躁心理。首先要做好这样的思想准备——"问题学生"的转化是一个长期的、反复的过程。辅导员应保持冷静和理智的态度，否则会失去耐心。揭老底、算总账，全盘否定他们的进步，这样做的结果只能使学生和老师完全处于对立的状态。

（4）偏见心理。辅导员对"问题学生"出现认识上的片面性，在工作中会出现偏激的行为，不给"问题学生"承认和改正的机会，进而伤害他们的自尊心，使得老师和他们的距离更远。

（八）有待探讨的问题

"问题学生"的问题成因是多元因素造成的，如何构建学校、家庭、社会、集体多层次、多平台的合力育人机制是解决问题的关键点，也是问题的难点。如何发现"问题学生"的"闪光点"，建立科学的、多元化的评价机制；如何构建辅导员知识体系，使得我们在解决问题学生的问题时有一个全面、公正、公平的态度和一个恰当、有益、有效的方法；我们处理问题的初衷和结果是否能达成一致；能否从表面问题发现问题背后的问题；这些都对我们的学生工作者提出了较高的要求。

三、关注青年成长，让信仰点亮人生——"核心价值观领域"教育活动培养"四有"型学生

（一）目的意义

为深入学习习近平总书记系列讲话重要精神，积极践行社会主义核心价值观，我在班级打造"关注青年成长，让信仰点亮人生"系列教育活动，紧扣改革发展和学生思想实际，引导青年学生自觉向上、向善，树立正确的世界观、人生观、价值观，培养有担当、有思想、有人文、有情感的新时代大学生。

（二）主题

针对当今大学生的群体特点，创新思想政治育人载体，依托"对话青年""真人图书馆""线上学习工作墙"系列教育活动，对青年学生进行核心价值观引领，打造"三个一"学生发展平台，即人才培养讲坛、学生互动社区、资源共享"朋友圈"，着力培养有担当、有思想、有人文、有情感的"四有"型学生。

（三）背景

新形势下，党和政府对青年成长提出了更高的要求。对高校工作者来说，引导青年树立社会主义核心价值观，帮助其扣好"人生的第一粒扣子"，成为思想政治教育工作的重要一环。而面对教育对象和教育环境的变化，必然要求教育工作者转变、创新教育形式，以青年喜闻乐见的形式搭建平等对话的平台，帮助他们加强自身理论自信、发展自信和专业自信的建设；同时需要意识到文化反哺在学生自我教育中发挥的重要作用，充分尊重学生的主体地位，帮助青年学生更好发挥"三自"功能。考虑到主题班会、面对面约谈、集体辅导等教育形式在核心价值观引领中的效能体现还有待进一步增强，本案例是对育人形式的一种新尝试，也是我们学生工作者可以着力的一个突破口。

（四）主要问题

1. 教育形式单一化

单向度的教育形式使得高校学生接受思想政治教育成为被动的聆听而不是主动的体会实践，教育过程中缺乏良性互动和朋辈教育的影响。因此在继承传统教育的育人成果下，需要学生工作者结合新形势开展思想政治教育工作，创新教育形式载体，从单一走向多元。

2. 教育对象的价值观树立需要引导

随着全球化的深入，尤其是互联网时代的到来，我们的教育对象正经历着一场巨大的多元价值观冲击。而在构建最初人生观和世界观的关键节点，大学对学生核心价值观的引导、培养应当是首位的，且应该是贯穿日常思想政治教育主线的内容。

3. 教学管一体化改革需进一步推进

全员育人、全过程育人、全方位育人是高校学生工作的发展方向，教学管一体化改革势在必行。从单兵到共同体的协同育人格局尚未形成，必须不断延伸和拓展教育工作领域，一方面着力推进思想政治教育入脑、入心，一方面着力推进学生自我教育、自我管理与自我服务功能的发挥。

(五) 解决问题的思路和举措

1. 解决问题的思路

紧扣学生思想实际，在充分调研的基础上发现学生群体中普遍存在的问题和典型案例，真正让思想政治教育工作贴近学生的需求。围绕核心价值观引领这一根本目的，探索出了"3334"的工作思路：通过"对话青年""真人图书馆""线上学习工作墙"三项教育活动，打造人才培养讲坛、学生互动社区、资源共享"朋友圈"这"三个一"学生发展平台，帮助学生建立理论自信、发展自信、专业自信这"三个自信"，着力培养有担当、有思想、有人文、有情感的"四有"型学生。

2. 具体举措

(1)"对话青年"，培养理论自信。结合学院党校、学生干部培训班等，搭建人才培养平台。通过问卷调查、走访谈心、主题班会、团体辅导等活动形式，提前征集青年学生急需解决的困惑与问题，借助重大主题教育节点，以座谈会、沙龙、讲座、培训班等形式对学生进行润物细无声的思想引领。每期选定一个活动主题，由一名老师和一名学生以对话的形式开讲，参与者广泛进行思想交锋与交流，让受众学生真正做到"真学真懂真信"。已先后举行了"一带一路下的中国改革""核心价值观如何引领社会""青年为什么要读马克思"等专题活动，将先进理论与时下热点事件相结合，将自身与国情、社情相联系，培养学生的责任担当意识，从而在活动中自觉加深理论自信。而师生对话的形式让学生不仅有机会更好地思考、表达自己的观点，也可以借助平等对话的平台增进师生情感，提升教育成效。

(2)真人图书馆，培养发展自信。借助朋辈作用和身边典型的挖掘，该活动以"读有故事的人，阅会行走的书"为口号，以院资料阅览室为固定场所，以生生对话为主要形式，搭建学生互动社区。活动通过借阅真人故事以获得更多体验与认知。学生制作了借阅卡、故事墙，用阅读身边人的方式进行交流、学习，从他人身上体悟真、善、美，努力做有人文情怀的学生。该项活动旨在充分发挥朋辈教育，从身边的真人真事中学习，更有贴近感，也更容易接受，是另一种形式的思想启迪。每次活动都通过投票选择同学们最想借阅的故事，再由被借阅者分享自己的故事。《艺考的辛酸史》《不要让亲情变成等待》《成长这些年》《和爸爸没话说》《唱歌的人不要流眼泪》《傻孩子》等一系列真人故事，展现在每一位阅读者的面前，直击人心，讲述者和听众更容易引起共鸣。该活动话题主要涉及学生的大学生活层面，充分发挥学生的主体作用，实现自我教育的目的。学生在准备讲稿和讲述分享中，也是对学生语言表达能力、逻辑思维能力、写作能力等综合素质的提升；而对大学生活的反思不仅可以影响听众，也能帮助学生自身建立自信。

（3）"线上学习工作墙"，培养专业自信。自大二起，四个专业学生分别在 QQ、微博、微信上开设 "13 新闻广播学习工作墙"，搭建资源共享的"朋友圈"。两年的时间，他们累计借助该平台发布了 42 场线下学术交流活动，分享了 500G 的学习资源，话题关注量达数十万。作为线下学习的补充，这个平台依靠学生自我运营管理，立足于学生需求实际，借助全媒体传播模式展示各班级学习成果和学子风采，不仅是大学四年班级建设的见证录，更是培养学生专业自信的有益尝试。从职业面试技巧到本科生论文撰写规范，从新闻传播类经典书目推荐到 TED 演讲分享，线上营造的不仅是生活化的"朋友圈"，更是分享学术见解、资源共享的"朋友圈"。

（六）主要成效

1. 从群体来看，四个班级建设成效各有特色

两年的教育实践，"核心价值观引领" 系列教育活动在班级建设上收获了较好成效。其中，2013 级文化产业管理专业获评校 "十佳班集体"，四个班级有三个班级均获得校优秀团支部，四六级通过率、素拓满分率、党员人数等各项均位于同年级前列，累计获得各类国家、省市级奖项 200 余项。每个专业都有各自的品牌活动，其中新闻专业的 "记者礼赞" 已纳入学院素拓规划，播音专业 "慰问抗战老兵"、文管专业 "徽商博物馆" 志愿讲解等公益服务活动均已常态化，广告专业进一步继承和创新爱心中转站获评第十三届校 "感动师大" 校园精神文明创建十佳事迹。

2. 从个人来看，培养了一批活跃于校园的先进典型

四个专业涌现的先进典型是自新传学院成立以来的最高峰，从一定程度上显示了该项教育活动的探索尝试是有成效的。两年来，产生了一名校会主席、三名院会主席、一名学工助理副总队长以及校 "十佳大学生" 提名奖获得者、校 "自强之星" 等一批优秀典型，学生在各大型晚会、颁奖典礼上发光发彩，在典型选树上收获了较好的实效。

（七）分析和启示

活动虽取得了一定的成效，但在执行过程中也受到很多因素的限制，

工作中的一些经验和教训值得深入探讨。

1. 核心在于立足学生实际

只有立足于学生自身发展需要，紧扣改革发展实际和学生思想实际，才能得到学生的认同。因此，前期在学生群体中的充分调研非常有必要，而对一些潜在问题的探究和关注更需要辅导员本人用心、细心。所以，立足学生实际是思想政治教育工作中所面临的核心问题。

2. 重点在于价值观内化与自我教育

育人载体的创新并不直接意味着育人效果的提升，核心价值观的引领与培育需要帮助学生建立理论自信、专业自信和发展自信，而这三种自信的建立才能真正将思想政治教育入脑、入心。此案例在探索中的重点、难点在于如何实现价值观的内化，进而影响学生的行为与选择。同时，如何依托系列教育活动帮助学生逐步走向自我教育，有待进一步探索。

3. 关键在于核心价值观引领的系统化和常态化

在日常的思想政治教育中，对核心价值观引领的教育思路与方法提炼是较为欠缺的，而该案例的尝试与探索需要走向系统化和常态化。因此，只有当学生工作者真正重视核心价值观在育人环节和内容中的重要作用，并将其融入日常思想政治教育工作中来，而非走脱离日常思想政治教育的"两张皮"道路，活动的成效才能显示出来。

(八) 有待探讨的问题

1. 如何创新活动形式

教育对象的变化本身对教育工作者提出了更多的挑战，如何调整工作方法和工作形式，如何创新团学活动的载体和形式，如何真正将有意义的活动做得更有意思，都是现阶段该项活动有待深入研究和探讨的问题。只有真正将教育对象转变为教育力量，我们的活动才是真正有成效的。

2. 如何选择活动内容

从研究需求到创造需求，每期活动内容的选择直接决定了活动成效。因此，该活动需要着力解决的是自下而上的需求征集中如何真正做到精准和全覆盖，尤其是遵循教育规律和学生成长规律，结合学生专业特点，真正做到"三贴近"。

3. 如何固化活动成果

在活动开展中，辅导员明显感觉到学生的档案留存意识和活动成果固化意识不够强。尤其是面对面性质的交流项目，座谈的记录、讲稿的整理、参与学生的心得感悟，应当定期做好材料汇编并留存；同时应该借该项活动建立一个跟踪反馈机制，作为学生动态档案管理的一个组成部分，不断完善、调整和更新。

第二节　党团和班级建设

一、利用班级日志，规范班级管理——2014级历史学专业班级管理典型案例

（一）背景

班级日志的起源可追溯到1953年赵启春发表于《人民教育》上的《我在建立班集体、指导少先队和教育个别儿童方面的经验》一文。传统的班级日志也称"班情日志""教室日志"等，是学生在教师指导下自主记录班级事务和班级学习生活的记事本。班级日志是由学生自主对班级事务进行记录的书面凭证，在辅导员的指导和定期审阅下，成为学生工作的手段与途径。它的合理使用，可以作为发展性评价的抓手，可以搭建班风建设新平台，可以改变传统的班级管理模式。

2015年初，一名教师接替同事担任2014级历史学专业的辅导员。当和这些学生接触了两个星期之后，发现这个班级存在学习劲头不足、纪律意识淡薄、日常管理不规范等问题。对此，我决定以班级日志为抓手来加强纪律约束，规范班级管理，以期形成良好的学风、规范的班风。

（二）存在的问题

经过调查，辅导员发现2014级历史学专业的班级日志存在着内容和流转制度两方面的问题。

在日志内容记录方面：一是日志记录中内容随意性大，格式混乱，反映了部分班委责任心不强，对班级日常建设重视程度不够，班委管理水平不高等问题；二是日志内容更新较慢，且日志内容的更新常因记录人不在现场而出现一些疏漏，班委内部联动沟通机制不够完善，各班委平常沟通不足；三是日志内容不够全面，其中的较大篇幅仅用来记录班级学习建设、

学生工作等方面，缺乏学生的日常生活、心理状况等板块，不能让辅导员及时了解学生个人的整体发展状况。

在流通机制方面，突出表现为班级日志的流通不广，仅在班委会内部和辅导员之间流动；广大同学对班级日志并不了解，导致普通学生对班级日志的约束力和重要性认识不足，对班级事务了解不多，学生的班级主人翁意识欠缺。

(三) 解决问题的举措

根据班级日志在日常执行中存在的问题，辅导员结合实际情况，给出以下四点改进措施。

1. 明确责任，制订记录细则

针对日志内容随意性大，格式混乱的现象：第一，制订班级日志记录细则，要求每一位班委都要成为记录员，每天一轮换，且随身携带，如有值班记录员未亲历的活动，可由其他班干告知具体情况再记录；第二，确定内容记录标准，内容涉及课堂考勤、学习状态、教学内容、活动形式、参与人数等；第三，召开班级日志记录员培训会，手把手教会班干如何记录，以班级日志记录为契机，提升班委工作的责任心和工作水平。

2. 丰富内容，扩展记录范围

针对日志的内容问题，辅导员班级在规定的班级日志格式上积极创新，通过附录的方式丰富班级日志内容，将学生的寝室状况、情感、学生素质拓展等方面记录在案，学生的请假条粘贴在日志背面，甚至一些合影图片也打印出来贴在日志上。

3. 加强联系，建立沟通机制

针对日志更新较慢，班委沟通不畅等问题，一方面积极完善班委联动沟通机制，以班委例会为平台，从制度和平台两个方面增强班委内部沟通，每周三下午召集班委会核实记录情况；另一方面，建立班委 QQ 群，及时将每件跟班级相关的文字内容或图片上传到群共享中。

4. 增进了解，定期公示日志

针对班级日志的流通问题，在班级内实行班级日志公示制度、学生记录制度、班级日志网络补充制度。线上线下多方入手，让广大同学及时了解班级工作计划、班级工作进度、工作成果等，增强班级同学的主人翁精神。

(四) 取得的主要成效

功夫不负有心人。在严格执行了上述措施之后，班级学风、班风都有了明显的改善，辅导员也从繁杂的事务性工作中跳出来，可以有时间对工作进行更多的思考。在班级管理方面取得的成效主要体现在以下三方面：

1. 纪律严明，打掉自由散漫之风

针对大一新生"一入大学便自由"的想法，做好发展性考核。在班级考勤方面，利用班级日志，及时记录班级内部的考勤情况，班干每周一上报，让辅导员能够及时了解课堂情况，从严抓纪律入手，打掉自由散漫之风。从班级日志中，能看到班级一学期的考勤情况，在制度实施了两周之后，以前的迟到、早退等违纪情况再也没有发生过，班级几乎每次考勤都是满勤，逐渐营造出了浓厚的学风。

2. 鼓励进步，形成争先进位之风

大学是自由的，每个人都有自己的发展方向。辅导员班级结合班级日志，主动开设班级个人风采板块，将班内在各领域表现突出的同学事迹记录下来，并在班会上及时予以表扬。例如，吕永鑫既是班长又是院学生会实践部部长，是有着丰富学生干部工作经验的学工之星；韩志香，连续在两届校运会上获奖，是班级的体育之星；苏晓燕，既是大艺团团长，又是舞蹈队队长，是在舞台上展现自我的文艺之星。班级日志将这些人和事记录下来，让辅导员和全班同学能够了解他们，向他们学习。对这些同学的认可，可激励全班同学积极促进自我发展，提升自身综合素质，更在全班内形成了主动要求进步的风气。

3. 增强交流，打造团结型班风

班级应该建设成一个家庭，四年的时光不能白白消磨。2014级历史学专业同学以班级日志为平台，完善班委会成员的内部联动沟通机制，通过班委会的凝聚力，凝练班级精神，塑造一个团结、和谐、统一的班集体，引领团结型班风的建设。通过班级日志的公示化，增强班委会和普通同学的交流，让广大同学了解班级的日常工作计划、工作进度和工作成果，增强学生的主人翁意识，从而促使班级同学踊跃投身到班级日常建设中来。如今，该班级围绕"传承文明，弘扬优秀传统文化"这一主题积极开展历史文化街、汉服游行、端午节祭祀屈原等活动，同学参与度近100%，这就是团结型班风的具体表现。

（五）启示

李先念同志曾说过："教师的劳动，是一种科学的也是艺术的创造。"在开展班级管理的过程中，辅导员得到了如下启示：

（1）班级管理需要一个或几个很好的"抓手"。班级日志、干部队伍等都是"抓手"，利用好这些"抓手"，工作展开则会事半功倍。

（2）辅导员工作不能单靠"人治"，需要进入"法治"轨道。每位辅导员不仅带数量众多的学生，还可能承担着其他工作任务，如果事必躬亲，则可能会疲于应付，降低工作效率。辅导员需要用规章制度来管理班级，引导学生养成遵规守纪的好习惯。

（3）学生的自我管理是班级管理的最高境界。班级日志能充分挖掘班级人力资源，充分尊重学生并解放自身，使所有学生都以积极的态度自觉自主地投入到班级管理中去。

二、用心用情增强新生班集体凝聚力

（一）背景

班级是大学新生入学后的第一个"社会大家庭"，在这个大家庭里，他们不仅需要适应新的学习和生活环境，还面临着重新融入新的群体，重新建立新的人际关系的问题。而在同学交往中，逐渐形成了各种各样的群体，群体活动对他们的智力、个性发展的重大影响慢慢凸显出来。随着学生个性化发展以及思想观念、行为方式的多元化，给班级管理带来了一定难度，如何增强班级的凝聚力，把尊重学生的主体地位与凝聚班级力量、促进班级管理结合起来显得尤为重要。

（二）存在的问题

班级是一个多人组成的集体，班委会、团支部是班集体凝聚力的核心。一名学生干部就是一个榜样，一名学生干部就是一个优秀典型。大一开学初，该专业便组建了班委会、团支部，但是，很快出现一些问题：一是部分学生之间的关系冷漠；二是寝室关系不和谐；三是部分班委工作懈怠，活动的准备材料、总结材料和宣传报道常常不能按时提交；四是普通学生对参加班级举办的活动不够积极，也不能正确理解举办班级活动的目的和意义。

（三）原因分析

1. 管理方式的差异化

大学与中学是两个不同的层次群体，在管理方式上有着相同点和不同点。相同的是，管理都是为教育教学服务，都是为了促进学生的健康成长；不同的是，大学管理更注重自主能力的培养，管理手段更加开放，更加有利于发挥学生的主观能动性，而中学"保姆式"管理多一些，学生自主发展的机会少一些。对于刚入大学校园的新生，面对全新的生活环境、学习环境、管理模式，处于不断适应、不断调整的阶段，对一些集体活动认识不清，存在等待观望、不热心、不参与的情况在所难免。

2. 家庭观念对学生的影响

很多家长认为在大学期间要把时间多花在学习上，从而忽视学生素质拓展活动的参加。部分家长自身的观念影响了学生，使得学生在参与班级活动、素质拓展等方面不够重视。

3. 学生自身原因

（1）学生刚从高中步入大学阶段，习惯了高中的管理模式和学习方法，始终觉得学生的本职任务就是专心学习，尤其是通过高中的三年寒窗苦读之后，仍觉得学习压力较大。

（2）学生参加班级活动热情不高，积极性不强，导致班委组织策划活动也没有激情，勉强开展活动，参与者较少，活动效果大打折扣。

（3）班委在做活动策划时，觉得即使完成不好，对自己也不会有什么影响，责任心不强，班级对学生干部缺乏相应的管理制度和工作要求。

（4）班级同学来自不同地区，生活方式和生活习惯各不相同，因此相处时易出现隔阂。部分室友之间由于缺乏交流，沟通方式不恰当，关系也不融洽。

（四）解决对策与具体举措

1. 增强辅导员的向心力、感召力和亲和力

要使班级有较强的凝聚力，作为辅导员首先要关心学生、尊重学生。作为"一家之长"，辅导员应该从内心关心"家庭"中的每一位成员，使他们真正感受到老师的关爱，体会到集体的温暖，从而使整个班级成为一个

团结向上、充满友爱和凝聚力的集体。在班级组织活动的时候，作为辅导员老师，我每次都会尽量参加，对活动的开展进行指导，学生的参与度也大大提高。

辅导员的人格魅力也是增强班级凝聚力的一个重要方面。崇高的人格魅力能使学生产生敬佩感，从而增强整个班级的凝聚力。同时，辅导员良好的生活作风、思想品质和工作热情都会对学生产生潜移默化的作用。榜样的力量是无穷的，平时的宿舍卫生、学校的运动会、党团活动等，我不会只做旁观者、指挥家，而是做一名参与者，什么事都要带头做好，以无言的实际行动教育自己的学生。这些看似微小的行动，实际可以对学生产生巨大的影响。只有为人师表，率先垂范，辅导员的向心力和亲和力才会得到真正的体现；学生才会"以班为家"，整个班级才会做到心往一处想，劲往一处使，班级凝聚力的形成才会落到实处。

2. 建立强有力的班干部团队

学生对班级活动不积极参加，与活动的组织者有着密不可分的关系。部分班干部对于班级的事情持冷漠的态度，所以辅导员决定从班干部出发，对班风进行整改。

辅导员召开了一次专题班干会议，深入探讨了班级存在的问题，并聆听了大家的想法。大部分班干提出自己在中学时代没有得到锻炼机会，很多同学都是第一次当班干部，所以在能力方面尚有欠缺。通过会议，他们知晓了优秀班风的核心要素，明确了班级的发展方向，主动发挥同学们的"三自"功能，让班干调动每名同学积极性，让他们找到自己在班级中的定位，共同参与班级的组织和管理工作，为同学们的学习与生活服务，培养他们的参与意识和主动性，让每一个学生都得到锻炼。

3. 建立和规范必要的规章制度

俗话说"无规矩不成方圆"，一个班也应该有一个班的规矩，只有规矩好了，风气正了，学生才会有一个良好的学习成长环境。因此，辅导员把建章立制作为班风建设的前提基础，在组织班干部认真学习领会校院管理制度的同时，进一步分解细化班级管理的具体措施。班委会换届一结束，就让每位新当选班委列出工作计划，并放到班级群共享空间里，这样就能对班干部们形成一种约束力，时刻警醒他们要按照自己所作的承诺认真履行职责。

4. 对学生进行适度有效的激励

一般学生都很注重尊严和荣誉，希望得到老师的肯定和表扬，增强自己在同学中的影响，在集体中得到重视。因此，要针对不同学生的心理特点在班级管理工作中采用不同的激励方法，调动学生积极性；挖掘每个学生自身的闪光点，借助学生自身的优点，激励其克服不足之处，对学生的好思想、好习惯予以肯定和表扬。

（五）工作成效

1. 学生转变观念，活动参与度得到显著提高

通过以上措施的实施，班级活动的质量得到了提高，学生对班委会举办的活动逐渐产生了兴趣，对活动的关注程度逐渐提升，不再用之前"事不关己，高高挂起"的态度对待班级活动，学生干部在组织策划活动之前认真思考活动的目的和意义，并积极向学生宣传，使学生将注意力从"获得学分"转向"获得锻炼"，活动的参与度显著提高。截至2016年上半年，该专业共组织集体活动五十余次，班级学生的参与率由以往的50%增加到80%。

2. 以活动促活跃，增加了学生对集体的依赖感

为了增强同学们的身体素质，让学生走出宿舍、走向操场，摆脱"低头族""拇指族"，班级还开展了篮球友谊赛、趣味运动会、撕名牌、放风筝等活动。在一次次活动中，班级凝聚力逐渐得到了提高，学生在实现自己个人价值的同时也逐渐体会到了班级的温暖。通过了解同学们关心的热点问题，该专业有针对性地举办了"校友专场报告"活动，邀请优秀毕业生返校进行经验交流，在交流会上学生的疑惑得到了解答，化解了学生的学习压力，增强了对班级的认同感。

3. 融洽了内部关系，增进了同学之间的信任和了解

通过有目的地组织一些互动活动，开展集体竞技项目，使同学们在寓教于乐中增进了相互理解和信任，对于化解生活中的小矛盾、小纠纷，增强班级和谐稳定起到了一定作用。

4. 培养了良好班风，促进了班级工作全面进步

通过两年来的教育引导，该专业基本形成了勤勉上进、团结互助、班

兴我荣的良好风气，每天上课不仅保证零缺勤，同学们还能够积极投入学习之中，促进了教育教学工作的全面进步。

（六）启示

大学新生的管理必须要从增强班集体的亲和力、凝聚力入手，针对学生特点，坚持从强化组织功能、夯实思想基础、教师躬身践行、疏堵结合并举等多条渠道来凝心聚力，不断提升管理工作规范化水平。

要坚持管教并举，一方面抓思想引导，培养责任意识、团队意识；另一方面抓行为规范，通过从严管理、从严治班，培养过硬的作风。要强化组织功能，要通过加强班委会、团支部的自身建设，不断增强组织协调能力、群众工作能力以及务实的工作作风，用真诚的服务赢得大多数同学的支持、理解和认同。将班级工作的整体目标与每个学生自我发展的个体目标有效对接，促使学生自觉融入班级建设的方方面面，用共同的奋斗目标来凝心聚力。要通过各项寓教于乐的活动，陶冶情操，增强班兴我荣的责任感，在各类评比竞赛中增强凝聚力。最终建立起关爱学生的工作机制，营造出和谐温暖的家的氛围。

提高班级的凝聚力是班级管理的一项长期任务，必须长期培养、持久发力。要通过建立相关的教育引导机制、管理责任机制、相互激励机制，实现长期抓、反复抓，以滴水穿石之功，展潜移默化之效。

三、把党支部建在艺术团上——以音乐学院学生艺术团党支部为例

我们正处于一个多元化的时代，一个信息爆炸的时代，一个巨变的时代，一个转折的时代，一个充满诱惑、机会良多、却又使青年感到迷茫的时代。在这样的时代背景下，我们所带学生也不可避免地带着时代的烙印。

面对新形势、新要求，要有解决问题的新思路、新方法。2011 年，学院根据艺术类学生教育成长背景、性格习惯特点，积极探索党建与大学生教育、考察、培养相结合的新模式，成立了学生艺术团党支部，进一步提高德育的科学性、针对性和有效性。2012 年，该支部获评全省先进基层党支部。

（一）主题

将大学生党建与艺术实践紧密结合，针对艺术生特点，在艺术实践中，通过实践活动、典型引领辐射，做好入党积极分子和党员的考察、培养，发挥好党员的辐射作用，吸引更多优秀大学生向党组织靠拢。

（二）存在的问题

第一，艺术类大学生相对来说，存在以下特点：

（1）思想活跃，很难接受管束、说教。

（2）专业情结浓厚，但文化基础薄弱。

（3）实践活动能力较强，但受社会大环境、教育背景影响较深。

第二，大学生党建模式相对于艺术生来说，存在着一定的不适应和不到位。具体表现在：

（1）重视传统党员发展模式，对其他渠道开展党员考察重视不够。

（2）重视组织活动的形式，对内容的鲜活性重视不够。

（三）解决对策

1. 在艺术实践中考察积极分子、发展对象

艺术团党支部依托学生艺术团开展活动。目前，音乐学院共有 5 大学生乐团：青年交响乐团（全建制）、民族管弦乐团、合唱团、舞蹈团和古筝乐团。5 大乐团有近 400 人，占学院学生总数的 50%，还不包括学生自行组建的乐团、乐队。每年乐团承担"高雅艺术进校园""徽风皖韵进高校——校园大舞台"等大型演出任务，承担高雅艺术进军营、进社区等系列进基层演出，承担地方政府和单位新年音乐会、校教师节颁奖典礼、学生表彰大会等，共计 30 余场，此外还有艺术实践周、教学汇报等演出。面对这么大的一个群体，如此频繁的学生艺术实践活动，怎样做好学生管理、怎样结合艺术实践工作做好学生教育与思想引导，是学院学生工作要特别考虑的问题。

研判大学生入党动机、入党条件，除了学业要求，德行表现应是更重要的考察部分。辅导员组织、参与学生艺术实践活动，在做好学生安全管理与教育的同时，参与学生艺术实践，在实践过程中观察、了解学生，发现并培养入党积极分子，使推优、学生鉴定等工作不仅有事实支撑，也有培养途径。在长期的实践中，和学生们一同参与活动，同吃同住，可以较真实地了解学生是否有坚定的政治立场，在大是大非问题和敏感问题中能否保持清醒头脑，是否具有吃苦精神，是否有完成任务的责任心，是否言行一致，是否团结同学有集体意识，是否有社会担当，等等。大到价值观，小到是否随手丢垃圾，都能在共同实践中逐渐了解，也能较真实地了解培养对象的群众基础。将在艺术实践中观察到的学生行为一一记录，形成个人成长档案，如此，在党员发展过程中便有依有据，真正做到成熟一个发

展一个。

值得一提的是，正确处理学生在艺术实践中获得的专业自信，或是对学生在实践中的良好行为及时给予肯定，可以促进其学业自信与自我要求的提高，产生带动效应，促使其从一好到百好。

2012级臧同学，刚进校时只是一名普普通通的学生，成绩排名在年级中处于中后段。入校后，参加合唱团招新选拔，加入合唱团，成为学院艺术团成员之一。通过观察团内学生表现，我发现每周两次的集中排练，她一次都没有缺席过，不仅如此，还积极参加团内组织的活动，如大学生艺术展演、高雅艺术进校园等，在团内积极氛围的影响下，参加了学院歌手大赛、戏曲大赛等。其与乐团一同成长，在大三学期末，她作为团内女生部领唱，代表学校随团参加全国学校合唱节比赛，获大学组一等奖。在数次的谈心谈话中，辅导员总是肯定她在艺术团中的表现，同时也鼓励她在其他方面多进步，使该生产生被认同感、被期待感。专业技能上的进步与学习成绩上的进步是相辅相成的，该生综合测评成绩从大一学年的20多名（班内51名同学），逐渐提高到大三学年的第3名。作为学院艺术团的一名成员，在多次艺术实践中，臧同学有着非常高的集体荣誉感和大局意识、奉献精神。近两年，我院还服务校教师节颁奖典礼、学生表彰典礼等活动，基于舞台上的良好表现，臧同学也几次被学院推荐参与演出。2015年学生表彰大会举行时，正是考研冲刺期，音乐专业的考研难度较高，因为专业特殊性，她们要提前与所考院校的导师联系，至少提前半年就要跟着导师上专业课，这样考试才相对有把握一些。接到学院通知演出任务时，臧同学正在武汉上课，但她毫不犹豫就主动跟老师调了课，并放弃了几节英语辅导课，返校排练、走台、彩排、演出。基于其在艺术实践等活动中的良好表现，学院党校在大二学年确定其为入党积极分子，并于2015年12月发展其为中共预备党员。

正是基于学生在艺术实践中的优异表现，党支部发现、培养了一批优秀的学生党员。在艺术实践中发现优秀入党积极分子，既不脱离原有的党员选拔模式，又对传统模式进行了一次有益的创新。

2. 在学生喜欢的活动中开展价值观教育、党性教育

音乐专业的学生因其专业使然，个性比较突出，不喜欢被管束、说教；好动、喜欢新鲜刺激的事情，不太能静下心看书；对理论、经典缺乏兴趣，更易受社会大环境、教育背景影响，喜欢读图、休闲性文字。基于这些特点，艺术类大学生党支部的活动开展模式，不能与其他学生党支部和教师党支部等一样，而要符合其自身特点，内容鲜活，如此方能满足艺术类大

学生政治成长的需要。

除依托艺术团的演出活动，党支部也充分利用好各类艺术实践、社会实践等平台。从艺术实践到艺术交流，从音乐调研到义务支教，从实地探访到爱国主题教育，在这些他们喜欢的实践活动中进行价值观教育，使学生更易接受，事半功倍。充分利用艺术实践周、"星愿计划"公益活动、八一军营慰问、特色艺术支教、暑期社会实践等活动，紧紧围绕专业，将专业提升与社会实践相融合，在学以致用的同时检验专业本领，在广泛的实践中和广阔的天地里领悟艺术精神、社会责任，不断提高学生学习的内动力。

以学雷锋、喜迎十八大、纪念抗日战争胜利 70 周年等为契机，引导学生向实践学习、向群众学习、向基层学习，用自己的行动树立和践行社会主义核心价值观；发挥专业优势，组织多场大型演出，送文艺进学校、进军营、进社区；开展学术交流，在切磋中长本领，带领他们与首都经济贸易大学、成都文理学院、安徽理工大学合唱团等交流艺术感悟；读万卷书，行万里路，组织学生赴西藏、山东、山西等地采风，感受最原生态的传统艺术；组织参加第六届中国魅力校园合唱节比赛，在全国 19 个省、自治区、直辖市 52 支合唱团中脱颖而出，荣获大学组一等奖……

在各类实践中做好育人工作，通过最鲜活的行动，让学生们明白艺术为人民服务的本质。文化艺术要发挥优势，源头在基层，体现在基层。

开展特色"艺术支教"志愿服务活动，几个小时的盘山路，从不晕车的同学在路上吐得稀里哗啦；在连手机信号都没有的大山里，一住就是十天，山里的蚊子又大又毒，被叮了满胳膊的包还笑着说这是一起吃苦的幸福；在高温天气里，冒着酷暑开展"高雅艺术进军营"义务演出活动，在一盆水泼到地上立刻就蒸发为一缕缕白烟的露天球场上从下午待到晚上，只为给部队官兵送去节日的问候；开展"高雅艺术进校园"演出活动，主动放弃假期休息时间集中排练，平均每天睡眠不到 5 个小时的时间，中午没有地方休息，把写真纸铺在地上就能睡，但没有人叫苦叫累。是什么让他们这样？环境！当支部营造出这样的环境这样的氛围时，他们就会不自觉地融入其中，受到感染，得到教育。

周晓庆，2012 级一名女学生，几次参加"星愿计划"，义务为大山里的孩子们教授音乐知识，开启音乐梦想。回忆支教生活，她说，"真的很辛苦，学校连手机信号都没有，对比他们，我们的学习条件真是太好了。第一次当老师，身上的担子很重，也才知道为人师的不易；真正去支教了才知道教和学的关系，不是你专业成绩好就一定能教得好，想要上好一堂课真不容易，在这次实践中弥补了我在教学方面的不足。我能清晰地感受到孩子们的目光从期待变成好奇，从好奇变成渴望，再从渴望变成不舍，想到他们可能因为我们的到来有所改变，我就觉得我所做的事特别有意义，我吃的苦那一刻都变成了满足与感动。"

最好的教育莫过于实践，最好的老师莫过于生活。数年来，党支部始终坚持把艺术送到基层一线、送到军营社区、送到人民群众最需要的地方，并将这种信念和宗旨通过实打实的行动传递给学生，在艺术实践活动中，学生们得到了最生动的价值观教育。上面例子中的周晓庆同学，也因为在志愿服务中表现优秀，被中国青少年发展基金会授予全国优秀志愿工作者称号。

3. 在典型选树中吸引更多的优秀学生向党组织靠拢

积极发现、树立实践中涌现出的师生典型。坚持以先进典型为镜，向先进典型看齐，支部将"好党员""好学生"的标准和要求转化为可感知、可学习的生动鲜活样本，使学生对党员先进性及共产主义觉悟有了更加清晰和具体化的认识，激发广大学生向党组织靠拢、争当当代好青年的热情。

老党员冯杰老师，八一慰问演出中，因连续在高温天气下露天舞台上试音病倒了，但为了高质量完成演出任务，他仍然顶着39℃的高烧，连续三天无怨无悔地坚守在他音响师的岗位上，让全体演职人员又心疼又敬佩；"高雅艺术进校园"时，声乐教师吕茵因为连日奔波嗓子发炎，却不顾医嘱坚持演完最后一场……戴剑武、单泓斐、高爽、田园等一批学院党员教师，连续多年无偿指导、参与实践，院学工队伍和艺术实践中心的所有老师与学生同吃同住，同台演出，言传身教，他们用最朴素的行为诠释着艺术精神，为学生做着良好的示范。在他们的影响下，也涌现出一批学生典型："校十佳大学生"有2009级孙瑜、2010级高燕、2012级王丹慧，2013级申靓雯；首届"校爱暖师大十佳志愿者"高燕；校"自强之星"2011级付德涛、2012级支献；还有王博、丁一、周晓庆等"全国十佳青年志愿者"近20人……

环境对人的影响是巨大的，无论是羊群效应还是链状效应，都阐明了人在成长中的相互影响作用。在艺术团中，支部通过典型选树和典型引领，营造着积极向上、崇德尚美的集体氛围，影响着越来越多的学生走向优秀，也吸引着越来越多的优秀学生主动向党组织靠拢。

（四）主要经验和成效

（1）依托艺术团开展实践活动，在艺术团当中发现和培养入党积极分子，发展、教育学生党员。

（2）通过各类丰富的实践活动，在实践中润物无声地进行社会主义核心价值观教育、党性教育。

（3）通过树立师生的先进典型事迹、典型人物，让学生走近典型、学习典型、成为典型。

（五）下一步工作思路

（1）加强网络资源建设，利用好新媒体，开发出更多为他们所关注、所能接受的信息资源，从而拓展党支部理论学习的空间，增强理论学习的自由度和吸引力。

（2）更多发挥支部学生党员自主性。目前，支部的很多活动是由支部老师组织的，后期应更多地向老师指导、学生组织的方向转变。

（3）切实做好学生个人成长档案记录。目前，学生在支部中的表现虽有记录，但不完整，大多由各自辅导员随手记于学院辅导员工作手册上，没有切实做到为每一个积极要求进步的学生建立个性化成长档案。后期，扎实支部培养考察工作，翔实记录成长档案，是支部建设迫切需要解决的问题。

第三节　学业指导

一、一例新生专业思想问题的教育引导

（一）目的意义

在高等教育制度视阈下，专业认知教育在高校培养全面发展、高素质专业人才中处于十分重要的地位。如何及时有效地提高大学新生对专业的认知度，引导学生理性、客观、全面地认识专业，激发学习兴趣，规划职业生涯，是摆在高校思想政治教育工作者面前的一项重要任务。下面通过一则秘书学专业学生的案例分析，回顾对新生专业认知问题的教育引导过程和方法，从中探讨如何进一步在实践中做好新生专业思想问题的引导工作。

（二）背景

王某，大一男生，上海人，调剂进入秘书学专业学习，入学不到一周提出退学申请，表示对所调剂专业不满意。后经辅导员与本人及其家长沟通，决定继续学习。该生大一上学期转专业失败，在接下来的学习过程中，

出现上课睡觉、听音乐、迟到早退，甚至逃课的现象，严重影响自身课堂学习质量。大一的期末考试中，三门课程挂科，需要重修。据同学们反映，该男生为人仗义，乐于助人，人际关系较好，也曾参加学院班级的文艺活动，唯独对专业学习提不起兴趣，甚至抱有抵触情绪，学习态度极其不认真。如果不从思想上加以教育引导，该生将无法跟上正常的教学进程，无法按期拿到学历、学位证书。

（三）原因分析

根据王某在课堂上的表现，通过与王某本人、家长以及宿舍同学的交流，初步推断问题产生原因有以下几个方面。

1. 专业认知不全面

（1）专业选择并非自主意愿。秘书学专业大多数学生是经调剂进入秘书学专业学习的，王某说其高三时候的理想是考入警察学校，因分数原因选择了离家较远的学校，又调剂了专业，一切都没有按理想的轨道发展。

（2）受传统观念影响，对秘书职业存在偏见。王某认为秘书学专业就业对口企业秘书，他将来不想成为秘书，所以学得怎么样也并不重要。当亲戚朋友问到自己的专业，他都不想说是秘书学，一是因为大家会惊讶还有这个专业，二是会说毕业就成为男秘书，让他十分尴尬。

（3）专业男女生比例较为悬殊。王某所在的班级共有 89 名学生，其中男生 7 名，女生 82 名，男女生比例近 1∶13，这让王某感觉这个专业并不适合男生，对专业学习有心理隔阂。

2. 家庭引导不到位

王某的父亲是村干部，受家庭影响，王某倾向于毕业后考"村干部"。其父亲所在的乡村，也有一些刚毕业的大学生，其中有些人工作能力并不突出，工作反而比较清闲，而收入待遇也差别不大。这些认知直接影响到王某的人生观和价值观，影响其自身定位。

家长也了解孩子在学校学习的情况，但王某在家中比较受宠爱，一向我行我素，对于父母的劝告并不上心；且其父母也不清楚秘书学到底是学什么的，家里又可以提供就业资源，找一份工作并非难事。因此，对王某的学习不太重视，只要求其生活好即可。

3. 自我要求不严格

该生学习较吃力，且抱着"反正学了也没用，混毕业就行"的心态，放松了对自身的要求。辅导员监考时发现，其答卷速度特别慢，且开放性题目答案字数都很少，没有给分点。他自己解释说有一门专业课挂科是因为在考场上睡着了，试卷反面一个字没写。

王某生活上较随性懒散，学习上惰性较大，自我约束能力差。课余时间多在宿舍玩电脑，靠点外卖解决吃饭问题，也不和室友一同去教室。晚上常常熬夜，导致第二天早上起不来，上课迟到，甚至干脆逃课。

(四) 解决措施

在了解和分析的基础上，对该生的教育转化做了以下几方面的工作。

1. 通过深入交谈，获得学生信任，使其放下心理防备

一年来，辅导员与该生多次谈话，考虑到男生的自尊心，大多数谈话都选在没有其他同学在场之处，尤其是第一次，正好是他来办公室拿明信片，办公室只有我们两个人。辅导员以一个同专业直系学姐的身份，先向他倾诉了辅导员刚上本科时对专业的错误认知，以及辅导员虽然学习了秘书学专业，但就业时却成为辅导员的实际情况。在辅导员说完之后，他感到辅导员并没有因为他成绩排名班上倒数第一而对他产生偏见，也放下防备之心，谈起了自己高中时的目标以及目标没有达成的失落。在辅导员的引导下，他如释重负地诉说了进入大学的迷茫与纠结。后来几次他又陆陆续续谈到其他的问题，如觉得专业课程学不到实质性东西，职业目标是大学生村干部，与同学们相处得不错等。辅导员紧紧抓住这几点作为对其开展教育转化的突破口，与学生家长取得联系，向他们介绍秘书学人才培养方案，借助家庭的力量引导王某形成正确的价值观，认识到专业学习的重要性。

2. 改变学生专业认知，以班级建设带动个人发展

对专业认知度低在秘书学专业学生中并不是个别现象，所以辅导员着力提高学生对专业的认知度，通过各种活动提升学生的自豪感和自信心，以集体氛围感染和影响每一个个体。在这个过程中，重点调动王某的积极性，让他参与其中。

(1) 班会座谈，树立专业思想。召开专业学习主题班会。请包括王某在内的几名学生作为小组代表回答问题，在交流中启发对于专业的思考。邀请秘书学专业主任王茂跃等教授做讲座，组织学生拜访秘书学专业主要创始人之一的杨树森教授、采访秘书从业人员。王某担任采访者，与老师们面对面交流，提出自己的疑问，说出自己的困惑。在王某参与讲座和采

访后，及时了解他的想法。

（2）榜样引领，增加专业认同。举办新老生经验交流会，邀请秘书学高年级优秀学子讲述成长经历。其中一个男生主讲的内容是"学渣逆袭之路"，以轻松幽默的语言讲述自己从成绩落后到领先的艰辛历程，并畅谈自己在"逆袭"过程中是如何战胜自我的，这让王某对自己的学习有了新的认识。讲座后，针对王某已挂科的科目，安排班级成绩较好的同学一对一监督帮助，让王某感受到班级的温暖，缩小与同学们在学习上的差距。

（3）特色活动，打造专业品牌。开展《秘书实务》课程调研。王某在调研中负责个别访谈模块，他提出想听听我对于大学生就业的看法，辅导员很乐意地接受了采访，并在这个过程中不断肯定他的表现和他在团队中发挥的作用。

打造特色活动——秘苑新闻场。采取学号抽签的形式选择主播，我则在抽签时稍做调整，让王某和他的室友被抽到。两名男生非常认真地进行了准备，新闻播报以王某最感兴趣的脱口秀形式进行，让同学们耳目一新。

举办国际秘书节活动 3 活动分为主题演讲、技能大赛、礼仪宣讲、美妆课堂等环节。因班级男生较少，辅导员鼓励包括王某在内的所有男生身着正装，作为班级"门面担当"，面向全校师生解读现代社交礼仪，以所学专业知识展示风采，提升自信。

3. 结合职业定位，帮助学生明晰专业学习目标

王某的职业目标是大学生村干部，而每一届秘书学专业毕业生中都有成为大学生村干部的。因此辅导员联系了毕业后成为"村干部"的 2010 级秘书学学生石某。辅导员想石某或许更能设身处地地了解王某的想法，便促使二人通过电话、微信进行交流。因为是男生，又有共同的职业愿景，王某和学长交流得很愉快。石某将自己适应大学生活、专业学习以及就业的经历讲给王某听，告诉他大学一定是在学的过程中体会要学的东西，而不是还没了解和尝试就因为和自己的设想有差异而选择放弃。这样的交流让王某真切地认识到将秘书岗位片面地定位为企业秘书的想法是偏颇的。石某坦言，自己在走上工作岗位后，非常后悔在大学中没有认真学习专业知识，扎实锻炼专业技能，等到要应用时才发现秘书学所学非常实用，这让王某大受启发。

（五）主要成效

对专业有了深入的了解后，该生的学习态度明显端正了很多，几乎不逃课了，上课也能记录笔记，在大二的期末考试中只挂科一门，且分数为

59 分，可以获得重考机会。他主动向室友寻求学习上的帮助，争取在重考中顺利通过。在对专业的认知上，他了解到秘书学所学课程涉及多个学科，且很多偏向实践应用，这些知识和技能将来无论从事什么职业，都会有用武之地，对他实现大学生村干部的目标更是大有帮助。因为在学习上投入的时间比原来多，他打游戏的时间相应减少，更好地融入了寝室，与室友在专业联谊晚会上合说相声、表演情景剧，共同参与微电影拍摄活动，赢得了老师和同学们的夸赞。

（六）总结思考

新生刚迈入大学，还没有适应大学的学习生活，大多数学生对于专业学习无从下手，这时候学生工作者的引导会使学生在随波逐流、迷茫无助时找到方向，带着目标和信心去学习。通过王某的案例，辅导员有以下几点思考：

1. 设身处地考虑学生的心理感受

对于学生出现的种种问题，虽然可以采取强制性约束和惩罚性手段，如扣日常表现分，告知学生如果不好好学就毕不了业，公布排名进行点评等，但这样的方法容易伤害学生的自尊心，也容易让学生产生逆反心理，索性破罐子破摔，出现更为严重的问题。

作为思想政治教育工作者，要基于对学生心理情况的了解，立足心理学知识，尽量从教育引导的角度出发，设身处地地换位思考，站在学生的角度分析原因，找到问题症结，这样才能更有针对性地提出解决措施。

学生处在刚刚成年的年龄阶段，才开始尝试独立生活，情感打动往往最能听到学生的心声，在解决问题时事半功倍。

2. 辅导员应加强对所带专业的了解和认知

很多时候，辅导员自身所学专业与所带学生并非同一专业，甚至不是同一类别，虽然说专业教学是授课教师的职责，但辅导员对所带学生专业的人才培养方案、课程设置、就业方向及前景等有一定的了解，会使师生之间更有共同语言。当学生因为专业认知不到位而产生各种问题时，辅导员可以更好地帮助引导学生解决问题，找到教育转化的切入点和突破口。

3. 充分利用榜样和集体的力量去感染激励学生

榜样对于学生的激励作用是巨大的，当学生看到本专业优秀学长、学姐的成长之路，一定程度上会冲击他们对于专业的固有观念，照着榜样的路径去努力。

班级的风气会对班级中每个学生的成长产生影响，所以当学生对专业的认知度不够时，尤其是一些新兴专业，就得从整体教育入手，巩固专业思想，增加学生对专业的自豪感和认同感。当这个集体很出众时，学生就会觉得处在集体中的他们是骄傲的，是应该努力奋斗的，这样才能用理性的观念和态度去看待自己的专业，主动地投入专业学习。

二、学习指导助推学生成才——一例学业指导的典型案例

（一）目的意义

当前，我国高等教育由精英化向大众化转变，当代大学生的教育需求日趋多元化、全面化，且更加注重自我素质与能力的提升，高质量人才培养的要求使高校辅导员的角色定位发生新的变化。为进一步促进学生依托自身特点全面成才，作为学生日常工作的组织者、实施者和指导者，辅导员担负着巨大的引导职责。从辅导员工作八年来的实践来看，学业指导已成为辅导员日常工作内涵的拓展，更是加强和改进大学生思想政治教育的新要求。

（二）主题

依托学业指导，立足专业，以生为本，个性深入，全方位、多角度助推学生成才。

（三）案例介绍

2012级社会学专业的范某，早在入学之初就曾多次与辅导员交流，对本专业有强烈的排斥倾向，坚持要求转专业，但最终未能成功。

在其转专业失败后的半年里，她对所学专业的排斥表现得更加明显：平时很少与老师、同学交流，基本不参加班级活动；上课时看其他专业的书籍，不能专心听讲，甚至多次逃课去做兼职。

与她谈话沟通时，她直接表示十分讨厌这个专业，觉得学无所用，对自己的前途感到迷茫，找不到奋斗的方向。谈话过程中，明显感受到她抗拒继续接受专业课程的学习，并对大学生活感到失望，有较强烈的退学意愿。

（四）案例分析

就辅导员所带班级来看，像范某这样的学生并不在少数。自参加工作

以来，我先后担任 2008 级历史学、社会学，2012 级历史学、社会学和社会工作专业等班级的辅导员，这几个专业的学生录取调剂比例较大，绝大部分学生对专业不了解，对专业的就业前景和个人的发展感到迷茫。入学初，高达 50% 的学生准备转专业，甚至有部分学生产生了自暴自弃的心理。总体来看，主要存在以下三个共性问题。

1. 专业认知度低

很多学生对其专业的学科背景、学科性质、学科地位、学习方法以及专业发展前景都毫无了解，存在很多盲区和误区。此外，这部分学生由高中阶段的单一性学习转变为大学阶段的多元化学习，一时间无法适应，出现了严重的迷茫和焦虑现象。

2. 缺乏专业认同

案例中范某的想法具有一定代表性。该院 2016 年入学的新同学在问卷调查中填写"热爱所学专业"的不到 35%，入学前对历史学、社会学和社会工作等专业有所了解的不到 20%……由于缺乏专业认同感，学习积极性不高，在专业学习上"只求过得去、不求过得硬"。

3. 大学生涯规划不明确，对专业前景感到悲观

据笔者对某院大学生自己将来要从事职业的规划进行调查时发现：仅有 31% 的大学生清楚自己今后发展的职业方向，接近一半的大学生认为自己未来的就业前景不太乐观，甚至有 15% 的大学生对自己的就业前景感到悲观和茫然，面对压力无所适从；而在对具体工作内容和职业发展面临的优势与劣势进行调查时发现，有将近八成的学生不清楚。

(五) 解决问题的思路与举措

学业指导就是对学生在学习方面提供的指导和帮助，服务范围涉及与学习相关的方方面面，旨在充分利用学校的资源，设计反映学生能力和兴趣的计划，确立符合学生个性发展的价值和目标。

针对上面的共性问题，笔者就自身经验，充分运用学业指导，从专业认知、专业认同感、专业认知行动三个方面对提升大学生专业认知能力的可行途径进行探究，助推有同样需求的学生成长成才，提高人才培养的整体质量。

1. 多种手段结合，提升学生专业认知能力

首先，把专业认知作为入学教育的主要内容，将生动、翔实的专业介绍公布在校园网、微信群等学生易于获取的平台上，有效帮助学生形成准确的初级专业认知；其次，组织专业认知讲座、专业认知主题班会，进一步增强学生专业认知能力；最后组织专业认知实习，找到更多有效的活动开展方式，吸引学生积极地参与实践活动，得到关于所学专业的最新动态。

以范某为例，我鼓励她参加研究生学术报告月与校外专家专题讲座；带动她参与专业拓展活动，如读书报告会、社会调查等专业实践活动，特别是社会学专业开展的赴社区、学校、医院等地的志愿服务活动。自范某参与了多次专业课外实践之后，就对专业产生了一定的认同，并对所学专业产生了兴趣。

2. 主动作为，因势利导，强化学生专业认同感，促进学生的专业学习由"要我学"向"我要学"转变

首先，高度重视学生专业认同感的培养与教育，加强对大学生培养专业认同感的指导，在指导过程中通过发放反馈问卷、随机调查等方式积极获取学生反馈信息，了解学生实际所想，满足学生实际所需。其次，学业指导"因材施教"，对不同类型、不同需求的学生进行分类指导。在对学生进行合理分类后，针对不同类别学生的特点、需求等进行有针对性的内容、形式设计，提高学生对所学专业的归属感、自豪感。如可以邀请本专业的优秀毕业生为新生现身说法，以典型引路的方式提高学生对学习本专业的积极性；可以组织学生参加与专业有关的社会实践，培养学生的专业学习兴趣。最后，强化身教影响，整合不同学科的资源，打通系际沟通，充分利用学生的空暇时间，给师生间、生生间交流提供平台，为学生的大学生活和学习给予更多的指导，从而避免大学生在今后的学习中产生盲目性和倦怠感，提高对专业的认同程度。

面对范某的专业认同问题，经过多次与她的专业课老师进行沟通交流，结合社会学专业理论性与实践性都较强的特点，辅导员积极鼓励范某参与社会学专业的"关爱智障儿童"活动，还介绍她加入了社会工作专业的"江城社工"志愿服务团队，发展第二课堂，丰富课外活动，巩固和提升专业技能和素养，增强她的专业认同感。通过这些活动，她慢慢融入专业课堂学习中，专业认同感不断提高，经常参与班级的讨论，也时常会与我交流她的心理感受，与人交往的能力也在不断提高。

3. 针对职业生涯规划、学习障碍突破等个性化、隐私化的问题，采用一对一的学业指导模式

仍以范某为例，辅导员采用诊疗型学业指导补充发展型学业指导，依托优秀教师资源，主动邀请专业主任与范某以学业问诊的形式和面对面的交流，帮助她明确大学生涯规划。

通过三种模式相互结合，形成立体多维的学业指导网络，对学生进行多角度、全方位、个性化、深入化的学业指导，解决学生各种个性的需求或问题，从而培养出高素质的卓越人才。

（六）主要成效

通过多次深度辅导，范某对自己本科毕业后的发展方向有了明确的认识，学习更加勤奋，在专业基础课程上投入了更多精力。在日常工作和生活中，她也主动和老师、同学交流，积极参加各种班级活动。到了大三下学期，曾经想要退学的她向辅导员咨询考研究生的事情，辅导员为她提供了一些考研资料，并建议她多与专业老师和学长学姐联系。她积极备考，最终成功考上了南京师范大学研究生。

在辅导员所带的学生中，与范某相似的有很多。分门别类、因材施教，不仅使同学们提高了专业认同感，还取得了较多优异的成绩。2008级历史学专业获评校"十佳班集体"，校首届"五四红旗团支部"；以2012级社会工作专业为主体的"江城社工"荣获安徽师范大学"十佳事迹"荣誉称号；2012级社会工作专业荣获校级"十佳班集体"；在刚刚结束的第十四届"挑战杯"全国大学生课外学术科技作品竞赛中，社会工作专业王婷、吴娜、张忆涵三位同学的作品荣获国家级一等奖，社会学专业宋一墨、陈丽雯、赵前三位同学的作品荣获国家级三等奖、省级特等奖。此外，还涌现出了如校自强之星曹颖、体育全能之星汪洁、志愿服务先锋安丽泽等一批优秀典型。

（七）分析与启示

通过对该同学的深度辅导，辅导员对大学生的学业发展辅导工作有了进一步的思考和认识。结合我的工作实践，得出如下几点启示：

（1）充分发挥高校辅导员的引导作用，牢牢把握住高校辅导员"思想政治教育"的"工作核心"，既要育人、引导人，又要关心人、帮助人。充分发挥辅导员在教育、团结和联系大学生方面的优势，竭诚为大学生的成长成才服务。

（2）牢牢把握情感培养这个"基础"，建立良好的师生感情、生生感情，营造良好的学习氛围、生活环境。辅导员不只是班级日常事务的管理者，更要真正走到学生中去，了解学生存在的问题与困惑，做学生的"知心人"，唯有如此，才能建立深厚的师生之情。

（3）充分利用学业指导这一利器，突出工作重点，重视学生个性，拓展学生素质，真正意义上帮助学生优化学习方法，提升学习动力，增强拓展能力，做好个人前景规划，实现全面发展。

如何保证学生大学四年不虚度呢？唯一的答案就是"用四年的时间，培养学生一生所需要的素质以及获得知识的途径"。这就要求充分发挥学院教师资源优厚的便利，把学生的书面知识与调研过程的实际操作结合起来、把学生人力资源的优势和专业课教师课题开展结合起来，切实培养学生的知识与技能。在实践与尝试中总结经验，不断创新，建立起全方位、多模式的学业指导体系，使他们真正收获成长。

三、课堂手机入袋，拒做低头族——关于课堂手机集中管理的案例介绍

（一）目的意义

课堂上实行手机集中管理，课前将手机集中入袋，打造"无手机课堂"，对培养学生专心学习的好习惯，营造优良学风具有重要意义。第一，没有手机游戏、网络的诱惑，学生能够集中注意力认真听课，对帮助学生认识和理解课堂知识具有重要作用；第二，减轻了教师在授课之余还要维持课堂纪律的压力，让教师能将更多的精力和更饱满的热情用于教学之中；第三，课堂学习质量的提升有助于提高学生的学习兴趣和信心；第四，为进一步创造良好的学习环境，形成浓郁、进取的学风打下坚实基础，对学院教学改革的深化、教学质量的提高和人才培养目标的实现具有重要作用。

（二）背景

随着科学技术的发展，智能手机集娱乐性、服务性、便捷性于一体，在中国得到迅速普及。其中，大学生是智能机使用者的主体。我们针对大学生使用智能机情况进行了调查，结果显示：被调查的在校大学生中，超过九成拥有智能手机；拥有手机的学生中，超过九成会带手机去上课，17%的被访大学生平均每节课使用手机上网超过 30 分钟。智能手机在课堂上的使用，已经严重影响了第一课堂的教学质量，影响高校优良学风的构建与培养，教育和引导学生杜绝在课堂上使用手机迫在眉睫。

（三）主要做法

1. 前期准备

（1）现状调研。通过问卷调查、寝室走访等形式对学生上课玩手机的现状进行调研，掌握学生对手机入袋的看法，特别是起初对手机集中入袋存在不解、抵触情绪的同学，让他们了解实施手机入袋制度是为了帮助他们更好地规范课堂行为，提高课堂效率，让他们从内心接受并支持该做法。

（2）思想引导。通过主题班会，深入课堂、寝室等方式，向学生传递手机袋使用的目的和作用，告诉同学们如果有很好的自我约束力，可以不将手机集中入袋，但课堂上决不允许用手机玩游戏；如果无法"控制自己"，就用手机袋端正自己的学习态度。

（3）手机袋购置。手机袋通过购买或学生手工制作。手机袋的外观：每个手机袋外贴上学号尾数，手机袋一排排整齐分布在一张大板上。

2. 具体实施

（1）专人负责制。为保障此项措施高效有序进行，本次课堂手机集中管理采用专人负责制，即每班安排两名班干具体负责，一人负责手机袋的保存与管理，一人负责统计实施情况。

（2）分班实施。班级配备手机袋，同学们将手机放入自己学号尾数的手机袋中，上课前由班干部挂在前排桌子上或墙上。同学们进入教室后将手机关机，或者调成振动、静音模式，然后统一装进收纳袋里，下课再自行取走。

（3）及时反馈。手机袋平时由两名班干部保管。通过袋上的学号可以清楚地看出哪位同学没有将手机放入袋中，一名班干负责手机袋的保存和悬挂，一名班干负责未将手机放入袋中人员的记录，以及在课堂上玩手机人员的考勤。辅导员针对课堂上手机未入袋却又拿出来玩的同学进行批评教育，帮助规范课堂行为，提高课堂效率，树立学习目标。

（四）主要成效

1. 学生学习效率得到提升

通过提倡课堂手机入袋，学生在课堂上玩手机的现象明显减少。特别是在针对"漏网之鱼"的约谈之后，学生首先从思想上意识到自身问题，后期学习状态明显改善。

2. 教师教学效率得到提升

有辅导员老师反映，他曾发现某课上有十几个同学都在玩手机，同学听课不认真直接造成教师授课的热情大打折扣。通过手机入袋，教师在良好的课堂氛围下教学，教学的效率大大提高。

3. 学生的自我约束和自我管理能力得到提高

从最初的不解、抵触，再到接受、理解，直到即使没有放入手机袋，同学们也能够保证上课不拿出手机，能够管住自己的手，管得住自己的心，自我约束和管理能力得到提升。

（五）有待解决的问题

1. 花费时间较长

学分制的培养模式导致学生上课的教室是不固定的，班级手机袋需要不断"转移"，这给负责保管的班干工作带来困难。因为要求在课前就要挂好，有时两个教室的距离较远，再加上学生将手机放入袋中需要时间，一度出现上课铃声响了，还有学生的手机未放入袋中。

2. 部分学生自觉性不够

有些学生自觉性不够，不愿意将手机放入袋中，甚至认为手机是自己的私有物品，老师无权要求他放入袋中，有时会谎称自己没有带手机，而上课时又将手机拿出来玩。

3. 执行力度有待提高

每位辅导员都带多个专业，不可能每节课都到教室查看大家的手机入袋情况；而负责监督的班干，有时碍于同学关系等原因也没有将最真实的情况反馈给辅导员，以致出现很多的"漏网之鱼"，部分教师认为手机入袋会耽误他的上课时间，也没有很好地去监督学生手机入袋情况。

（六）启示

1. 辅导员与教师达成共识是基础

授课教师是辅导员开展手机入袋工作的重要支持者。在实施前，辅导员应取得授课教师的理解与支持，发挥好两者的合力。除了辅导员要监督管理之外，一线授课教师应关注学生上课手机问题。一方面，要严格处理上课玩手机的同学，或以提问的形式，或以点名提醒的方式杜绝学生上课玩手机，避免出现课上学生玩手机而教师却不闻不问的现象；另外一方面，教师在课前要引导和督促学生将手机放入袋中，教师的引导和督促，效果不容小觑。

2. 做通学生的思想工作是关键

强制约束学生课上不使用手机并非管理的本意，帮助学生克服惰性，摆脱对手机的依赖是开展"手机入袋"工作的目标。理性教育比机械地执行规定更能使学生接受。可以通过寝室走访、主题班会、谈心谈话等形式帮助同学们正确认识"手机入袋"工作。当学生不自觉的时候，多一些教育和引导，切忌机械、粗暴地执行规定要求。

3. 营造浓厚的班级学习氛围是根本

实施"手机入袋"与加强班级学风建设相辅相成。营造浓厚的学习氛围是形成优良学风的基础，也是"手机入袋"工作的目的。可以从提高教师教学水平、加强学生思想引领、构建全员育人格局等方面着手，帮助学生确立学习目标和努力方向，提升学习兴趣，增强自控力，使"手机入袋"工作真正能外化于行，内化于心。

第四节　日常事务管理

一、多方努力，共建温馨的公寓小家

（一）目的意义

宿舍是学生日常生活休息的重要场所，对宿舍矛盾纠纷化解案例的总结和反思，有助于辅导员心理健康教育工作的有效开展。通过宿舍问题的及时有效化解，引导学生正确待人处事，进而从心理教育的角度促进学生全面发展。

（二）主题

化解宿舍矛盾，打造温馨的公寓小家。

（三）案例介绍

大一第二学期开学后，女生陈某到办公室找辅导员，表示与宿舍其他同学关系相处极不融洽，列举了很多与宿舍同学之间发生矛盾的事例，感觉宿舍其他同学故意回避她，甚至一起孤立她。发生争吵后，矛盾更加激化，她选择默默忍受，但是现在已经严重影响到其正常的生活、学习。因此，她向辅导员提出调换宿舍。

1. 矛盾被掩盖阶段（开学至军训期间）

军训期间，陈某宿舍4人生活节奏比较一致，基本都是同时起床，同时睡觉，一起吃饭，一起参加军训、入学教育讲座等活动。此时，大家都是刚刚进入大学，对大学生活充满了好奇与新鲜。因此，宿舍4人外显的状态还是比较和谐，没有出现矛盾与问题。但是这并不代表不会产生矛盾，只是矛盾比较隐蔽，被紧张、充实的生活所掩盖了。

2. 矛盾的凸显阶段（军训结束后的两个月）

军训结束以后，各项生活、学习归于正常，初入大学的好奇与新鲜感正在逐渐消退。陈某在高中养成了早起的习惯，定的闹钟时间较早。陈某近视严重，上课会坐在教室比较靠前的位置，寝室其他三个同学选择靠后的座位，中午吃饭也慢慢不在一起了。久而久之，陈某与宿舍其他人之间有了隔阂，从起初正常的交流到后来矛盾越来越突出。宿舍其他同学感觉陈某打扰了她们的休息，便联合起来孤立她。陈某认为自己没有什么过错，不知道室友为什么会联合起来针对她，仍然按照自己的习惯生活、学习。两方没有就出现的问题进行友好沟通，而都选择了冷战，因此，彼此的积怨也越来越深。陈某感觉自己每天回到宿舍都是煎熬，很压抑，严重影响到了自己的生活和学习。

（四）原因分析

大学是一个让同学不断成长的过程，产生矛盾不可怕，只要我们摸清了产生问题的原因，并采取有效的措施加以解决，引导同学们正确认识问题，珍惜来之不易的同学缘分，感受集体生活的美好。

1. 个体差异引发宿舍冲突

读大学，不仅要学习知识，也要学会集体生活、与人相处。大学宿舍就是一个小集体，成员均来自五湖四海，不同地域、不同成长环境，赋予了每个学生不同的性格与生活习惯。有差异并不可怕，可怕的是很多学生不能正确对待各自性格的差异，并且很固执地坚持自己。比如本案例中的陈某与宿舍同学之间并没有实质意义上的矛盾，主要是因为每个学生的生活习惯不同，特别是生活作息时间与其他同学不一致，进而引发了宿舍同学之间的矛盾。

2. 沟通机制缺乏激化宿舍矛盾

宿舍学生之间因个体的差异产生了矛盾，并且她们都没有正视矛盾，没有互相理解，仍坚持各自的生活习惯，导致同学之间的矛盾不断激化。学生之间处理这种矛盾的方法是互相不讲话，所以使矛盾陷入了恶性循环。看似简单的不讲话，实则是宿舍同学之间关闭了沟通、交流的渠道。缺乏有效、真诚的沟通，这些很小的误会慢慢积累，不断恶化，宿舍同学之间的隔阂就越来越深，最终发展到影响各自生活与学习的地步。

（五）解决措施

1. 理清事实，认识矛盾

第一，获取事件信息。在得知该宿舍存在人际不和谐情况后，辅导员不能急于求成，企图很快解决矛盾。在正式化解矛盾之前，要尽可能全面地了解矛盾事实。辅导员可先从该宿舍相邻或者对门宿舍同学、生活委员等处入手，了解该宿舍同学关系的基本情况。经过谈话，确定了该宿舍是陈某与其他三个同学存在矛盾这个事实；该宿舍四位同学都与其他同学沟通过宿舍内部的矛盾，但都是指出甚至指责对方的过错，没有意识到自身存在的问题；矛盾双方对当前的宿舍生活状态非常苦恼，迫切想改变宿舍关系不和谐的现状。第二，理清事实经过。通过谈话和分析，对矛盾产生的原因以及矛盾演变的过程有了准确的研判，双方矛盾的原因基本是生活上的一些琐事，比如作息时间不一致、放学没有一起吃饭、宿舍卫生打扫意见不统一等。陈某生活习惯与其他三人差异较大，因为缺乏有效沟通，起初是其他三位同学不与陈某说话，后来演变成其他三位同学联合起来孤立、排挤她，而其他三位同学认为是陈某太自私，不与她们沟通。出现问题，没有及时化解，矛盾愈加严重。

2. 寻找原因，分析矛盾

辅导员在处理宿舍矛盾特别是女生宿舍矛盾时，一定要有耐心和爱心，不能伤害当事人的自尊，也不能听之任之。

　　陈某是个家庭比较贫困的同学，因此高中时学习非常努力，想通过考上大学改变自己的命运，所以养成了早睡早起的习惯。沟通过程中，辅导员一直在倾听陈某阐述事情的发展经过，谈话进行了一个多小时。辅导员对陈某遇到问题能主动找辅导员沟通，寻求解决问题方法的做法给予了表扬，并对陈某说，要珍惜大学同学的情分与友谊。最后，陈某表示自己非常想处理好宿舍关系，可以在今后的生活中与大家沟通，慢慢调整自己的生活习惯，希望能与其他三位同学和睦相处。在与其他三位同学谈话时，没有提及陈某想换宿舍的想法，只是了解寝室现在的生活情况以及宿舍成员之间的评价与看法，并指出宿舍同学之间没有实质意义上冲突与矛盾，只是因为生活习惯不同，从而慢慢引发了其他的矛盾，且陈某非常愿意与她们和睦相处。其他三位同学此时也表示，希望陈某能多与她们沟通，其实陈某的学习习惯特别好，只是初期存在误会，没有及时化解，演变成了矛盾。

3. 真诚沟通，化解矛盾

　　（1）从外围入手，约谈相关同学。辅导员先找了跟这个宿舍关系比较密切的同学谈话，对问题宿舍的情况进行了初步的了解。主要原因是由于陈某生活习惯跟其他三人不同，宿舍同学之间缺乏理解与沟通导致，并没有其他因素，比如某个同学心理有异样、某个同学人品有问题。

　　（2）涉及核心问题，约谈当事人。辅导员先与陈某谈心，先从陈某的成绩谈起，谈到了高中紧张的学习，谈到了大学生活的美好，陈某很自然地把自己在宿舍生活的情况坦诚向辅导员做了说明，辅导员对陈某的诚实给予了肯定与表扬，并鼓励她要对大学集体生活充满希望，相信通过努力一定可以消除矛盾。陈某当即表示，自己可以先改变自己的作息习惯，尽量与宿舍其他三位同学保持一致，自己非常想与她们建立温馨的室友关系。之后，辅导员约谈矛盾宿舍其他三位同学。三位同学都很明白这次约谈的原因，因此都很清楚、明白地把与陈某之间的矛盾进行了说明，并补充说，只要陈同学原意对自己的生活作息习惯进行调整，她们也愿意做出改变，各自互相理解，退让一步。

　　（3）解决矛盾，宿舍关系走向和谐。辅导员通过谈话，表明来自不同成长环境的同学在一起生活，产生一些不和谐的问题属于正常现象，同学们不要紧张，要正确看待，并积极寻求解决方法。希望学们都能相互包容、相互理解，以更加豁达、宽容的心态去对待自己的同学与室友，这样矛盾肯定会得到解决。事实证明也是如此，辅导员经常与她们宿舍的同学沟通，特别是经常与陈某进行沟通，询问现在宿舍关系是否得到了缓和。宿舍成员经过一段时间的调节，矛盾慢慢在被消解，陈某也打消了调整宿舍的想法。后期，辅导员又与该宿舍的同学进行了交流，现在矛盾已经完全化解，并且宿舍四个人相处得很融洽，并表示会好好珍惜大学四年的学习时间，也感谢辅导员为她们处理矛盾做的工作。现在该宿舍四位同学都在积极备战 2017 年研究生考试。

（六）案例启示

1. 全面把握与重点把握相结合

处理学生宿舍矛盾不能单纯听某一位同学的陈述，要全面听取各方面的意见，包括所有寝室成员以及与该宿舍关系较近的同学的意见，全方位、多渠道了解信息，然后再逐一开展工作。对于一些性格孤僻、难以沟通的学生，还要与家长，甚至向学校心理健康中心取得联系，多方关注，逐渐疏导学生的心理问题。

2. 寻找原因与解决方案相结合

部分大学生心理不成熟、以自我为中心、人际交往技能缺乏、性格及生活习惯不同等，都是导致宿舍人际关系紧张的主要原因。辅导员在日常工作中，首先要引导学生正确地面对问题和矛盾，要养成良好的行为习惯，多站在别人的角度思考问题，学会理解与包容；其次要以寝室为单位多开展增加交流的文体活动，让宿舍同学之间彼此交流，营造一个温馨、和谐的学生公寓氛围。

3. 解决矛盾与后期跟踪相结合

宿舍产生矛盾，及时有效地解决，并防止次生问题的发生是第一位的。宿舍矛盾需要妥善处理，给同学们营造一个良好的生活、学习氛围。但是在宿舍矛盾解决的初期，宿舍同学的关系是很脆弱的，辅导员在此时必须继续参与宿舍同学关系的缓和，帮助宿舍同学渡过矛盾缓和的初期，一直到宿舍关系处于稳定状态。

学生工作无小事，辅导员要及时关注学生动态，了解学生思想，积极反馈学生的诉求，多从学生的角度思考问题，为学生排忧解难。做到学生宿舍矛盾预防为主、防治结合。

二、这些年，睡在我上铺的兄弟——一例宿舍矛盾引起的人际关系案例

（一）背景

张同学（男），体育学院大一年级学生，性格内向，偶尔逃课，学习成绩中等偏下。张同学所在的宿舍，寝室关系不好，卫生状况堪忧，是辅导员走访的重点寝室。在一次突击检查中，发现张同学的寝室物品杂乱无章，垃圾散落满地，屋内充满异味，当时宿舍只有张同学一个人，正在玩网络游戏，对这种环境似乎习以为常。当辅导员询问其余室友的去处时，他显得漫不经心，态度比较淡漠，表示自己也不太清楚。在交流中，张同学表示，在他看来，宿舍只是睡觉和娱乐的地方，拥有室友对他来说甚至是一种负担；相比于和室友交流，他更愿意向网络中的朋友倾诉心声。

（二）主题

针对当代大学生集体生活中存在的人际交往问题，依托辅导员日常管理、寝室文化建设和团队凝聚力建设，分析问题存在原因，寻求解决方案。

（三）主要问题

根据张同学平时的表现，通过与张同学本人、家长、宿舍同学、班级班干等进行交流了解，初步推断出现上述情况的原因有以下几个方面：

1. 从个人层面看

（1）沉迷网络，依赖虚拟世界。张同学说自己最享受的状态，就是一个人窝在宿舍打游戏。他把网络游戏当作生活中的主要组成部分，依赖通过网络结识一些朋友，交流经验，表达个人情感。

（2）生活懒散，自理能力差。通过和张同学室友们的交谈，辅导员了解到，张同学平时几乎不和室友一起出行，有时连课堂也不愿意去；作息不规律，晚上熬夜到很晚，早上起不来，吃饭经常靠订外卖解决，生活非常不规律。据张同学的父母介绍，张同学在家是独生子，从小比较娇惯，生活方面都是家人打理，上大学是第一次外出独立生活，自理能力较弱。

（3）性格内向，与他人交流太少。张同学性格比较腼腆，无论是在寝室还是教室，与老师和同学们的交流都不多，更喜欢一个人做一些事，集体活动的参与度不太高。久而久之，同学们不了解他，他也不愿再融入集体，从而更加沉迷网络世界。

（4）没有目标，缺乏学习动力。进入大学后，张同学从巨大的学习压力中解放出来，觉得自己获得了绝对自由，可以做任何想做的事，不受父母老师的约束。这种观念一定程度上使张同学放松了对自身的要求，没有树立新的奋斗目标，缺乏学习的动力和热情，认为只要"混"个毕业证就万事大吉。

2. 从寝室层面看

（1）宿舍成员交流少，内部又形成小集体，彼此缺少情感沟通。张同学所在寝室的四名男生，其中两人是老乡，关系特别好，几乎同进同出，另一名男生为芜湖本地人，与高中的同学朋友联络多，平时又经常回家，与寝室成员接触相对少。这样一来，张同学自入学初，就有了被孤立的感觉，加之性格内向，又好面子，虽然住在同一屋檐下，但张同学和寝室成员间每天却说不了几句话，通常都是独来独往。

（2）寝室没有分工合作，暗藏矛盾。张同学寝室的寝室长是一个卫生习惯不错的男生，来自农村的他高中就到县城住校，自理能力很强，他的床铺上下区域始终能保持整洁。但由于室友们的生活卫生习惯各不相同，寝室又没有制订公约、值日表等，导致水池、厕所、阳台等公共区域无人打扫，垃圾桶垃圾没人倒。刚开始寝室长小李还主动承担，后来看大家不自觉爱护公共卫生，自己又不好直说，就索性也不管了，任由破罐子破摔，实在看不下去了或提前知道要检查卫生才勉强动一动。

（3）寝室缺少正能量，凝聚力弱，人情味淡薄。寝室成员缺乏交流，晚上聚在一起，就谈论游戏，或是谈论自己新购买的衣服、鞋子，或是谈兼职获得的收入等，没有共同话题就各自抱着电脑干自己的事。寝室学习氛围不浓厚，室友间交流物质享受的比重大于精神追求。经过一段时间，"寝室"这个概念在四个男生心中越来越模糊，大家也不存在互相帮助、互相激励这一说，寝室这个小集体形同虚设。

（四）解决问题的思路、方法和举措

针对张同学本人以及张同学宿舍存在的问题，在了解和分析的基础上，辅导员对该生的教育转化主要做了以下几方面的工作。

1. 全面把握，细微入手，进行朋辈引导

一年来，辅导员与该生多次谈话，抓住张同学自身较为明显的两个问题，即上课缺勤和沉迷网络，明确地告知他逃课是违反校规校纪的行为，沉迷网络游戏会对自己的身体、人际交往等方面造成严重危害。同时，考虑到张同学性格比较内向，除了偶尔找他来办公室，更多采取的是较为自然的谈心谈话，如走访宿舍时，在他们寝室多停留一会儿，询问近况，在路上碰到时，顺路聊一聊。利用交流的机会将自己在本科时候遇到的类似问题和困惑说给他听，以平等的姿态与他交心，从而鼓励他说出自己的想法，讨立新的奋斗目标。

在谈及寝室问题时，引导他谈谈对其他三位寝室成员的看法；听他回忆刚入学时，寝室一起聚餐的事情等，潜移默化中强调寝室氛围的重要性；说一些生活的趣事，调动他的情绪，让他认识到宿舍建设不光是制度要求，更是一件很开心而且能让每个人都受益的事情。随着交流次数的增多，辅导员与张同学越来越熟悉，张同学也逐渐愿意表达自己的内心想法，坦言自己也渴望能和室友成为好朋友。我鼓励他在人际交往过程中，学会换位思考，主动融入集体，在现实生活中寻找志同道合、能够互相激励的好朋友，而不是将自己封闭起来，单纯依靠虚拟世界来获得友谊。

2. 树文明风，育文化人，建设优秀寝室

在日常管理中，充分发挥学生的主观能动性，让张同学和其他普通同学也参与到管理制度的制订过程中，征求他们的意见，培养他们自我管理的主人翁意识。建议寝室长以寝室民主生活会为契机，聆听宿舍成员的意见，重新修订《宿舍内务管理办法》，明确宿舍建设的目标和每个寝室成员的具体职责。创建文明公约，利用集体智慧，让公约成为寝室成员讲诚信、负责任、培养自觉意识、自我管理与服务的平台。

同时，强化激励机制，明确奖惩制度。将学生宿舍评价纳入综合素质测评的同时，还将文明寝室建设与学生的评优评先直接挂钩。每月组织优秀宿舍表彰和未达标宿舍通报，加强激励教育。通过举办优良学风宿舍评比、星级宿舍评比等系列活动，进一步加强宿舍文化内涵建设，积极探索优良学风建设的新思路。开展参观标准宿舍活动，由班长带领寝室长，参观优秀寝室，使其在宿舍形象与文化建设方面有一个直观化、具体化的认识。

3. 团队建设，协调配合，打造集体文化

近一年的时间里，多次在班级开展以寝室为单位参与的素质拓展活动。张同学宿舍起初并没有太大积极性，后来越来越多同学参与使得他们也渐渐加入了进来，活动中要求以寝室四人为组合参加如寝室歌咏大赛、寝室拓展训练、寝室篮球赛等。结合张同学比较喜欢音乐的情况，辅导员鼓励张同学和室友共同参加寝室歌咏大赛，在准备和参加比赛的过程中，增进

交流，增加了解，寻找共同的兴趣爱好，为同一个目标共同努力。男生们普遍喜欢体育项目，辅导员建议他们组团报名参与运动会、篮球比赛等户外体育活动，让室友带动张同学走出寝室，走向操场，减少上网玩游戏的时间，感受室友间的温暖和乐趣。

（五）主要成效

经过近一年与张同学沟通、谈心以及宿舍管理制度的不断完善，张同学渐渐地体会到了个人努力所带来的成就感，减少了对网络的依赖，开始与同学们进行更多的交流，宿舍关系有了很大的改善。同时，伴随着与室友关系的改变，他们共同将宿舍当成了自己在学校的家，利用课余时间购买各种物件将其布置得独具特色，在学院的寝室设计大赛中获奖；他们还收集塑料瓶进行爱心募捐，受人夸赞的同时收获与室友共同付出汗水的幸福感。宿舍文化的构建也使得他们四人变得更加向上，不论是在学习还是生活中，互帮互助，互相鼓励。期末临近，约着进行复习备考，在大一结束之际，四人均获得校级奖学金。

（六）分析与启示

这则发生在辅导员身边的案例对于辅导员不仅是工作上的经验，更多的也是心灵上的触动。

年龄相仿的辅导员和学生有着太多的共同点，多去沟通、学会了解，每一个人的青春都会有叛逆与迷茫，坦诚相待会让辅导员和学生成为知心朋友，对待问题时多一点耐心，以为学生而学的态度去深入了解他们的生活状况、多融入他们的生活圈，做好学生思想动态调研。

对待学生，其实并不需要疾言厉色，一味地指责会使师生关系变得冷漠，让师生之间的交流出现障碍甚至对立。在行使权利的时候也需要慎重，制订相关制度时更要实地去调查，脱离实际的制度会适得其反。而做好思想工作、贴近学生生活，才可能指导学生们成长、成才，同时也让自己收获一份喜悦与历练。

（七）有待探讨的问题

（1）如何在大一学生入校之初，在寝室问题出现之前，通过班级建设、第二课堂活动等，预防这类问题的发生？

（2）如何在宿舍管理工作中更好地融入人文关怀，让学生意识到学校、学院层面的宿舍管理是对学生的保护和引领，变硬性服从为主动建设？

（3）如何将宿舍文化建设和学风建设、心理辅导等工作相结合？

三、以爱花心，以礼导行——一例学生宿舍现金丢失事件的妥善处置

（一）背景

学生宿舍是学生在校生活最重要的场所之一，宿舍风气的好坏直接影响到学生在校的生活与学习状态，影响到学生的身心健康发展。大学生宿舍钱物遗失，是学生宿舍管理中经常遇到的问题，也是学生辅导员在学生管理中较为头疼的问题。本案例就是一起处理大学生宿舍遗失钱物问题的成功典型。

（二）案例介绍

刘某，女，于 2006 年进入大学学习，被分配到同班的一个 6 人宿舍。入学参加军训时，她开朗、活泼，关心同学，热心为同学服务，和宿舍同学关系融洽。军训结束时，她所在的宿舍被评为"文明宿舍"。

军训结束，大家都脱下了军训服装，穿上了平时女孩子喜欢的服装，进入正常的学习阶段。刘某也和宿舍的其他女孩一样，不时地变换自己的服装，还经常和同宿舍同学讨论穿衣和服饰搭配等问题。但是，由于学生家庭条件以及学生本人自身条件的不同，有的同学穿着打扮非常"养眼"，走在路上总能获得较高的"回头率"，而此类同学往往也比较自信，脸上常常会有一点傲气，说话有时会咄咄逼人。刘某因为家庭和自身条件的原因，没有进入这一行列，和宿舍同学的共同语言也渐渐少了。

在这之后的一天，大家下午上完课回到宿舍，都把书包往桌上一丢，一起到水房洗衣服，宿舍只剩刘某一人。一会儿有两位同学洗完衣服回到宿舍，其中一位张同学下午刚从银行取了 500 元，准备上街买东西，此时她打开钱包发现少了 200 元。正在寻思当中，宿舍的另外三位同学也回到宿舍。这时张某就在宿舍大声说：宿舍有贼！我知道是谁。大家都不约而同地把目光指向了刘某，刘某面红耳赤，当即否定。争吵中，有同学立即将此事电话报告了辅导员。

（三）处理办法和经过

事情的发生，可能有以下原因：

（1）新生刚进校，没有意识到宿舍和家里的区别，缺乏收拾东西、保管自身物品的意识和习惯。

（2）在没得到别人允许的情况下，随便使用或拿走宿舍同学钱物，会

破坏同学关系，导致宿舍同学关系紧张，影响大家情绪。

（3）遗失钱物的背后，有时会涉及违法和犯罪行为，必须高度重视。

（4）如果涉嫌盗窃，越早制止越好。

（5）女生对问题的心理承受能力较差，脸面问题往往会衍生出更大事故的发生。

对于问题，辅导员这样处理：

（1）把该宿舍全体同学叫到一起，告诉大家在事情没有水落石出之前不能怀疑宿舍的任何室友。先了解情况，确认是否在此期间有外人进入。

（2）找该宿舍六人分别进行个别谈话，在了解宿舍整体情况的同时进行校纪校规教育，让每一个同学明确盗窃的危害性和盗窃后将要面临的处罚。

（3）让每一个宿舍同学说出宿舍其他同学身上的三个优点，进行尊重同学、关爱同学教育。同时进行情感启发，让他们知道大学四年的友谊十分珍贵，值得珍藏一辈子。

（4）在确定没有外人进入的情况下，我根据宿舍同学反映的情况，单独找刘某谈话，告诉她事情性质的严重性，一旦查出来，学校必须按照校纪校规处理，严重的甚至要追究法律责任。如果在大学阶段有此人生污点，将来对同学关系的维持及今后个人成长发展都会产生很大影响。

（5）辅导员把宿舍六人叫到一起，开个全体会议，首先表扬了宿舍的全体同学在军训期间取得的成绩和这段时间她们每个人对宿舍所做的贡献，宿舍的团结和互助十分难得。同时指出了宿舍存在的问题，如部分同学花钱大手大脚，过分注重穿衣打扮，贵重物品不及时保管好，东西乱扔乱放，等等。辅导员严肃地提出：你们的东西放得这么乱，或许你的钱（指丢钱的同学）被你不小心丢在哪个角落，夹到哪件衣服里去了。你们再找找看，如果明天还没有找到就报案。

（6）第二天早上，刘某在"打扫"宿舍卫生时，在床脚下发现了"丢失"的200元钱。此时大家都松了一口气，宿舍又恢复了往日的热闹场面，还纷纷夸赞刘某不仅勤快而且眼力好。

（7）事情得到圆满解决，辅导员及时找除刘某之外的五位同学谈话，强调求学期间花的是父母的钱，要懂得节约；作为一个宿舍的室友要照顾到别人的自尊，不能在吃穿享乐上相互攀比，要比学习、比进步。宿舍毕竟不是家里，贵重物品要注意保管好。直到毕业，这个宿舍一直都十分和睦。刘某也顺利在上海某中学就业。

（四）经验与启示

此案例适用于类似事件初次发生。刘某由于心理上的落差做了错事。解决这样问题，首先是要快，把钱的去处查出来。这不仅是给丢钱同学一个交代，更主要的是可以有效遏制此类事件的再次发生。另外，在寻找和公布偷钱学生时，一定要顾忌到学生的心理承受能力。决不能简单地进行处罚，过分刺激学生心理，导致恶性事故发生，或者产生严重的心理阴影，人为地制造出她与同学之间交流交往的鸿沟。如果不注意这一点，就会因此多了一个问题学生。再者，就是在给她改正的机会同时，既要让她认识到行为的危害性，又要让她感受到集体的温暖和辅导员的关心，引导她树立正确的人生观和价值观，把心思与精力放到学习上，从而远离偷盗，走上正常轨道。

新生入校后，要尽快加强校纪校规和相关法律法规教育、感恩教育、人生观、世界观和价值观教育，主动出击，以防为主。

引导学生学会处理宿舍人际关系，珍惜同学感情，维护同学关系，创建文明宿舍，营造一个有利大家也有利于自己的成长空间。

要及早发现苗头，不要让"问题学生"积重难返。在对每一个学生不定期进行谈话或心理疏导的同时，对"困难学生"要给予更多关注。辅导员的关注，哪怕是批评，对学生的成长都是非常有益和必要的。

四、一例困难学生身心失衡矫正引导案例

（一）案例概述

学生辛某被医院确诊为先天性心脏病（室间隔缺损），伴有淋巴结核及高血压，急需赴上海进行心脏手术。学院和班级同学得知病情后，累计捐款逾4万元。带着同学们的牵挂和期待，学生于上海中山医院成功进行了开胸心脏支架安装手术。术后返校，学生心态出现偏差，认为所有人的帮助是理所应当的，出现撒谎、欺骗、旷课、情绪控制失当、散播谣言等行为。行为的改变，折射出观念的偏差，心态的转变。学生不是一成不变的，经历手术后，无论是心理还是生理都承受了很多，手术治疗是该生转变的诱因。作为辅导员，要善于观察学生的变化，全面分析原因，找准对策，循序渐进，有针对性地予以引导。

（二）案例经过

1. 查出心脏疾病，接力爱心相助

时间倒退到一年前，学生辛某从安庆打来电话，说自己被诊断出先天性心脏病（室间隔缺损），伴有淋巴结核及高血压，急需赴上海进行心脏手术。

辛同学的家庭是农村低保户，被认定为经济困难生，家庭收入微薄。弟弟在上高中，姐弟两人的学费和生活费让本来就贫困的家庭雪上加霜，数十万的手术治疗费更是远远超出了家庭的经济承受能力。学院和班级同学得知辛同学的病情后，第一时间组织发动全院师生积极为她捐款，并前往安庆看望慰问。

2. 术后坚持返校，心性产生巨大反差

辛某在上海中山医院完成心脏手术，术后一个月，辛某声称自己身体已无任何问题，坚持返校。辛某的心脏由于室间隔缺损、右冠瓣脱落，安装了支架，上楼、打水、睡觉、走路等都有可能会对她的身体造成伤害。辛某回校后，带了电饭煲等大功率电器，准备在宿舍做饭，认为自己逃课也没关系。辛某认为室友及同学的帮助都是理所应当，有时候室友没有帮她还对室友有埋怨情绪，与之前判若两人。

鉴于辛某的身体情况，家长随后来校办理校外住宿申请，在学校附近租房照顾辛某。辛某返校后第三天，辛某的两个室友来辅导员办公室告诉辅导员，辛某并未在校外住宿，打算一直住在宿舍，还让她们俩不要告诉辅导员。因为是开胸手术，辛某每天除了口服药物，自己还要给伤口换药。然而，辛某一直强调自己不需要换药，只需要口服药物。询问辛某室友后，辅导员才得知，辛某每天都与不认识的人在宿舍聊天，诉说她的悲惨遭遇，诉说学院要逼她出去住。

辅导员询问辛某她父亲怎么没有过来照顾她，她情绪激动，不跟我谈，从办公室摔门而去。同时，辛某在未告知辅导员的情况下，旷课回家，当辅导员拨通其电话时，她在电话那边说，"你这样哭有意思吗？我病恹恹的都没哭，你哭什么哭？我又没打你，你又没受委屈，你哭什么哭？"学生术前和术后巨大的反差让辅导员一时无法接受，诚然，学生经历了心脏手术，心理和生理都承受了很多，但这不能成为违反校纪校规、撒谎欺骗的理由。

3. 心态逐渐平和，正向健康发展

经历了一系列事件后，辅导员冷静下来，细细思忖。辅导员意识到此时的辛某缺乏感恩之心，这与她的家庭环境和个性密不可分。辅导员开始走进宿舍，经常性地和辛某谈心谈话，给予她生活、学习、经济等方面的关心。目前，辛某状态良好，与之前相比，多了几分正能量，面对生活、学习、身体状况更积极乐观，有自己的规划和目标，但心态仍然存在一些偏差，有时候固执己见，与同学相处也存在一些矛盾。当然，学生心态的转变不是一蹴而就的，而是一个循序渐进的过程，我有信心，也坚信经过多方面的努力，能够引导辛某重塑健康心态。

（三）解决方法

1. 了解转变原因，展开谈心谈话

辅导员的工作对象是学生，必须以生为本，与学生多交流，多沟通，了解其实际情况，予以分析，采取相应对策。案例中，该生发生心态转变的诱因是经历了心脏手术，回校后种种心态上的偏差是手术后经历心理和生理负担所折射出来的行为。与学生进行切实有效的谈心谈话，走进学生的内心，要让她真切地感受到辅导员不是高高在上、与之对立的谈话对象，而是站在她的角度，关心她的身体、学习、生活情况，与之展开心与心的交流。在与辛某的谈心谈话中，辅导员注重选用多样的谈心方式，如QQ、电话、面对面交谈等；谈心场合灵活轻松，选在学生较为熟悉、容易适应的场所，在校园内"压马路"、在宿舍聊聊天，成为谈心的常态。针对辛某的情况，谈心时适度保密，努力缓解其精神负担，多激励，多引导，循序渐进。

2. 切实给予关心，提供资助保障

鉴于学生家庭是农村低保户，手术费用高的事实，在整个事件中，积极为其争取经济上的补助。学生所在班级发起了爱心募捐，全院师生为辛同学累计捐款已逾3万元。此外，学院校友爱心基金也向辛同学捐款1万元，为其解决经济困难。平时，经常性地关心和询问学生的近况，了解其生活、学习上的困难，切实给予关心。联系学生干部，为辛某提供力所能及的帮助，如打水、提重物、补习功课等，让辛某感受到来自集体的温暖。

3. 加强家校联系，真诚沟通情况

家长的配合和理解是对辅导员开展工作的极大支持和保障，与家长展开细致的沟通和交流，确实有必要。辛某家长前期到校，但在签字后选择离校，表现出不配合的态度。签字也只是应付了事，家长回老家后表明暂时不打算再来学校。做好家长的思想工作，对于解决该生问题十分必要。

4. 开展就业指导，规划未来发展

针对辛某毕业后想直接就业的想法，给予辛某"一对一"个性化就业指导，宣传解读就业方针和政策，提供可靠的就业信息和资源，鼓励她有意识地培养自己的表达能力和人际交往等能力，提高自身综合素质，合理规划毕业后的发展。

（四）案例启示

1. 辅导员工作不在"难"而在"细"

辅导员的工作对象是学生，工作目标是实现育人，在实际工作中，辅导员会面对形形色色的学生，多种复杂的实际情况。辅导员的工作不在于工作本身的难度，而在于细心、细致地分析和处理，化整为零。本案例中的主人公辛某，经历了心脏手术，生理和心理都承受了巨大的压力，手术后，对待身边人、身边事的态度也发生了转变。作为辅导员，要善于观察和探究表象后的原因，并分析原因，找准突破口和对策。

2. 处理学生个案，要争取家长配合

通过家校联系，能够清楚地了解学生的性格、习惯，家校之间的沟通也有利于增进家长和辅导员之间的相互理解。通过家校联系，能使双方消除误会，学校与家庭教育更具时效性、针对性，便于形成合力。

3. 多与学生沟通，力求朋辈引导

处理学生个案问题时，学生的室友等朋辈有时候往往是问题得以解决的突破口。在辛某的案例中，辛某的室友对辅导员的工作给予了极大的支持和配合，及时向辅导员反映辛某各方面的实际情况。同时，她还积极引导辛某，给辛某提供力所能及的帮助。帮助学生树立和培育健康的心态，需要多方合力，离不开室友、同学等朋辈的正面引导。

（五）有待探讨的问题

1. 如何面对家长的不配合

在此案例中，学生家长表现出了不配合的态度。面对家长的不配合，辅导员与家长进行了多次电话联系与沟通，但感觉收效甚微。学生家庭经济状况差，家长忙于在外打工，努力挣钱以偿还因手术造成的债务。学生对家长撒谎，隐瞒病情，家长却始终选择相信学生的一面之词。针对这一实际情况，辅导员与学生的父母都分别进行了联系，以学生身体健康为出发点，进行真诚沟通。面对家长的不理解甚至是质疑，耐心做好解释工作，渐渐获得了家长的部分信任。但是，通过此案例，必须承认，如何争取家长的配合、理解、信任，是家校沟通中的重点。

2. 如何面对学生的抵制情绪

学生在返校后，表现出抵制谈话，不配合，撒谎，甚至是散播谣言的行为。培育学生健康的心态，需要循序渐进，期待一时之间的逆转是不现实的。虽与该生多次谈话，去其住处看望，为其争取补助，但仍能感受到学生对周围人的关心缺乏感知，甚至是漠视，且无视校纪校规的管理约束。学生抵制的，不仅是来自各方的关心，也有学校的管理。如何面对学生的抵制情绪，有待进一步探讨。

参考文献

[1] 崔楠，金淼. 新时代高校学生党支部建设研究 [J]. 科教文汇（下旬刊），2018（12）：1-2.

[2] 张立岩. 基于思想政治教育融合视域下的高校学生工作管理 [J]. 现代交际，2018（24）：148+147.

[3] 匡亚茹. 试论基于人本主义教育理念的高校学生管理工作 [J]. 湖北开放职业学院学报，2018（24）：24-25+33.

[4] 王连强. 高校学生管理中学生社团的作用分析 [J]. 中国农村教育，2018（24）：39.

[5] 梁炳辉. 高校学生思想政治工作思维模式中融入茶文化思维 [J]. 福建茶叶，2018，40（12）：334.

[6] 杨海，刘人瑞. 关于新常态下高校学生管理工作的几点思考 [J]. 学校党建与思想教育，2018（24）：81-82.

[7] 孟一. 浅析高校思政教育与学生管理工作有效融合的对策 [J]. 课程教育研究，2018（51）：85-86.

[8] 饶渐升，张珣，黄武林. 新时代高校学生党建工作及学生党员发展工作研究 [J]. 中国校外教育，2018（36）：26-27.

[9] 李伟. 高校学生公寓管理服务育人功能的实证研究 [J]. 高校后勤研究，2018（12）：16-19.

[10] 彭远菊，熊昌云，张涵. 互联网思维在高校学生思想政治教育工作中的运用 [J]. 吉林省教育学院学报，2018，34（12）：82-85.

[11] 叶桦，单胜华. 高校学生管理与思想政治教育工作新探 [J]. 信阳农林学院学报，2018，28（04）：155-157.

[12] 张洪峰，郭凤志. 高校学生工作品牌内涵探究 [J]. 教育理论与实践，2018，38（33）：36-38.

[13] 傅安洲，王林清，张建和. 科学化视野下高校服务型学生工作实践创新 [M]. 北京：光明日报出版社，2016.

[14] 李勤，夏璐. 新常态下高校学生管理工作创新分析 [J]. 轻工科技，2018（11）：157-158.

[15] 孟庆新. 高校学生工作思考与实践 [M]. 沈阳：东北大学出版社，2015.

[16] 张媛. 高校体育教学学生管理工作的创新与思考 [J]. 当代体育科技, 2018, 8 (31): 75+77.

[17] 孙天舒. 我国高校学生事务管理研究 [J]. 现代经济信息, 2018 (21): 355+357.

[18] 张名扬, 韩志强, 徐双燕. 基于志愿服务的高校学生思想政治工作研究 [J]. 课程教育研究, 2018 (44): 58-59.

[19] 李德全, 李景园, 宋明江, 何小兵. 高校学生工作科学发展理念研究 [M]. 成都: 西南交通大学出版社, 2014.

[20] 尤华. 我国高校学生事务管理发展现状 [J]. 中外企业家, 2018 (16): 195.

[21] 黄文龙, 黄成茂. 高校学生党支部工作初探 [J]. 福建农林大学学报 (哲学社会科学版), 2002 (04): 73-75.

[22] 李刚. 论高校学生思想政治工作的创新 [J]. 宿州师专学报, 2002 (04): 84-85.

[23] 赵鹏飞. 新时期高校学生管理工作模式的探索 [J]. 中华女子学院学报, 2002 (05): 67-69.

[24] 张一平. 高校学生思想政治工作要着力于创新 [J]. 生产力研究, 2002 (04): 133-134.

[25] 乔佩科. 对高校学生管理工作的思考 [J]. 丹东师专学报, 2002 (03): 61-63.

[26] 周晓平. 高校学生思想政治工作的创新与发展 [J]. 理论界, 2002 (03): 45-46.

[27] 莫建章. 高校学生宿舍管理中的思想政治工作原则 [J]. 社科与经济信息, 2002 (07): 163-164.

[28] 朱良, 杜荣华, 黄英. 高校学生工作网络管理初探 [J]. 电脑与信息技术, 2002 (01): 42-45.

[29] 钟凯雄. 高校学生思想政治工作与时俱进刍议 [J]. 嘉应大学学报, 2002 (01): 100-102.

[30] 张莉. 做好新时期高校学生党建工作 [J]. 煤炭高等教育, 2002 (01): 90-91.

[31] 蔡秀梅. 新时期高校学生思想政治工作的实践与思考 [J]. 湖南广播电视大学学报, 2002 (01): 32-33.

[32] 王小健. 对高校学生思想政治工作的探讨 [J]. 上海商业职业技术学院学报, 2002 (01): 16-17.

[33] 罗九平. 高校学生思想多维性与德育工作改革 [J]. 吉林工学院学报

（高教研究版），2002（01）：32-34.

[34] 傅昌盛. 浅谈当前高校学生工作的创新 [J]. 杭州电子工业学院学报，2001（02）：40-42.

[35] 段汝和，詹国华，毕艳玲. 高校扩招后学生思想政治工作创新初探 [J]. 张家口农专学报，2001（02）：61-63.

[36] 陈金和，冯岚峰. 大学生社会属性的增强与高校学生管理教育工作的改善 [J]. 中华女子学院学报，2000（04）：60-63.

[37] 唐素芝. 高校学生工作的改革与发展研究 [J]. 湖南商学院学报，2000（04）：95-96+110.